Dietmar Ströbel

RELIGIÖSE MUSIK

ZWISCHENTEXTE 5

SINGEN → SPIELEN → HÖREN
Zu einer »erwachsenen« Musik der Frühen Neuzeit
(1500-1800) [Arbeitstitel]

TEILBAND: SONDERBAND (2) ZU EINER »RELIGIÖSEN MUSIK«
IM 17. JAHRHUNDERT

Dietmar Ströbel

RELIGIÖSE MUSIK

Zu Claudio Monteverdis
der »Virgo Sanctissima« gewidmeten Zyklus von 1610,
zu den »Musikalischen Exequien« von Heinrich Schütz
sowie zu Jean-Baptiste Lullys »Te Deum«

Caritas incipit a se ipsa

Bibliografische Information der Deutschen Nationalbibliothek:
Die Deutsche Nationalbibliothek verzeichnet diese Publikation in
der Deutschen Nationalbibliografie; detaillierte bibliografische Daten
sind im Internet über dnb.dnb.de abrufbar.

Satz und Notensatz: D. S.
© 2019 Dietmar Ströbel

Herstellung und Verlag:
BoD – Books on Demand, Norderstedt

ISBN 978-3-7504-3422-6

Inhalt

Über »Religiöse Musik« – ein Vorwort

Im folgenden soll über drei exemplarische „musikalische Entwürfe" gesprochen werden:

- *über Claudio Monteverdis der „Heiligsten Jungfrau" gewidmete Publikation von 1610, die neben der berühmten sog. »Marienvesper« mitsamt einem »Magnificat« in zwei Fassungen auch die Messe „In illo tempore" enthält;*
- *über die »Musikalischen Exequien« von Heinrich Schütz, die 1636 erschienen und eine Quasi-Messe (im Sinn der evangelischen Kurzmesse von Kyrie und Gloria) sowie zwei Motetten enthalten;*
- *und schließlich über Jean-Baptiste Lullys »Te Deum« von 1677, ein (scheinbar) durchkomponiertes Großes Gotteslob.*

Alle drei haben (auf den ersten Blick) nichts miteinander zu tun, obwohl Schütz auf seiner zweiten Italienreise Monteverdi oder zumindest dessen Musik kennengelernt haben muss und Lully, 1632 in Florenz geboren, erst mit zwölf Jahren nach Frankreich kam. Und doch dokumentieren sie, als menschliches Tätigsein des Singens und Mit-Singens seitens der Adressaten interpretiert, parallele Schritte zur Selbsttätigkeit in Glaubenssachen, die wir in Richtung Selbstbestimmung oder Selbstversicherung (→ Schütz) bzw. Selbstbehauptung (→ Monteverdi) und schließlich Selbstrepräsentation (→ Lully) genauer wahrzunehmen beginnen.

Fassen wir den zunehmenden Marienkult des ausgehenden 16. Jahrhunderts und danach – vgl. Lassos Spätwerk für Herzog Wilhelm mit den auffallend zahlreichen Magnificat-Vertonungen – als einen Schritt zur Emanzipation (des katholischen Christen) im Sinne einer beginnenden Selbstbehauptung (auch!) über einen persönlichen Zugang zur Göttlichkeit durch die Vermittlung u. a. Marias und stellen wir diesen neben die Vermittlung durch das „Wort" im lutherischen Bereich, dann könnten der Marienzyklus Monteverdis und ein Zyklus wie der der »Exequien« von Schütz gewissermaßen etwas Paralleles im Zusammenhang religiöser Emanzipation innerhalb der Frühen Neuzeit darstellen. Gleichzeitig wäre durch sie auch der Unterschied in den Emanzipationsrichtungen etwas genauer anzudeuten. Beide Einsichten, die in ein Allgemeines der religiösen Emanzipation des Menschen im 17. Jahrhundert und die in je unterschiedliche Emanzipa-

tionsrichtungen einerseits im katholischen und italienischen Süden sowie anderseits im lutherischen und deutschen Norden, eröffnen uns die Möglichkeit, unter dem Blickwinkel eines deutlich implizierten Politischen des musikalischen Handelns am Beispiel von Lullys »Te Deum« auf die spezifisch französische Richtung einer religiösen Emanzipation im absolutistischen Staat einzugehen.

*

*D*ie drei Vorlagen verbinden wir mit dem Begriff der Religiosität bzw. einer „Religiösen Musik". Der Begriff bezeichnet uns im Zusammenhang des geistlichen Singens am Beginn des 17. Jahrhunderts eine ansteigende Tendenz zum Persönlich- bzw. Privatwerden von Religion. Und er gehorcht einer subjektiven Zuordnung bzw. Funktionalisierung. Während „Geistliche Musik" einen gemeinsamen objektiven Charakter von Kompositionen feststellt, definiert „Kirchenmusik" solche von einer objektiven Funktion her. Religiöse Musik aber will ich (hier) verstanden wissen als von der B e - d e u t u n g f ü r d a s S u b j e k t hergeleitete Bezeichnung. In der Frühen Neuzeit beginnen die Menschen nun die Bereiche des Religiösen und des Kirchlichen für sich innerhalb einer „Geistlichen Musik" zu trennen (die trotzdem über ein bewusstes Handeln der Menschen signifikant sich überschneiden!). Überspitzt gesagt, beginnt schon im 16. Jahrhundert die persönliche Religiosität auch die Kirchenmusik vor allem dort, wo sie für uns heute „große Musik" darstellt, gleichsam zu unterwandern.*

Deshalb sollte in unserer Darstellung, die sich am Beginn auf die beiden Vorlagen von Monteverdi und Schütz konzentrieren wird, auch die in der Regel stets nur pauschal angesprochene Messe in Monteverdis Publikation von Bedeutung sein. Denn vom „Text" her realisieren die beiden Zyklen eine Verbindung von der selbstbegriffenen Existenzialität des Menschen zur Gottheit, hier durch die „Heilige Jungfrau" bzw. dort durch das „Wort". Erstere wird im Ritus der Messe durch den Rückgriff auf eine Motette Gomberts mehr als angedeutet.[1] Und die Tatsache, dass Schützens »Exequien« auf im wahrsten Sinn „vor-geschriebenen" Schriftversen basieren, verdeutlicht ja um so mehr die Beziehung des Einzelnen zum angeeigneten „Wort". Problematischer gibt sich solche Verbindung mittels Lullys Entwurf, bei dem mir die den Singen-Akt betreffende Beziehung weder

---

[1] *Die Messe, die durch den Rückgriff auf die Motette „In illo tempore" Gomberts gekennzeichnet ist – vgl. u. –, erscheint zwar ganz real als ein Singen in seinem Geist. Doch in der Messe realisiert sich damit nicht nur eine Teilhabe (der Adressaten) am Ritus, an der Liturgie im traditionellen Sinn, sondern über den Lukastext Gomberts verbindet sich die Teilhabe mit einer Verehrung der Gottesmutter. Darauf weist ja auch der Titel.*

emotional noch rational, sondern durch eine quasi körperliche Diszi-
plin(ierung) bestimmt erscheint.

*

*Auszugehen ist in allen drei Entwürfen vom Singen und Mit-Singen als
ein menschliches Tätigsein, das Schütz und Monteverdi und Lully je
entwerfen. Unsere generelle Frage lautet: als was ist dieses Singen (und
wäre demnach auch unser Hören!) jeweils von sich aus auf der Welt? Es ist
die Frage nach dem Selbstverständnis des musikalischen Tätigseins (und
der damit musikalisch Tätigen!), das die Zyklen je dokumentieren, das sie
gewissermaßen verbindet und in dem sie sich eben auch manifest unterscheiden. Monteverdi, Schütz und Lully machen Menschen singen, „aussprechen", nicht nur irgendeinen Text; sie versetzen sie aus einem (unter-
stellten oder klaren) Anlass heraus in Aktivität und schlagen mit ihrem
„Vorwurf" jeweils vor, diese mit einem (scheinbar) selbstzugenerie-
renden Sinn in einer klaren Situation zu füllen: um selbst diesen Text
auf ein „Ziel" resp. auf eine Folge gerichtet auszusprechen, das/die in der
Struktur aber auch in vielen Einzelheiten des Singens einlösbar wird. Dem
Singen ist via Monteverdis bzw. Schützens bzw. Lullys Entwurf je eine
Intention der Singenden und Mit-Singenden vorgeschlagen. Auf diese
hin ist das Singen genauer anzuschauen.*

*Wir können dieses Singen – um uns von den Entwürfen der „Vorgän-
ger" wie z. B. der Gabrielis bzw. Praetorius' abzusetzen – als ein nun wirklich beginnendes handelndes Singen ansehen. Dieses ist möglicherweise
auch in Monteverdis Messe durch das bewusste Heranziehen der Gombert-
Zitate und deren Bekanntgabe so zu nennen, das mit den Rückgriffen bewusst verfährt. Bei Schütz liegt solches von sich aus keineswegs nahe; auch
hier wäre nach dem spezifischen Handlungsmoment der Singenden und
Mit-Singenden zu fragen. Möglicherweise gehört auch Schützens Deklaration der Verse und Strophen seines Auftraggebers als Quasi-Messe hierher.
Und bei Lullys »Te Deum« kann uns schließlich das Singen als eine handelnd durchlebte Eucharistiefeier (im Geiste) erscheinen.*

*Einen wesentlichen Stellenwert in diesem Singen der ersten beiden
nimmt der sog. Choral ein; bei Monteverdi u. a. und besonders der Rückgriff auf die Psalmodieformeln in den Psalmvertonungen, bei Schütz das
Heranziehen der Melodien aus dem Schatz des Gemeindechorals. In beiden
Fällen haben wir es mit der Besonderheit zu tun, dass die Komponisten
Menschen in der Weise (mit-)singen machen, in der diese sich selbst (sozusagen unbewusst) zur Geltung bringen „wollen": als katholische bzw.
evangelische Christen, die sich ein ihrer Lebenswelt entsprechendes Singen
(gleichsam als eigenen Ausdruck) angeeignet haben. Nicht Monteverdi oder*

Schütz „verwenden" den Choral, sondern die Menschen, die hier singen sollen, werden als diesen bereits Besitzende durch die Komponisten ermächtigt, sich in diesem Singen in ihrem Sinn zur Geltung zu bringen. Darin liegt ein wesentliches Moment ihres Handelns! Sie verhalten sich nicht (nur), sondern verfügen über sich als jeweils „den Choral" Besitzende bzw. eben als spezifisch evangelische oder katholische Christen!

Bei Lully ist mir ein Bezug zur choralen Singweise nicht aufgefallen; doch werden wir sehen, dass auch dort der aus der eigenen Religiosität abzuleitende „Besitz"-Anspruch (an sich selbst) ein Stück weit bestimmend ist.

*

Das Lesen dieser Studie setzt (wie bei fast allen meinen Texten) etwas voraus: Der Leser sollte mit der europäischen Musik als Gegenwart und Geschichte im Kontext der europäischen Kulturgeschichte vertraut sein; und er sollte von jenen Kompositionen, über die hier gesprochen wird, eine durch eigenes Singen und/oder Spielen, zumindest aber durch ein professionelles Hören erworbene Vorstellung in seine Lektüre investieren können. Viele, die Bücher „über Musik" lesen, wollen durch sie „etwas" über Musik erfahren. Ja oft soll, ja muss das Lesen als Ersatz für eine Selbstbeschäftigung mit ihr dienen.

Solches aber wäre hier vollkommen ergebnislos. Denn meine wissenschaftlichen Texte handeln letztlich von der E r f a h r u n g , die man mit jenen musikalischen Entwürfen machen kann, über die hier gesprochen wird, u. d. h. von solcher Erfahrung, die man bereits gemacht hat. Sie versuchen das, was man selbst (und was nicht zuletzt der Autor selbst) erfahren hat, in eine P l a u s i b i l i t ä t und darüber in ein neues, eigenes Bewusstsein von europäischer Musik und ihrer Geschichte zu heben.

Selbstverständlich kann (und soll) man für sein musikalisches Tätigwerden wissenschaftliche Literatur auch anderer Autoren hinzuziehen. Aber der Sinn meiner Texte liegt weder darin, diese zu referieren, noch sie zu korrigieren. Denn meinen Texten liegt ein eigenes Denken von Musik zugrunde, das ich in der Regel als m u s i k p ä d a g o g i s c h bezeichne. Es geht (wie bereits angesprochen) von Musik als einer menschlichen Tätigkeit aus einem Interesse am Menschen als musikalischen, nicht aber vom sog. musikalischen Kunstwerk aus. Um diesen Menschen als musikalischen in seiner h i s t o r i s c h e n E n t w i c k l u n g a l s Kulturwesen sowie in seinem spezifisch musikalischen Tätigwerden begrifflich zu fassen, benütze ich einige ungewöhnliche Wortbildungen, wie etwa »Vorwurf« (oder einfach „Entwurf") für eine vorliegende Komposition als Vorlage und Entwurf eines musikalischen Tätigseins, »mit-singen« (stets mit Bindestrich) als spezifischen Begriff für ein inneres Mitvollziehen des musikalisch Ausgesprochenen (u. d. h. *für eine bestimmte Art des Hörens im Zusammenhang Singen) und »„aussprechen"« (stets in Anführungszeichen) für ein Tätigsein mit der Singstimme, das sich spezifisch durch das Aussprechen eines Textes hindurch gestaltet.*

Schließlich erscheint es – trotz der zahlreich eingestreuten Notenbeispiele, die zum Text gehören und also stets „mitzulesen" sind – sinnvoll, sich entsprechende Notentexte und CD-Aufnahmen zur Lektüre bereitzulegen (falls man die jeweils angesprochene „Musik" nicht über ein inneres Hören vergegenwärtigen kann). Auf die hier herangezogenen Notentexte und entsprechende Schallplatteneinspielungen verweisen die Anmerkungen zu „Materialien" am Schluss des Buches.

Osnabrück, im Oktober 2019

I

»MARIA – FELIX PORTA COELI«

Zu Monteverdis sog. »Marienvesper« im Marienzyklus von 1610

Mit dem Datum 1610[2] erschien in Venedig Monteverdis Marienzyklus im Druck. Die sieben Stimmbücher und die „partitura" (= die unbezifferte Generalbassstimme für die Orgel mit teilweisen Eintragungen zu Stimmeinsätzen) enthalten die sechsstimmige *Messe* „In illo tempore", Stücke zu einer *Quasi-Vesper* (= der sog. *Marienvesper*) mitsamt dem *Magnificat* in zwei Entwürfen, einem für sieben Vokalstimmen und sechs Instrumente[3] und einem für sechs Stimmen und Generalbass.[4]

Im Einzelnen enthält der Druck folgende Stücke:

»Missa da capella a sei voci, fatta sopra il motetto In illo tempore del Gomberti…«[5]	[Kyrie]	[6-st.]
	[Gloria]	[6-st.]
	[Credo]	[6-st.]
	Cucifixus	a 4 vocibus
	Et in Spiritum sanctum	a 6

---

[2] Manche Forscher (wie F. Redlich im Vorwort seiner Edition der Messe *In illo tempore*) gehen davon aus, dass der Druck zwar 1610 vorbereitet wurde, aber möglicherweise erst 1611 erschienen ist.

[3] Eine solche Angabe bedeutet nicht, dass nur sechs Instrumente an der Ausführung beteiligt sind, sondern dass sechs Instrumentalstimmen (für durchaus unterschiedliche Besetzungen und damit insgesamt für mehr als sechs Instrumente) entworfen wurden.

[4] In der Regel wird das *Magnificat* zu den Teilen der sog. Vesper gezählt. In praxi war bzw. ist es ja ein obligater Bestandteil eines jeden Vespergottesdienstes. Gerade deshalb erscheint es sinnvoll, das *Magnificat* extra anzuführen, auch wenn es im Gesamttitel nicht selbst aufscheint; zum Titel vgl. u.

[5] Innentitel der Generalbassstimme.

	[Sanctus mit Benedictus]	[6-st.]
	[Agnus Dei]	[6-st.]
		[2. = 3.] *Agnus Dei „a 7"*
»Vespro della beata Vergine / da concerto, composto sopra canti fermi«[6]	[Deus in adiutorium]/Domine ad adiuvandum	Sex vocib[us] & sex Instrumentis, si placet
	Dixit Dominus [Psalm 109/110]	Sex vocib[us] & sex Instrumentis / Li Ritornelli so ponno sonare & anco tralasciar secondo il volere
	Nigra sum	Motetto ad una voce
	Laudate pueri [Psalm 112/113]	à 8 voci sole nel Organo
	Pulchra es	A due voci
	Laetatus sum [Psalm 121/122]	A sei voci
	Duo Seraphim	Tribus vocibus
	Nisi Dominus [Psalm 126/127]	A dieci voci
	Audi coelum	Sex vocibus
	Lauda Jerusalem [Psalm 147/147, 12 ff.]	A sette voci
	Sonata sopra San[c]ta Maria Ora pro nobis	à 8 [Instrumente] + Parte che canta sopra la sonata à 8 [= Cantus]
	Ave maris stella /Hymnus	à 8
		2., 3. A 4 / 4., 5. Ad una voce soprano / 6. Tenore solo / 7. *Sit laus* à 8. Senza ritornello inanti
		Ritornello à 5
Magnificat / Septem vocibus, & sex Instrumentis	[Magnificat in 12 Abschnitten]	(Bassus generalis = Orgel: durchgehend mit Registrieranweisungen)
Magnificat a 6 voci	[Magnificat in 12 bzw. 13 Abschnitten]	(Bassus generalis = Orgel: durchgehend mit Registrieranweisungen)

---

[6] Innentitel der Generalbassstimme.

Sicherlich „kennt" man daraus vor allem die sog. *Marienvesper* oder den ersten der *Magnificat*-Entwürfe; man hat sie, wenigstens in Teilen, im Laufe seines Lebens öfters gehört, vielleicht sogar einmal als konzertante Aufführung erlebt. Und doch lässt vielleicht erst eine Begegnung mit dieser Musik *im Alter* einen mit fast ohnmächtiger Bewunderung und mit vielen Fragen zurück. Es erscheint unglaubhaft, dass diese Musik als eine per se liturgische entstanden sein sollte; und es erscheint (mir) ebenso unglaubhaft, dass Monteverdi sie gleichsam per se (und als eine Art Bewerbung für einen Gunstbeweis in Rom etwa) komponiert haben sollte. Wer aber in den Ausgaben und in der Literatur ebenso wie in den oft ausführlichen Kommentaren zu Einspielungen nach Aufklärung über das Selbstverständnis dieser Musik sucht, der stößt fast ausnahmslos auf Versuche, sie als eine liturgische Musik für eine „Vesper" im ausdrücklichen Sinn zu verstehen und entsprechend zu „bearbeiten": durch Umstellung von Teilen und/oder durch Hinzufügung von Antiphonen (zu den Psalmen).[7] Erst in Helmut Huckes bemerkenswertem Beitrag vom Musikwissenschaftlichen Kongress 1981[8] findet er Einsichten, mit denen er sich das Vorliegende einigermaßen plausibel machen kann. Doch wären auch diese – Hucke handelt nur von den Psalmen und Concerten der sog. *Vesper* – in Bezug zum gesamten Druck ergänzungsbedürftig.

Offensichtlich ist es auch nicht selbstverständlich, zur sog. *Marienvesper* einen gültigen bzw. brauchbaren Notentext zu finden. „Brauchbar" meint: entweder brauchbar für die Dokumentation des von Monteverdi Hinterlassenen oder brauchbar für das Aufführen bzw. Hören. Denn der sehr spärlich überlieferte Druck Monteverdis ist für die Ausführung – wer genau soll wo singen oder spielen? – und für die Ordnung des Ganzen eher fragmentarisch gehalten. Dies mag z. T. einer selbstverständlichen Freiheit der Ausführenden (in dieser Zeit) entsprechen, wirft aber im Zusammenhang dieses Zyklus vermeintlich das Problem auf, wie das im Druck Vorgelegte überhaupt zu verstehen wäre. Gleichzeitig geben aber Gesamttitel und Einzeltitel (scheinbar) ebenfalls Rätsel auf.

---

[7] Auch der Auslöser für den Autor, sich erneut mit der sog. *Marienvesper* zu beschäftigen, eine Rundfunkaufnahme um Weihnachten 2017 herum (mit der Venice Monteverdi Academy, der Schola Gregoriana „Caterina Cornaro" und dem Ensemble Lorenzo da Ponte unter Leitung von Roberto Zarpellon, DLF-Kultur) fügte den Psalmen Antiphonen (aus einem venezianischen Antiphonar von 1607) hinzu. In ähnlicher Weise (unter Verwendung von Antiphonen ausschließlich aus dem Hohelied) verfuhr die alte Einspielung von Jürgen Jürgens, in der *Hymnus* und *„Sonata sopra…"* (wie üblich) den Platz tauschen mussten.

[8] Helmut Hucke, *Die fälschlich so genannte „Marien"-Vesper von Claudio Monteverdi*, in: Bericht über den Internationalem Musikwissenschaftlichen Kongress Bayreuth 1981, hrsg. von Chr.-H. Mahling u. S. Wiesmann, Kassel 1984, S. 295-305.

Neben einem 1992 in Belgien erschienen Faksimile (vgl. Whenham[9], S. 121), mit dem nur Spezialisten arbeiten können, bietet (nach Whenham, S. 4) Jerome Roche's Ausgabe in der Edition Eulenburg (No. 8024, London etc. 1994) einen verlässlichen Notentext; für die Messe ist die Ausgabe H. F. Redlichs (ebenfalls bei Eulenburg) hinzuzuziehen. Anderseits mag die von Walter Goehr bei der UE Wien (1956) herausgegebene Partitur der *Vespro della Beata Vergine* das Herrichten einer Dirigierpartitur für eine konkrete „Aufführung" anschaulich machen. Eine solche entspricht ja dann auch im Prinzip den (älteren) Einspielungen, wie die von Jürgen Jürgens in der Reihe DAS ALTE WERK (Telefunken). Solche Aufführungen fügen aber den Psalmen – wie gesagt – noch *Antiphonen* hinzu, um sie im Sinne einer Vesperliturgie zu vervollständigen.

Zum Selbstverständnis der sog. »Marienvesper« und unserer Darstellung

Hucke interpretiert die in der obigen Aufstellung angemerkten Innentitel als (hinzugefügte) Hinweise des Druckers, der hier den Beginn eines neuen „Teils" kenntlich machen wollte. Maßgebend sei der Gesamttitel:

SANCTISSIMAE / VIRGINI / MISSA SENIS VOCIBUS / AD EC-CLESIARUM CHOROS / Ac Vespere pluribus decantandae / CUM NONNVLLIS SACRIS CONCENTIBUS,/ ad Sacella sive Principum Cubicula accommodata./ OPERA / A CLAUDIO MONTEVERDE / nuper effecta / AC BEATISS. PONT. MAX. CONSECRATA./ Venetijs, Apud Ricciardum Amadinum./ MDCX

Gemäß diesem sei das *SANCTISSIMAE VIRGINI* als eine Art Zueignung an die Gottesmutter, nicht aber als eine liturgische Zuweisung zu verstehen.

(1) Monteverdis Druck von 1610 versammelt »Stücke« zu einem der Virgo sanctissima gewidmeten Tag.

Wir sehen auch, dass der weitere Titel nur die Messe für die kirchliche Liturgie, ohne Festlegung auf ein Fest bestimmt.[10] Die „Vespergesänge" aber – wir sehen sie in der Typographie wesentlich zurückgenommen (wie eine Nebensache) – werden als Komposition für eine höfische Andachtsmusik bezeichnet. Hinzu kommt die bemerkenswerte Anlehnung an den *Orfeo* im Einleitungsstück („Do-

---

[9] John Whenham, *Monteverdi. Vesper (1610)*, Cambridge (Univ. Press) 1997.
[10] Das erscheint uns(!) nicht unwichtig für den o. geäußerten Emanzipationsgedanken: der an der für prinzipiell alle Festtage geeigneten Messe Teilhabende kann Maria als Mittlerin sozusagen in jeder entsprechenden Handlung verehren…

mine ad adiuvandum me"), das wir hier aber nicht als „Signal" (wie Hucke andeutet), sondern eher als tatsächliche Eröffnung (im Sinne eines Prologs) anzusehen hätten.

Dass und wie aus der Vesper als „Chorgebet" der Hofkapelle eine Art geistliches höfisches Festspiel wird (was Hucke ausführlich erörtert), auch dies wäre für uns ein Vorgang einer Aneignung, an der Monteverdi mit diesem Entwurf teilhat und mit der der Hof von Mantua nicht alleine steht. „Den festlichen Komödien, Intermedien, Balletten, Opern wird ein geistliches Festspiel zur Seite gestellt." Und dies, die Transposition der Vesper in eine repräsentative musikalische Veranstaltung, meint Hucke (S. 299), sei für die oberitalienische Entwicklung bezeichnend.

(2) Die sog. Marienvesper verwendet u. a. eine den Vespergottesdiensten zugeordnete Psalmenreihe für eine Art „Handlung".

Die von Monteverdi für dieses Festspiel – wir bleiben vorläufig bei diesem Begriff, auch wenn wir zu der Überzeugung kommen werden, dass die sog. *Marienvesper* wohl nicht als real zu inszenierendes „Spiel" gedacht war –, die für dieses „Spiel" also herangezogenen Texte der Concerte oder Solomotetten erscheinen (nach Hucke) extra für diesen Zweck bearbeitet und zwischen die Psalmen gesetzt, die ihrerseits eine gute Grundlage für eine inhaltliche Folge abgäben[11]:

> *„Das Rückgrat der Vesper sind die fünf Psalmen. Dass Monteverdi die Psalmenreihe an Marien- und Jungfrauenfesten wählt, ist ebenso wie sein Ex voto Sanctissimae Virgini und wie die Schlussbitte im letzten Concerto Audi caelum, in der Maria geradezu anstelle des Heiligen Geistes erscheint[...] Zeugnis barocker Marienfrömmigkeit. Überdies ist die Psalmenreihe mit dem Psalm 126, Nisi Dominus aedificaverit domum und mit Psalm 147, Lauda Jerusalem Dominum am Schluss, in dem sich Jerusalem als Gleichnis des irdischen Staats verstehen lässt, für ein höfisches Festspiel weit besser geeignet, als es die Psalmenreihe an Sonntagen und Herrenfesten gewesen wäre."*

Die vermutete inhaltliche Folge aber ist je von der inhaltlichen Deutung der Concertotexte wie auch der Psalmen selbst abhängig. Solche Deutung bewegt sich in einem großen Spielraum, der von der kirchlichen Tradition ebenso wie von mittelalterlichen Spekulationen und zeitgenössischen theologischen Interpretationen ausgefüllt ist.[12] Gemäß Hucke und unserem eigenen Verständnis könnte das Thema des Festes die Verbindung von Staat (→ Jerusalem als Sinnbild des

---

[11] Zum folgenden Zitat vgl. Hucke, S. 300.
[12] Zu diesen, die Hucke andeutend referiert, vgl. dort, S. 301 ff.

himmlischen Staates) und Kirche (→ Jerusalem als Symbol der Kirche) sowie des konkreten Mantua und der göttlichen Trinität sein, vermittelt und personifiziert in Maria (die ja auch selbst als Symbol der Kirche gedeutet wird[13]). Aber dies wäre in unserer Beschreibung noch zu konkretisieren.

„Es ist offensichtlich," so Hucke (S. 304), „dass die Texte der Concerti sorgsam ausgewählt sind und einen Zusammenhang zwischen den Psalmen herstellen." Die Concerti „fügen die Psalmen zu einem Libretto zusammen". Für uns erscheint vorläufig wichtig, dass das, was das Hören (im Falle zumindest des Autors hier) von sich aus vermuten lässt, tatsächlich feststellbar ist: eine „Handlung"; wir werden diese bei der Erörterung der einzelnen Stücke näher anzudeuten versuchen. Die Frage aber – und darüber spricht Hucke nicht – ist für uns: „Wer" singt hier? Und: Wie gehören diesem Singen etwa die „*Sonata*" und der *Hymnus* (in dieser Reihenfolge!) zu?

(3) Die sog. Marienvesper ist „Geistliche Musik" (u. d. h. nicht von vornherein „Kirchenmusik"); sie hat etwas mit dem Mantuaner Hof zu tun.

Im folgenden gehen wir davon aus, dass diese Musik (trotz ihrer Widmung an den Papst) nach Mantua gehört. Auffallend ist die Nähe des Singens zu den gleichzeitig entstandenen Mantuaner Opern; und naheliegend ist, dass diese Musik für einen oder (in ihren Teilen) mehrere Mantuaner Anlässe entworfen wurde.

Fraglich bleibt, ob die sog. Marienvesper je als solche realisiert wurde und ob sich in ihr der Hof in Mantua und der Herzog in „geistlichen Dingen" in analoger Weise wie in den Opern erleben wollten.[14] Offen bleibt weiterhin – obwohl die Arbeit in den einzelnen Sätzen (und nicht nur in den sog. „Concerten") auf eine Personalisierung der Singenvorstellung weist –, ob die „Satzfolge" einer „Theologie" Monteverdis sich verdankt. Annehmen können wir: Hier sprechen (im Ansatz) *sich* Personen aus; hier geht es nicht (mehr) allein um das Aussprechen von Text (durch Menschen). Im jeweiligen Satz und „Aussprechen" erscheint (mir) eine besondere sekundäre *Intentionalität* mitkomponiert.[15]

---

[13] Hucke, S. 302: „Die Braut des Hohen Liedes ist Maria, aber auch die Personifikation der Ecclesia, der Kirche. Und Maria ist Bild der Kirche."
[14] Ob es in Mantua – bezogen z. B. auf den verchristlichten Schluss des *Orfeo* – eine Diskussion über die Annäherung des antiken Dramas an die christliche Welt (und umgekehrt) gab? Das „Domine ad adiuvandum" jedenfalls erscheint wie eine eröffnende Anrufung der Gottheit, dass das „Spiel" gelingen möge. Gleichzeitig ist es ja hörbar als *Toccata* (analog dem *Orfeo*) gestaltet.
[15] Unter einer „sekundären Intention" können wir jene verstehen, die auf die beabsichtigten Folgen einer Handlung (= des entworfenen Singens) gerichtet ist. Diese ist zwar

Es ist demnach zuerst einmal nicht *allein* Monteverdi, der hier eine „neue" Geistliche Musik (und wohl schon gar nicht eine „Kirchenmusik" per se) erfindet – wie weit dies seines Amtes gewesen wäre, das galt lange als umstritten –, sondern es sind wohl *Situation sowie literarisches und spekulatives künstlerisches Denken am Mantuaner Hof, die hier „Musik" zu einem angedeuteten Geschehen „hervorbringen"*, die freilich Monteverdi konkret entwirft. Wenn wir lesen[16],

> „Die Marienvesper stellt nichts Geringeres dar als den Versuch, die vielfältigen Ideen über Kirchenmusik, die um 1600 überall in Italien entstanden waren, zu ordnen, zu kodifizieren sowie sie exemplarisch in gleichermaßen „klassischen" Kompositionsarten zu verwirklichen und zu präsentieren wie die alte Vokalpolyphonie. Der Druck von 1610 ist Manifest und Retrospektive zugleich, ein Manual über geistliche Musik und die Möglichkeiten der Kirchenkomposition.",

so halten wir dem entgegen, dass Monteverdi hier zwar seine Verfügung (wie wir sagen) über sich als Komponist demonstriert, der Zweck solcher Verfügung und gewaltigen Arbeit aber nicht in sich selbst liegen könne: diese muss einen Anlass haben und auf konkrete situative Gegebenheiten bezogen sein, die (in Grenzen, ähnlich wie bei Schützens „Exequien") freilich übertragbar erscheinen, sonst wäre eine Veröffentlichung über den Druck (bei aller Motivation zur Dokumentation) zu jener Zeit und in diesem Alter Monteverdis[17] nicht denkbar. Neben dem Anlass, der durch einen mehrfachen der einzelnen Teile substituiert werden könnte, suchen wir aber nach einem Ziel, das aus dem So-Singen selbst resultiert; und dies vor allem dann, wenn man die sog. *Marienvesper* eben nicht als eine „Kirchenmusik" betrachtet.

Wir können annehmen, dass Monteverdi mit dieser *Messe*, der sog. *Marienvesper* und dem *Magnificat* gleichsam einen *Marienzyklus* vorlegte, dessen Teile durchaus in auftragsgestützten Mantuaner Zusammenhängen entstanden sein können (und wohl werden), die

---

untrennbar mit jener primären Intention verbunden, ein So-Singen zu entwerfen und zu realisieren; sie lässt sich aber als ein darüber hinausgehendes Ziel analytisch trennen, wenn es auch selbst gerade auf die qualitative Erfüllung der ersten Intention angewiesen ist.

[16] Vg. S. Leopold, Monteverdi und seine Zeit, Laaber 2002, S. 131 ff.

[17] Leopold weist (an gleicher Stelle) zusätzlich auf die persönliche Situation Monteverdis hin, da seine „Mantuaner Karriere in einer Sackgasse" gesteckt habe und er „mit 43 Jahren an der Schwelle des Alterns, die Summe seines bisherigen Schaffens zu ziehen und neue Ziele anzustreben versuchte". Aber: ein vollkommen ausgepowerter Komponist, der (wie wir aus dem Briefwechsel wissen) nach Cremona zum Vater flieht, um seine Gesundheit wieder aufzurichten, setzt sich einer solchen Arbeit aus, nur um diese zu demonstrieren? Monteverdi ist noch nicht 70!

möglicherweise als Zyklus sehr bewusst als eine Art Folge zusammengestellt sind; das gilt ebenso für die sog. *Marienvesper*. (Solche Zusammenstellung schließt Monteverdis Versuch, die Teile evtl. auch als einzelne zu vermitteln, nicht aus.) Möglicherweise handelt es sich um einen sehr gezielt auf den *Zugang der Adressaten zur Figur der Maria als persönliche Vermittlerin* innerhalb ihres Glaubens hin entworfenen Zyklus, der die *Messe* ganz bewusst als eine wesentliche Lebenssituation einbezieht.[18]

(4) Der Druck von 1610 bzw. die sog. Marienvesper sind Ausdruck einer Religiosität des Mantuaner Hofs bzw. seiner Mitglieder.

Im folgenden wollen wir die *Vespro della Beata Vergine – da concerto, composta sopra canti fermi –* so der Innentitel in der Generalbassstimme – als Ausdruck einer tendenziell persönlichen Religiosität betrachten, als ein „Spiel" von der Verehrung, ja besser: von der „Erhebung" Mariens.[19] Die Teile einer Vesper (die fünf Psalmen für die Marien- und Jungfrauenfeste und der Hymnus) sind hier als Teile einer religiösen höfischen Festmusik (→ „da concerto") entworfen und gleichzeitig wohl mit Absicht unter Einbezug des Cantus firmus „gesetzt".[20] Gleichzeitig erscheint die Verehrung Mariens mit Momenten des Pastoraldramas angereichert, sodass Maria fast als so etwas wie eine Frühlings- und Muttergottheit erscheint. So, wie Apoll am nachträglich veränderten Schluss des Orfeo im Gnadenakt christusähnliche Züge annimmt, so nimmt Maria hier die Züge einer „lebensspendenden" Gottheit an: „Omnes hanc ergo sequamur, qua cum gratia mereamur vitam aeternam." (Dann lasset alle uns ihr folgen, durch deren Gnade wir das ewige Leben erringen.) Der für die Interpreten z. T. rätselhafteste Einschub in die Vesper, das *Audi coelum*, aus der dieser Aufruf stammt, findet so eine finalen Sinn erschließende Erklärung. Ziehen wir das (ebenso im Zusammenhang einer wirklichen Vesper fragwürdige) *Duo Seraphim* heran – in welchem zwei Engel verkünden „Tres sunt, qui testimonium dant in

---

[18] Aus der in der Literatur oft betonten „Gegenüberstellung" von alt und neu – als angeblicher „Grund" für eine solche Arbeit eigentlich lächerlich – erschließt sich kaum ein besonderer Sinn des gesamten Zyklus. Darzustellen wäre vielmehr, dass auch die Messe als Bestandteil der kirchlichen Tradition einen Schritt hin zu einer persönlichen Emanzipation/Selbstbehauptung bedeuten könnte; vgl. u., S. 142 f.
[19] Als Studiengrundlage zum traditionellen Selbstverständnis und zu den Teilen der Vesper vgl.: John Whenham, *Monteverdi. Vesper (1610)*, Cambridge 1997 und die Edition von Jerome Roche (Eulenburg 1994); Taktzahlen im folgenden Ansprechen der Teile beziehen sich auf diese Ausgabe.
[20] Der Begriff „cantus firmus" bezieht sich hier im Zusammenhang der Psalmen und des *Magnificat* auf den jeweiligen Psalmton, der von Psalm zu Psalm wechselt; vgl. die Ausführungen bei Whenham, *Appendix 2*, a. a. O. S. 100 ff.

caelo: Pater, Verbum et Spiritus Sanctus…" (Es sind drei, die Zeugnis geben im Himmel: der Vater, das Wort und der Heilige Geist.) –, dann können wir dieses „Spiel" mit aller Vorsicht als eines von der Erhebung Mariens sozusagen zur Quasi-Gottheit per Zeugnis der Heiligen Trinität interpretieren. Erst aus dieser Interpretation auch wird die „Litanei" der *Sonata* (an dieser Stelle!) als „Reaktion" verständlich, als ein „Bild" oder ein prozessionshaftes Geschehen, das durch instrumentale Gesten angedeutet erscheint. Durch sie erfüllt sich die „Erhebung" in der entscheidenden Funktion: dem irdischen Glaubenden als Vermittlerin zu dienen und (in der *Sonata sopra…*) auch angerufen zu werden.

(5) Der räumliche Ort des Auslebens solcher Religiosität bleibt uns (heute) ebenso unbekannt, wie der soziale.

Die Frage nach einem möglichen Ort für ein solches Festspiel können wir kaum beantworten. Zwar liefert der Gesamttitel des Drucks von 1610 einen wesentlichen Hinweis, dessen zweiter Teil, *…ac Vespere pluribus decantandae cum nonnullis sacris concentibus ad Sacella sive Principum Cubicula accommodata*, die „…feierlichen Vesper[-gesänge] für mehrere (Stimmen) mit einigen geistlichen Concerten" einer Eignung „für die Kapelle oder die fürstliche Kammer" zuweist.[21] Von da könnten wir sowohl die alte Hofkirche S. *Croce in Corte* als auch die (alte!) *Sala dei Specchi* annehmen; auch die neue Palastkirche, die *Basilika S. Barbara*, käme bereits infrage.[22] Doch bleibt uns auch der *soziale Ort* verborgen: Offensichtlich ist dieser als eine semiprivate religiöse Handlung als etwas der *Sacra Rappresentazione* oder dem mittelitalienischen Oratorium Paralleles anzunehmen: die Zusammenstellung der Teile zu einer Art *Rappresentazione* schafft (sich!) erst den sozialen Ort, die ihr entsprechende Lebenssituation. Immerhin können wir die Quasi-Versper als *Dokument einer (zeittypischen) Aneignung des geistlichen Singens durch die Adressaten* betrachten! Anderseits ist der Titel so gehalten, dass das entworfene Singen eben losgelöst von einem ursprünglichen (spezifisch Mantuaner?) Handlungsrahmen verwendet werden kann. Darauf weist vor allem der Innentitel der *Vesper* selbst.

Die oft gestellte Frage, ob die „Vespro…" *ein* Werk oder eine Zusammenstellung *für* eine Gelegenheit wie (z. B.) eine Vesper sei, beantworten wir uns also umgekehrt: als Gesänge *aus* der Vesper, aber angereichert durch „Concerti". Dem widerspräche der Innentitel

---

[21] Der Titel ist (mir) nicht ganz klar (auch eben grammatikalisch nicht).
[22] Vgl. P. Besutti, *Spaces for music in late Renaissance Mantua*, in: *The Cambridge companion to Monteverdi*, hrsg. v. J. Whenham a. R. Wistreich, Cambridge 2007, Ss. 76-94.

eigentlich nicht; er bezeichnete die „Vespro…" als eine (besondere Art von) Vesper. Hinter den Teilen scheint nicht nur ein *religiöses* Konzept zu stehen (zu dem Hucke einiges ausführt[23]), sondern auch eine spezifische *situative* Vorstellung.

(6) Die sog. Marienvesper dokumentiert im Besonderen die für die Frühe Neuzeit charakteristische wachsende »Verfügung über sich als«.

Literatur und Vorworte[24] (der Partiturausgaben) betonen die vielseitige Verfügung Monteverdis über alles, was kompositorisch damals denkbar gewesen sei. Vom Einbezug des *cantus firmus* über Orientierungen am opernhaften Singen und am *stile concertato* venezianischer Herkunft bis hin zu Partien vergleichsweise weltlichen Singens (im Sinne von Tanzlied). Doch trifft dies allein nicht das Wesentliche, das darin liegt, *wie* hier und warum so Monteverdi mit den Möglichkeiten umgeht! Auffallend ist, dass die einzelnen Teile in den stimmlichen Voraussetzungen sich auffallend heterogen geben, – eben wie unterschiedliche Szenen einer „Handlung"! Monteverdi komponiert noch nicht für ein Ensemble als eine feststehende Größe; ein solches Bewusstsein war damals noch nicht möglich! (Ein „Orchester" oder ein „Chor" sind noch keine Denkgrößen.) Monteverdi und die Zeit denken noch von real menschlichen Singenden („Stimmen") her, die sich tendenziell mit einer Vorstellung von Rollen, die die Singenden vertreten bzw. innehaben (Stimmen), verbinden und dafür als Parte in einem musikalischen Satz (Stimmen) notiert werden, Vokal- und Instrumentalstimmen gleichzeitig sein können.[25]

Wenn wir davon ausgehen, dass Monteverdi ein Singen als Vorstellung eines personalisierten „Aussprechens" entworfen hat, dann beziehen wir das Singen der Psalmen als tendenziell *personalisiertes* mit ein. Auch auf die Frage, wer sich hier („als…?") im Mit-Singen wie und warum so zur Geltung bringt, wissen wir nur eine ungefähre Antwort. Wir vermuten, dass sich in den Teilen der sog. *Vesper* Personen oder eine höfische Gesellschaft als „ein Volk Gottes" in herausgehobener Weise zur Geltung bringen wollen; auch so gesehen gehören alle Teile des Drucks zusammen.

---

[23] Vgl. Helmut Hucke, a. a. O., zusammenfassend S. 304 f.

[24] Das Concert „Duo Seraphim" ist einer der Teile, von denen man zu wissen glaubt, dass sie zu einem bestimmten Anlass komponiert wurden, hier zum 29. 12. 1605 als Danksagung für die Seligsprechung von Luigi Gonzaga. Vgl. hierzu R. Bowers, *Monteverdi at Mantua, 1590-1612*, in: *The Cambridge companion to Monteverdi*, hrsg. v. J. Whenham a. R. Wistreich, Cambridge 2007, S. 62.

[25] Vergleicht man die beiden Fassungen des *Magnificat*, so findet man Vokalparts der 6-stimmigen Fassung in der 7-stimmigen z. T. als Instrumentalparte wieder.

Von da könnten wir als eine Art roten Faden der „Handlung" der sog. *Marienvesper* die Erschaffung (der Andachtsfigur) der »Maria – felix porta coeli« annehmen, wie sie direkt auch zweimal, im *Audi coelum* und im *Hymnus*, benannt wird. Doch tritt die Gestalt der Maria selbst nicht auf; vielmehr wird in den die Erhebung Mariens andeutenden „Bildern" – wir wagen diese These jetzt einmal – vorgestellt, in welcher Weise die sog. christlichen Kardinaltugenden personell wirksam werden resp. in die Welt kommen: Liebe, Hoffnung und Glaube, diese könnten die drei „Bilder" betreffen, die die drei mal drei inneren Sätze der sog. *Marienvesper*, die eigentliche „Handlung" also, ausmachen. Versuchen wir, uns diese im folgenden als eine solche anschaulich zu machen, aus der die *Sonata sopra…*, der *Hymnus* und auch das *Magnificat* als *daraus resultierend* einsichtig werden können.

Zum Rahmen einer möglichen „Handlung" der sog. »Marienvesper«

Sinnvollerweise sollten wir erst einmal davon ausgehen, dass die für uns fassbare „Handlung" des Festspiels aus den fünf Psalmen und den zwischen oder vor sie gesetzten Motetten inform von Concerten besteht. Auch Hucke sieht wohl in dem letzten der Psalmen gewissermaßen ein Ende, denn er bezieht weder die *Sonata sopra…* noch den *Hymnus* „Ave maris stella" in seine Erwägungen zu einem möglichen „Libretto" ein.[26] Doch abweichend von Hucke wären das einleitende „Domine ad adiuvandum" sowie der (vermeintlich) abschließende *Hymnus* und die ihr vorausgehende *Sonata sopra…* vorläufig als eine Art Rahmen zu betrachten, in welchem die Adressaten unmittelbar auf das „Spiel" hin einbezogen werden. Eingangssatz, *Sonata sopra…* und *Hymnus* sind Teil der Inszenierung der Teilhabe der Adressaten an jenem „Spiel", das sie sich (im übertragenen Sinn) veranstalten.

Entsprechend beginnt das „Spiel" mit einem Prolog, der vor den Beginn der eigentlichen „Handlung" platziert ist. Zwar wird dem *Responsorium* DOMINE AD ADIUVANDUM in der Regel die ihm entsprechende *Intonatio* „Deus in adiutorium" vorangestellt – Monteverdi hat sie (im Gegensatz zu Schützens tatsächlich kirchlicher Komposition; vgl. u.) nicht einbezogen –, doch scheint diese – wobei eben nicht zu übersehen ist, dass solche Ergänzung sich der Interpretation

---

[26] Auch Leopolds Hinweise zu einzelnen Psalmen auf eine „an Madrigalen und Opernszenen erprobte[…] Architektur", die für die geistliche Musik völlig neu sei, bestätigen damit ein in diese Richtung Deutendes.

des Ganzen als (kirchliche) Vesper verdankt – zur Vorbereitung der Wucht, mit der die Singenden (und Spielenden), die sechs Vokalisten und die sechs Instrumentalstimmen (mit 10 bis elf Instrumenten und Generalbass-Ensemble) gemäß Monteverdis Entwurf einsetzen, immerhin geeignet: Vollstimmige Eintondeklamation in satten D-[dur-]Akkorden mit bewegten Instrumentalstimmen darüber, ganz im Sinn der *Toccata* des *Orfeo*; dazwischen aber je Instrumentalabschnitte im Dreiertakt, ganz im tänzerischen Sinn des *Orfeo*-„Prologs". In diese geht auch das Schluss-*Alleluja* über. Das ist wahrlich eine „Anrufung der Gottheit", fast ein antikes Szenario! Als ob der „Gott" austauschbar wäre: es ist wie ein Anrufen der höheren Macht, das eigene Beginnen im Sinn einer folgenden „Handlung" (und nicht nur des Singens und Spielens an sich) gutzuheißen. Gleichzeitig fungiert der Prolog eindeutig im christlichen Sinn als Gebet. Und aus beiden Richtungen stellt er etwas mit den Mit-Singenden an; er hebt sie in eine gemeinsame Feierlichkeit und Ritualität mit den Singenden, gleichzeitig in eine unmittelbar mit-vollziehende Teilhabe an der Handlung selbst.

Aus dieser Funktion erscheint der *HYMNUS* (vorläufig) als Abschluss sinnvoll: auch ist er ähnlich einem späteren Vaudeville im französischen Singspiel angelegt; gleichzeitig vollziehen die Adressaten jene Lobpreisung Mariae repräsentativ mit, die konsequent aus der „Vollendung" der Handlung (in Repräsentanz der Adressaten durch die Singenden und Spielenden) resultiert. Die davor gesetzte prozessionsartige Litanei macht das noch deutlicher: die Erhebung Mariens bewegt die – in welchen Rollen auch immer; vgl. u. – singend Spielenden und die das Spielen Mitvollziehenden zu jener Anrufung. Vielleicht ist die *Sonata* (zusammen mit dem *Hymnus*) als ein eigenes „Bild" anzusehen, das zwischen „Handlung" und Adressaten vermittelt. Mit Absicht ist sie wohl kein Gesangsstück, kein Teil des „Spiels"; und doch eine Art eigenen Vollzugs, eine Art Sich-Erheben der Adressaten dazu, Maria zu folgen und als Mittlerin anzurufen: das ist schließlich der Sinn des „Spiels". Der *Hymnus* fungierte dann sozusagen als Reaktion: als Schluss nach dem Schluss, Ausdruck der befreienden Freude über das Gelingen (nicht nur des „Spiels", sondern) dessen, was die Handlung im „Spiel" in den Singenden und Mit-Singenden bewirkt hat.

Im Hymnus verwandelt Monteverdi den alten Cantus dazu in eine Art Lied:

4. Mon - stra ___ te ___ es-se ma-trem. Su - mat per ___ te pre - ces.

Qui pro no - bis na - tus Tu - lit es - se tu - us.

Gleichzeitig bearbeitet er ihn[27] in mehrere Richtungen:
- Zum einen in Richtung „Fest", als dessen feierlicher Abschluss im Doppelchor mit einer „glänzenden" Überstimme (→ Sextus als Cantus des zweiten Chores) über dem Melos des Cantus im ersten Chor und mit motivischer Beteiligung (fast) aller Stimmen an diesem Melos. Vor allem die Fünftaktigkeit der einzelnen Perioden (Halbzeilen) erhöht die Feierlichkeit des Singens.
- Zum andern im Wechsel der Besetzungen in Richtung Kommunikation in Freude und Feier: Die Strophen 2 und 3 singen sich abwechselnd die beiden Chöre zu, die Strophen 4 bis 6 tragen hintereinander „Einzelne" von ihnen, nämlich Cantus, Sextus und Bassus bei, bevor die siebente (und letzte) Strophe die doppelchörige Fassung wieder aufnimmt. Dabei werden diese in ein Dreiermetrum gesetzt, was den Charakter der Freude zur Feier der vollendeten Handlung erhöht (und den Hymnus erst ganz zum Lied macht, – auch dies ein Moment der Aneignung!).
- Den menschlichen Feiercharakter erhöht ein Ritornell für fünf nicht näher bezeichnete Instrumentalstimmen, ebenfalls im Dreiermetrum, das die Strophen 3 bis 6 miteinander verknüpft bzw. voneinander absetzt. Es führt gleichsam das Liedmelos (und die durch es bekundete Freude) weiter, ohne es zu wiederholen; und es zielt mit seiner abschließenden nach oben führenden Linie auf ein Herausfordern des neuen Stropheneinsatzes im empfindungsmäßigen Überschwang.[28]

Dem Melos, in allen Strophen die gleiche melodische Linie über einem (harmonisch) gleichbleibenden Bass, kommt vor allem in der Tripelmetrisierung etwas Schwebendes zu, das das Mitgehen des

---

[27] Das vorausgehende Beispiel orientiert sich an der Choralfassung gem. Ms. 9 der Kirche S. Barbara in Mantua (gem. Whenham, Appendix).
[28] Auch hier gilt vorausschauend: Die rahmende Satzform, das kommunikative Singen innerhalb, die Gliederung durch Instrumentalritornelle, sie erheben das Singen zur ausgearbeiteten Handlung…

ganzen Menschen im Sinn von gleichsam körperlicher Erfülltheit erfordert, das taktmäßig nicht festgelegt ist.[29]

Ein erstes „Bild" – Mit der Erwählung Mariens kommt die „christliche Liebe" in die Welt.

Um eine Vorstellung von dem Singen zu gewinnen, das Monteverdi hier entwirft, scheint es sinnvoll, sukzessive die einzelnen Stücke hörend durchzugehen. Während die *Concerte* eindeutig solistisches Singen meinen, sind die Psalmen als Ensemblesingen entworfen, darin aber keine „Bewegungsmusik" wie die madrigalischen Ensemblesätze im *Orfeo*. Sie stellen etwas wesentlich Eigenes dar: sie sind *Aktivitätsmusik*; die vergleichsweise chorischen Partien versetzen die Singenden in eine gesteigerte Aktivität des *Aussprechens*, die über jene Gabrielis hinausgeht. Solche Aktivität betrifft (zum einen) die einzelnen Stimmen; diese verhalten sich zueinander. Und sie verhalten sich (zum andern) gewissermaßen zu sich selbst, in der Zeit. Dies kann schlagartig klar werden am Schluss des ersten Psalms: nach der Einsicht über die Großartigkeit des „Herrn" gibt einer der Singendem als Konsequenz daraus zu bedenken: „Gloria Patri…"; „[ja!]", stimmen alle ein, „"sicut erat…" (wie es schon immer war…).

Singen ist hier unserer Auffassung nach mehr als (nur-singende) Aktivität; es ist *stimmlich sich kundtuendes Handeln*. Die Psalmen, eigentlich zum Selbstsingen entworfene Texte, „lässt" man hier zwar singen; doch trägt der Entwurf dem „Selber" Rechnung, wobei er das psalmodische Singen im Sinne des *cantus firmus* als ein spezifisch „eigenes" Singen einbezieht. Handeln kundtuendes Singen meint nicht nur die gesteigerte „eigene" Aktivität, sondern im „Aussprechen" verbinden bzw. realisieren die Singenden eine *Absicht* mit dem, was sie *so* sagen; sie sprechen (tendenziell) mit diesem *sich* aus. Im Sprechakt waltet von Anfang an eine *sekundäre Intentionalität*; er realisiert eine kommunikative Situation. In ihr ist alles, was gesagt wird, gerichtet, von einem bzw. von den einen zum bzw. zu den anderen bzw. zu sich selbst. Wohlgemerkt, es geht hier nicht um eine kommunikative Situation zwischen den Singenden und sog. Zuhörern; dies nicht! Vielmehr bilden die Sänger des Ensembles eine kommunikative Gemeinschaft, und als solche repräsentieren sie die höfische Gesellschaft der Adressaten. Sie *sind* „wir" (analog des Ver-

---

[29] Dies erinnert nicht zuletzt an viele Lieder des Reformationsjahrhunderts im Norden.

hältnisses zwischen Kantorei und der Gemeinde im Norden bei Schütz). Vielleicht muss man entsprechend alt geworden sein, um (im hörenden Mitvollzug) von der gleichsam *sozial-räumlichen Dimension* dieser Musik erfasst zu werden. In ihr geht es um einen bereits vor dem „Aussprechen" wirksamen Handlungsraum, nicht – um es nochmals zu betonen – mit den Adressaten, sondern innerhalb und synonym für eine Gruppe, die idealerweise die (höfische) Gesellschaft repräsentiert.

Diese hat – wie angemerkt – die „alte" kirchliche Art des Singens sich angeeignet; das chorale Singen ist ihr *Besitz*, mit ihm gehen sie verfügend um; Singen in seiner Weise sind Akte der Bekundung. Es wäre zu wenig, die *cantus firmus*-Bezogenheit der Psalmen nur als ein technisches Verfahren zu sehen. Sie spielt eine Rolle in dem, was das Singen hier, als Nicht-Oper, aber als geistlich-höfische Festmusik ist: als sowohl für das Sich-Aussprechen vereinnahmt, als auch für die eigene Absichtsbekundung. Als solche erscheint es geradezu programmatisch im einleitenden „Domine ad adiuvandum". Mit dem Falsobordonesatz[30] und dem Rezitationston im Cantus realisieren sich die Singenden als (katholische) Christen, die hiermit eine „Handlung" einleiten. Mit den instrumentalen Zwischenspielen indes weisen sie sich als dem Bereich des Höfischen zugehörend aus. Die Bestückung solchen Singens mit den Versatzstücken der *Orfeo*-Toccata bestimmen ihr Singen als Vorspiel der eigentlichen „Handlung". Und im abschließenden *Alleluja* des Einleitungssatzes nehmen die Singenden ihren gleichsam höfischen Jargon auf.[31]

Auch im ersten Psalm, *DIXIT DOMINUS DOMINO MEO* (Psalm 109 bzw. 110[32]), ebenfalls für 6 + 6 Stimmen[33], eröffnet Monteverdi den Singenden die Verfügung über sich als den Choral Singende, eine Verfügung hin zum sich sagenden Miteinander.

---

[30] „Falsobordone" wird in der Zeit Monteverdis für einen Satz in Akkorddeklamation gebraucht; im Gegensatz zum Fauxbourdon aber werden nicht Sextakkorde, sondern Grundakkorde gebraucht. Solches Singen bezieht die Kadenz mit ein und wurde auch als Stegreifausführung eines psalmodischen Singens gelehrt bzw. geübt.

[31] Die Einbeziehung des *cantus firmus* ist hier als ein reflexiver bzw. selbstreflexiver Akt im Hinblick auf die Singenden(!) zu betrachten: Monteverdi tut dies nicht automatisch als Katholik, sondern um (sich und) die Singenden und Mit-Singenden als katholische Christen zur Geltung zu bringen.

[32] Die zweite Zahl betrifft (wie üblich) die nicht-katholische Zählung.

[33] Monteverdi, der anmerkt: „Li Ritornelli si ponno sonare & anco tralasciar secondo il volere", stellt es frei, die instrumentalen Zwischenspiele auch wegzulassen, den Psalm also nur vokal (mit Generalbass) auszuführen.

Der Komponist entwirft ihnen den kommunikativen Raum zwischen ihnen, nun aber zu einem ersten Handlungsakt bzw. „Aufzug": Das Aufnehmen (→ „[Habt ihr's gehört:] der Herr hat zu meinem Herrn gesagt…") des ohne Generalbass (gleich einer „Weissagung") choraliter „ausgesprochenen" „Dixit Dominus…" erfolgt gleichsam spontan (vor Beendigung dieser Halbzeile im Tenor und metrisch vor die

Schlagzeit gezogen); und es wird sofort begleitet von einem Umsetzen in eine eigene Weise des „Aussprechens" im Kontrapunkt: Je
zwei Stimmen nehmen auf und geben weiter, um dann gemeinsam
den Gedanken zu Ende zu führen: Das ist Miteinander-Sprechen als
Aktivität, die als solche mitzuvollziehen ist, Sich-Artikulieren im
angeeigneten Choral. Alle stimmen überein und gehen darin zum
eigenen, sich gleichsam beugenden Tonfall über.[34]

Die Struktur des entworfenen Singens – es mündet nach dem obigen Beispiel zweimal in einen Falsobordonesatz mit je ausführlichem
melismatischem Anhang – lässt auf eine bestimmte Regie schließen.
Dabei ist (Takte 1-24, 28-57, 60-83 und 87-113) *viermal ein Vorgang*
entworfen, der in je wechselnder Weise ein kommunikatives Schema
erfüllt und je vom nächsten durch ein Ritornell abgetrennt erscheint.
Diesem Schema wird der Psalmtext sozusagen unterworfen. Dass er
dafür geeignet ist, das ist Sache der Interpretation dieses zwar in der
Regel auf »Christus als ewiger König und Hohepriester« hin inter-
pretierten, aber doch eher rätselhaften Textes. Dabei beginnen die
Singenden in der Weise, dass die einen *sich* (und sich imitierend) mit
dem „Singen des Herrn" äußern (Vorgang 1 und 4) und die anderen
ihr eigenes „Aussprechen" auf der Basis jenes Singens errichten.
Dieses betrifft sozusagen das Aufnehmen einer „Wahrheit" oder
Botschaft der alten Weissagung, die von den Handelnden als quasi
„erinnert" erfahren und sich gegenseitig mitgeteilt wird. In diese ist
je auch die nächste Zeile einbezogen, die erste Zeile der wörtlichen
Rede. Um diese geht es aber Monteverdi offensichtlich nicht per se,
sondern um die besondere Konsequenz: alle nehmen diese „Botschaft" im Falsobordonesatz auf und verstärken sie sozusagen in
den sequenzmäßig ausufernden Schlusssilben: es ist etwas Weisendes darin, aber auch etwas anbetend Unterwürfiges, als ob die Singenden gleichsam aufeinander „zeigen" würden. Solch ausuferndes
Singen wird je nach der letzten Zeile verdoppelt und bestätigt durch
ein das sequenzierende Singen aufnehmendes und bestätigendes
Ritornell.

Die kompositorische Struktur der ersten vier Halbverse bildet eine
Struktur, die Monteverdi im Ganzen viermal anwendet, doch stets
ganz individuell aus dem Aussprechen des jeweiligen Textes gestaltet. Der stete Wechsel von Parlandopartien als betont hinweisende
„Weissagungen" (mit entsprechend dem Hinweischarakter melisma-

---

[34] Natürlich wäre hier zu überlegen, ob das gewählte Zitat nicht als „Stimme des
Herrn" zu verstehen wäre; doch würde dies zu einem eigenen Verständnis des gesamten Entwurfs führen…

tisch ausgesungenen Schlusssilben) und dreistimmigen Partien im Sinne eher einer inhaltlichen Präzisierung und Verehrung verleihen dem Singen das besondere Gepräge. Die Schlusssilben der Zeilen rufen vor allem im „du" oder „dein" o. ä. eine Art Beschwören hervor. Dem schließt sich, durch den Tonartwechsel als wie willentlich herausgehoben, die Konsequenz des „Gloria Patri" ganz im Sinne eines „also:" an: „also, lasst uns dem Herrn die Ehre geben…". Ja, fügen alle auf ihre Weise (dem cantus firmus im Bass) hinzu: „wie wir das immer schon getan haben…" Singen versteht sich als persönliche Vereinnahmung des (textlichen) Psalms zum Zwecke eines kommunikativen Aktes, entworfen in vier bzw. fünf Phasen, die zwar eine Struktur kirchlichen u. d. i. respondierenden Singens erkennen lassen, dieser aber inform einer internen Kommunikation einen neuen, menschlichen Sinn verleihen.

Im Besonderen erregen einerseits die erste Zeile, das „Dixit Dominus…", als eine Art sukzessives *Auftreten* der Singenden und das Übergehen des Psalms ohne Ritornell in die Ehrenbezeugung des „Gloria Patri…" die Aufmerksamkeit.[35] Wir spüren beim Hören: Das Singen des Psalms ist mit einer besonderen „vorstellenden" und möglicherweise szenischen *Intention* verbunden, die sich in der eigentlich strengen (aber überaus variativ verwirklichten) Struktur bemerkbar macht, eine genaue Identifizierung aber nicht zulässt.

Es scheint mir aber immerhin möglich, dass Monteverdi diesen rätselhaften Text, der von der Kirche als Inthronisation Christi interpretiert wird, als eine solche der Maria deutet. Es gibt eine Stelle – Takt 53 –, die man als entsprechenden Hinweis verstehen kann: Im vom Komponisten zu Vorgang 2 zusammengefassten dritten Psalmvers, „Tecum principium in die virtutis tuae in splendoribus sanctorum *ex utero ante luciferum* genui te." (Mit dir als Ursprung am Tag deiner Tugend [und] im Glanz der Heiligen habe ich dich *vor dem Glanz der Morgenröte* gezeugt.[36]) lässt Monteverdi auf „ex utero ante luciferum" jene Stimmen (als „Aussprechende") pausieren, die den Klang des Falsobordonesatzes zum Dreiklang füllen – zumindest deute ich das Patirurbild so:

[35] Auffallend dabei, dass die vierte Gruppe nicht mehr von einem Ritornell gefolgt wird; das würde die Vermutung nahelegen, dass dem Ritornell eine für eine „Inszenierung" wichtige trennende Rolle zukommt und dass es für einen liturgischen Gebrauch des Psalms unerheblich wäre (weswegen man auf es bzw. die Instrumente verzichten kann).

[36] Zur Problematik dieses Psalmverses vgl. P.-G. Nohl, *Lateinische Kirchenmusiktexte…*, Kassel ⁵2014, S. 167 f.; Nohl übersetzt wörtlich: „Mit dir [war] Adel / vom Tage deiner Macht an / im Glanze der Heiligtümer / aus dem Schoße der Morgenröte / habe ich dich gezeugt."

Zwar ergänzt der Herausgeber die fehlenden Worte in Sextus und Tenor. Doch verstehen wir den Dreiklang als Symbol der Trinität, so können wir hier den Erwählungsakt (→ „genui te") als noch vor dem In-Erscheinung-Treten der vollkommenen Trinität (→ „Morgenröte") bezeichnen verstehen, wobei Monteverdi eben das „ante" als zeitliche Präposition wörtlich nimmt.[37]

Betrachten wir hierzu im Vergleich den nächsten Psalm, *LAUDATE PUERI, DOMINUM* (Psalm 112 bzw. 113), der als „Den Demütigen gibt Gott Gnade" gedeutet wird, so finden wir zwar einen ganz analogen Beginn, im Ganzen aber eine ganz andere Struktur, vielleicht eine Struktur des Lobpreises, des „Aussprechens" *aus einem Bewusstsein von vornherein*. Der Psalm, ausdrücklich für 8 Solostimmen bezeichnet, ist ein Gotteslob, dessen sich erst einmal „alle" erinnern. In einzelnen Gruppen steuern sie die Lobpreisungen bei, einschließlich der (eigentlich indirekten) Frage von Zeile 9/10 – *Quis sicut Dominus Deus noster qui in altis habitat / et humilia respicit in coelo et in terra.* (Wer ist wie der Herr, unser Gott, der in der Höhe wohnt / und das Niedrige im Himmel und auf Erden anschaut."[38]) – zu Takt 49 hin.

---

[37] Die Tatsache, dass dies die einzige Stelle im gesamten Stück darstellt, an der Text plötzlich „fehlt", erscheint mir unbedingt interpretationsbedürftig. Zur Problematik des Psalms vgl. auch u., S. 33.

[38] „humilia" taucht in den Übersetzungen gewöhnlich als „hinab-[schauen]" auf.

Allerdings wird hier durch die Bässe der Zug zum „Doppelpunkt"
bzw. Fragezeichen nochmals hervorgehoben. Und das ist es, was *alle*
schließlich als ihre „Erfahrung" resp. als objektiv bedeutsam bewe-
gungsmäßig mitvollziehen: das *Aufrichten* (der Geringen) und das
Erhöhen (der Armen) und das klangprächtige *Setzen* (neben die Fürsten); schließlich die *Fröhlichkeit* (der zur Kindsmutter erhobenen
Unfruchtbaren). Ohne Zäsur und dominantisch hingeleitet gehen sie
auch hier in das „Gloria Patri" über, in welchem sie nochmals diese
Fröhlichkeit bestätigen, bevor sie auf jenes Bewusstsein des Beginns
zurückkommen, mit dem sie diesen Lobpreis begonnen haben: Im
„Sicut erat…" greifen sie auf den Beginn des „Laudate pueri…" zurück, allerdings von Anfang an mit Kontrapunkt (im Quintus) und
mit jener „chorischen" Bestätigung, in der alle den *cantus firmus* in
ihr Singen integrieren. Erst das zweite „Amen" im sozusagen eigenen Singen *verliert sich* und endet mit nur zwei Stimmen im Einklang.

Auch hier scheint mir eine handlungsmäßige Vorstellung wesentlich. Und sie teilt sich von Anfang an im Hören mit, wenn unge-
wöhnlicherweise alle gleich im angeeigneten Jargon des Psalms zu
singen (= „sagen") beginnen, um dann den *cantus firmus* zum 8-
stimmigen Satz zu vervollkommnen), wenn sie dann „ausufernd"
ein Preisen anstimmen, in welchem die Dehnungen im *cantus firmus*
zur harmonischen Arbeit genutzt werden (→ „Sit nomen Domini"),
der *cantus firmus* schließlich zusätzlich zu den „excelsis"-Figuren in
den Tenorstimmen wie ein Verkünden im Cantus erscheint und die
Singenden das „et in humilia respicit in coelo et in terra" gleichsam
herunterholen in das Irdische. Wir bemerken ein belebtes, ein die
Worte abwägendes und nachzeichnendes Singen im Aufsteigen bei
„erigens" und Abfallen auf „pauperem", das offensichtlich mit einer
unmittelbaren Emotionalität vorgeht, das sich, wie beim „collocet
eum", der quasi erhöhenden Harmonik bedient (C-dur → E-dur).
Gehört das „Auslaufen" als ein Ermatten oder Verlöschen am
Schluss hierher?; oder bezeichnet der Einklang der verbleibenden
zwei Stimmen den Ausdruck einer „Demut", ja einer „Übereinstimmung"? Es erscheint einsichtig, dass Monteverdi die Singenden das
„Succitans" und danach das „Qui habitare" gleichermaßen als große
Hoffnung und Bedeutsamkeit hervorkehren lässt; aus ihnen resultiert wie eine Selbstbestätigung das „Gloria Patri".

*

Exkurs zur Bedingtheit unseres Hörens und Beschreibens

Es ist keine Frage, dass Singen hier (auch) einen Aneignungsprozess darstellt, den Prozess der menschlichen Aneignung von vorgegebener Sprache, hier konkret zweier Psalmen. Doch was konkret ist der Sinn solcher Aneignung?

(1) Singendes Handeln ist personalisiertes Singen; es stellt etwas „vor".[39] *Es setzt eine Vorstellung von handelnden Personen (wie allegorisch auch immer) voraus. Solche Vorstellung interpretiert den Text (des lateinischen Psalms) von vornherein auf das Sprechen handelnder Personen hin. Nur: wie ist der Text, ein lateinischer Text(!), selbst zu verstehen? Und: was meint jemand, der etwas mit diesem Text meinen will? Vieles in den Psalmen ist sprachlich unklar und selbst auf ein So-oder So-Verstehen-Wollen angewiesen. Wer sich die Editionen der ins Deutsche oder Englische übersetzten Texte durchsieht, der findet durchaus auch unterschiedliche Textverständnisse. Was sagt hier wer eigentlich wirklich mit den Worten des Psalms? Wenn Monteverdi beispielshalber in Psalm 112/113 sich die Bässe zum „in altis habitat" aufschwingen lässt, um dann, graduell absteigend und geradezu liebevoll in ruhigen Terzen das „et humilia" anfügen zu lassen, dieses „humilia" aber in gängigen Übersetzungen nur als Nebensache zur Sprache kommt, dann deuten sich hier unterschiedliche Gewichtungen und Verständnisse an, die im spezifischen Zusammenhang einer solchen Handlung wesentlich sein können.*

Also: Welches Verständnis je von einem Psalmtext gibt Monteverdi den Singenden mit resp. vor? Wenn wir heute die sog. Marienvesper medial hören, dann ziehen wir möglicherweise ein Textbuch heran, das uns den Text in einem (kirchlich abgesegneten) Allgemeinverständnis wiedergibt, wenn nicht gar in unterschiedlichen und z. T. fehlerhaften Übersetzungen. Mir ist kein Textbuch bekannt, das Bezug nähme wenigstens zur eigenen Gliederung Monteverdis, wie wir sie oben am Psalm „Dixit Dominus" angedeutet haben.[40]

(2) Besondere Brisanz gewinnt die Frage, was wir eigentlich hören (also mit-„aussprechen") sollen, wenn wir Monteverdis sog. Marienvesper hören, angesichts der Tatsache, dass wir selbst unser Hören durch eine Partitur leiten lassen. Der eben angesprochene Psalm hatte sich (mir) nach W.

---

[39] Wir können „Vorstellen" hier durchaus doppeldeutig verstehen: als tendenziell theatermäßig *und* als rein mental.

[40] Eine kleine Hilfe zur Selbsthilfe bietet (via tendenziell wörtlicher Übersetzung) für eine knappe Auswahl kirchlicher Texte: Paul-Gerhard Nohl, *Lateinische Kirchenmusiktexte. Geschichte – Übersetzung – Kommentar…*, Kassel etc. 1996, ⁵2014; darin auch die Texte zum Psalm 110 (111), *Dixit Dominus*, und zum *Magnificat*.

*Goehrs Edition, die Monteverdis Vorlage als eine für Doppelchor mit z. T.
extra Solostimmen versteht, ursprünglich folgendermaßen dargestellt:*

> *Wir haben ein doppelchörige Psalmvertonung (eigentlich ohne Instru-
> mente) zu acht Stimmen vor uns: während der Tenor des Chores II
> (ohne Gb.) im c. f. mit der Aufforderung „Laudate Pueri…" anhebt, er-
> greifen Alt und Tenor des Chores I und darauf auch andere auf diese
> Weise die Aufforderung, um sie weiterzutragen, bevor ein achtstimmi-
> ger Passus mit dem c. f. (= der originalen Aufforderung) als obere
> Satzbegrenzung vorläufig abschließt; das ist per se die sinnfällige Um-
> setzung eines Textes in ein Tätigsein, gleichzeitig, zusammen mit der
> Fortsetzung („laudate nomen…"), die Übertragung von c. f. und eige-
> nem Singen in eine „soziale" Vorstellung. Und nun treten die einzel-
> nen Stimmen (als chorübergreifende Teilensembles) mit den einzelnen
> Lobpreisungen auf, wobei der c. f. jeweils durch zwei extrem ausge-
> schmückte Stimmen in jeweils hochgestimmter Weise „begleitet" wird.
> Im zweiten Teil, letztlich der Antwort auf die Frage, „Quis sicut Do-
> minus…?", umrahmen die beiden Chöre den von den Solotenören vor-
> getragenen c. f. je in einer Weise, die die Inhaltlichkeit des jeweiligen
> Singens auch gestisch herausstellt (→ „Erheben"). Dieses Singen geht
> in die Doxologie über, in der sich anfangs die Tenöre mit dem c. f. und
> die Chöre mit dem Singen des gleichen Textes auf ihre Weise abwech-
> seln, bevor das „Sicut erat…" in ein doppelchöriges Singen übergeht,
> an dessen Schluss (am Auslaufen des „Amen") die beiden Tenorstim-
> men in reichster ineinander greifender Verzierung (wie in einer Ver-
> zückung) das Singen gleichsam verklingen lassen: wie ein Nachhall ei-
> ner sich fortbewegenden Gruppe, die sich am Beginn gleichsam nach-
> einander „auftretend" gebildet hatte.
>
> *Auffallend erscheint, dass Monteverdi die Doppelchörigkeit nicht zu
> einem Hin und Her der Chöre nutzt, sondern Stimmen der beiden Chö-
> re auswählt, um sie miteinander singen zu lassen und dann mit der
> vollen Achtstimmigkeit abzuwechseln. Dieser Teil ist durchaus als
> „Konsequenz" aus dem vorhergehenden einzuordnen: als musikalische
> Umsetzung eines „Sich-Erhebens". Die sinnfällige Umsetzung des
> Textes in ein Tätigsein, die gegenseitige Verbrüderung der Chorstim-
> men und das gleichsam Sich-Entfernen der Sich-Aufmachenden am
> Schluss, diese drei Momente mindestens weisen darauf hin.*

*Selbstverständlich sind die anderen Zungenschläge des Beschreibens – etwa
der Begriff der „Verbrüderung"–, die freilich zu einem ähnlichen Ergebnis
führen, nur die Kehrseite der Tatsache, dass auch Realisationen selbst unterschiedliche Interpretationen des Notentextes (und des Psalmtextes?) von
vornherein zugrunde legen.*

(3) Dies nun könnte ein Hinweis darauf sein, dass das Singen als „Aussprechen" nicht den Text als solchen meint; sein Aussprechen ist letztlich nicht das „Ziel". Selbstverständlich entwirft Monteverdi ein So-„Aussprechen" der gegebenen Psalmtexte; und er entwirft es so, dass die Singenden und die Mit-Singenden sich diese anzueignen scheinen, auf uns bezogen: dass wir sie (falls wir des Lateinischen mächtig sind) als etwas objektiv aber auch uns Bedeutsames verstehen können.

Doch das Wissen (= Verstehen 1) dessen, was hier ausgesprochen wird, garantiert nicht ein Wissen dessen (= Verstehen 2), warum es hier und so gesagt wird. Und dieses, auf eine intendierte Folge gerichtete Meinen, das resultiert im Besonderen aus den musikalischen Satzformen, u. a. aus dem Heranziehen des cantus firmus bzw. eben auch nicht. Monteverdi gestaltet hier keinen nur lokutionären Akt; und keinesfalls kann es ihm nur darum gehen, Satzmodelle, über die er verfügt bzw. die er erfindet, um einer bewundernswerten Variabilität oder eines Ausweises eigenen Vermögens wegen „anzuwenden". Mit dem „Aussprechen" (= So-Singen des Psalmtextes) laden die Singenden ihr Aussprechen (des Psalmtextes) mit einer persönlichen Intention auf: sie meinen etwas mit dem Aussprechen, sie geben ihm eine besondere Bedeutung als ihre Aktivität. Und diese korrespondiert mit der Konvention des Aussprechens: Gehen wir davon aus, dass solches Aussprechen eines Psalms von sich aus als „Gottesdienst" Sinn macht, dann verwandeln die Singenden ihr Aussprechen als ein kirchlich tradiertes Verhalten zu einer spezifisch eigenen, persönlichen Aktivität hin, sie machen es zu einem eigenen gottesdienstlichen Handeln, das dadurch, dass es in einer „Gemeinschaft" geschieht, kommunikative Züge besitzt.

Monteverdi geht es also in seinem Entwurf des Singens nicht (in erster Linie) darum, dass die Singenden sich den Inhalt des Textes als für sie bedeutsam aneignen – dies wäre annähernd eine evangelische Haltung, die wir anschließend an unserer Besprechung der Schütz'schen »Exequien« verdeutlichen wollen –, sondern Monteverdi geht es um jene Aktivität, die das Aussprechen (dieses Inhalts) für die Singenden (als ein Selbst-Beten im weitesten Sinn) bedeutet.[41]

Zum Eröffnen solchen Freiraumes spezifisch eigener Aktivität gehört nicht nur Monteverdis freies Umgehen mit den Konventionen der kirchlich tradierten Satzarten (wie der der Motette) oder das Streben nach einer mitvollziehbaren Gestalt als „Ziel" eines Getanhabens – der Wille zum Selbstso-Aktivwerden korrespondiert (ganz ähnlich wie bei Schütz) mit dem Stre-

---

[41] Was wir in Teil III noch herausarbeiten werden: Die Aneignung des Textes *dient*, um sich der Handlung des Betens zu versichern, um sich in dieser selbst zu behaupten. Für ein evangelisches Singen dagegen gälte eben die Handlung eher als Mittel der Aneignung: um sich der persönlichen Bedeutsamkeit des „Wortes" zu versichern.

ben zu einem kadenziellen Abschluss hin, zu dem Münden in die Kadenz –, sondern aus einer tendenziell unbegrenzten Vorstellungsvielfalt auch die Mischung solistischen und sozusagen chorischen, freien und cantus-firmus-gebundenen Singens. Wie wir diese „eigene" Aktivität im Mit-Singen im einzelnen je interpretieren, dies kann denn auch u n s e r Frei-raum im Mitvollzug (Hören) bleiben[42]:

Wenn wir in Psalm 112/113 (Takte 27-30) sehen, dass hier die beiden hohen Männerstimmen dem aus der kirchlichen Tradition heraus angeeigneten cantus firmus vorausseind, indem sie ihr „Excelsus super omnes gentes Dominus" bereits das erste Mal beendet haben, bevor der Cantus (als can-tus firmus) mit diesen Worten einsetzt, und dass sie nun mit ihrem „et super coelos [gloria eius]" dieses sozusagen in spektakulärer (weil verdop-pelter) Weise „untermauern", dann interpretieren wir zumindest allge-mein, dass Monteverdi auf diese Weise Räume öffnet für eine eigene be-wusst gestaltete Aktivität, die als solche und als das letztlich Bedeutsame wahrgenommen werden kann.

*

---

[42] Im folgenden Beispiel ist der Generalbass vereinfacht wiedergegeben; Monteverdi nimmt die beiden Männerstimmen mit in den Generalbasssatz.

Kommen wir zur Reihung der Sätze zurück. Anders als Whenham in seiner sehr ähnlichen Beschreibung, in der streckenweise das Zitieren als „psalm tone had represented God" charakterisiert wird, gehen wir davon aus, dass die weitreichende Basierung des Singens auf dem Psalmton wesentlich einen Akt der *Aneignung* (und hier der oft nachgereichten „Bestätigung") des *kirchlich vermittelten Wortes* und als solcher hier einen Ausweis des Bewusstseins der Singenden und Mit-Singenden darstellt, aus dem heraus sie aber auch „frei", in Spiegelungen und eigener Erfindung über ihr Singen verfügen.

Wenn wir oben das Singen des zweiten Psalms als „aus einem Bewusstsein von vornherein" bezeichnet haben, so wäre solches als *Reaktion auf ein inzwischen Geschehenes* aufzufassen. Tatsächlich ist etwas geschehen! Denn zwischen die beiden angesprochenen Psalmen hat Monteverdi die Solomotette NIGRA SUM. MOTETTO AD UNA VOCE gesetzt. Der Text, aus dem Hohelied (wie Hucke schreibt) „centonisiert" und erweitert, findet sich auch im Motettenrepertoire der Zeit und ist in seinem ersten Teil – *Nigra sum sed formosa, filiae Jerusalem; ideo dilexit me Rex, et introduxit me in cubiculum suum...* (Schwarz bin ich, doch schön, ihr Töchter Jerusalems; darum hat mich der König hochgeachtet und mich in sein Gemach geführt...) – auf die „Aufnahme Mariens in den Himmel", insgesamt traditionell auf Feste *De Beata Virgine* bezogen.[43] Während also dieser erste Teil sich in der Überlieferung auf die Aufnahme Marias durch den „König" Christus in den „Himmel" (cubiculum) beziehen lässt, verändert die Erweiterung zum Motettentext (gemäß Hucke[44]) den Inhalt des Textes zu einem von der Aussicht auf die Aufnahme Christi in den Leib (cubiculum) Mariens; und, so können wir hinzufügen, auf das zukünftige Wachsen „der Frucht deines Leibes, Jesu" (wie es in dem bekannten Mariengebet heißt). Darauf bezöge sich nun das *hiems transiit, imber abiit... Flores apparuerunt in terra nostra.* (Schon ist der Winter vergangen, der Regen vorbei und versiegt, die Blumen sind aufgegangen in unserem Land.): der Text wird dadurch auch in seinem ersten Teil umgedeutet „zum Bild der [zukünftigen!] Empfängnis Mariens": „Der Text des ersten *Concerto* stellt also mit den Worten des Hohen Liedes dar, dass Maria durch die Geburt Christi die Erlösung in die Welt gebracht hat", oder besser: dereinst bringen wird. Im Gegensatz zu Hucke sehe ich in dem Textzusammenhang also eher das Thema einer (der Verkündigung und Empfängnis) vorausgehenden *Erwählung* Mariens angesprochen. Doch schließt

---

[43] Vgl. Hucke, S. 300.
[44] Vgl. a. a. O., S. 300 f.

der Text kaum (nach Hucke) wirklich mit einer düsteren, auf das „Gericht" vorausweisenden Mahnung mit dem „tempus putationis", sondern vielleicht eher mit einem Hinweis auf ein Frühlingsgeschehen.[45]

Monteverdi bezeichnet den Vorwurf ausdrücklich als „Motetto " (nicht als „Concerto"). Der Text ermöglicht zwar ein Auftreten einer Person: „Ich bin…" Monteverdi setzt aber einen Tenor; möglicherweise ist damit die plumpe Identifikation mit Maria von vornherein ausgeschlossen und eher insgesamt an eine per se göttliche Figur gedacht. Entsprechend tritt das „Surge" (Erhebe dich) als ein priesterhaftes Auffordern hervor, sowohl figurhaft als auch mit der Wiederholung des gesamten folgenden (Text-)Abschnitts: „Iam hiems transiit…" Und so „hebt" der Singende die Schluss-„Verkündigung" des *Tempus putationis advenit* (Es wird Zeit, die Bäume zu beschneiden) wohl nicht wirklich wie ein Menetekel auf den Psalmton. Auch hier dient dieser dem Singenden eher als Ausdruck seines Handelns, hier gleichsam eines Voraus-„Sehens".

„Nigra sum" entwirft als (modern gesprochen) geistliches Konzert das persönlichste Singen, das Monteverdi zur Verfügung steht. Doch wer spricht hier? Gehen wir davon aus, dass eine himmlische Stimme (wenigstens zum Teil!) als der / die Sprechende und sozusagen als innere Stimme in einer Gestalt wie der „Demut" (Maria) auftritt, so erklärte sich die hohe Stimme (Tenor) mit der hochgestellten Persönlichkeit. Und das „Nigra sum sed formosa" würde sich (auch) auf diese beziehen: noch bin ich „verborgen" aber durchaus „wohlgestaltet" (im Sinne der „wahren" Menschwerdung Christi): nachgezeichnet im tiefen, dunklen „Nigra sum", im Oktavsprung für den Einwand („sed") und im emphatisch in der Verdopplung beschwörenden „formosa".

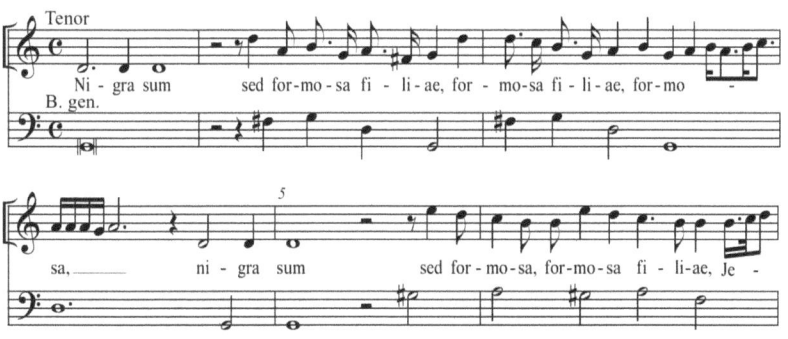

---

[45] Vgl. zu Zitaten und dieser Interpretation ebenda, S. 302.

Anderseits ist „nigra" auch als braungebrannt (durch Arbeit) zu deuten, was eben auf Maria, die „Magd" zutreffen würde, die Gering-Geborene.

Was im Einzelnen u. a. auffällt, das ist (auch in anderen Sätzen) das Hervorheben der Konjunktionen, hier beispielshalber des „ideo". Es ist Kennzeichen eines handlungs-*intentionalen* Sprechens, einer quasi-szenischen Aktivität. Das Singen ist einerseits mit seinen internen Wiederholungen (wie „sed formosa") so angelegt, dass es (jemanden; sich?) überzeugen will, *Eindruck* hervorruft; es ist gleichzeitig so ausgebaut (→ „formosa"), dass es im Mit-Singen jene *Empfindung* weckt, aus der jener resultiert. Die Singenden und Mit-Singenden eignen sich sozusagen den Ausdruck und die ihn auslösende Empfindung an.[46] Sie geraten mit dem „Surge", mit dem Reflex(!) dessen, was „der König sagte", in eine schwärmerische Hochstimmung (→ Verkürzung im Notentext). Und dann, am Schluss, ein Resultat als „Einsicht", nein, besser ein Resultat der Empfindung im Bewusstsein, quasi als Verkündigung: „Tempus putationis advenit!"[47]

Hier ist also das Singen unmittelbar als ein Prozess des „Aussprechens" auf ein Ziel bzw. auf eine Folge hin (auch im Mit-Singenden) gestaltet, der kraft seiner tiefen Empfindungsqualität ein zweites Mal

---

[46] Empfindung sehen wir also, entsprechend dem zeitgenössischen Begriff des „Affekts", nicht nur als eine hervorzurufende, sondern wesentlich als eine dem „Aussprechen" vorausgesetzte an, die das Handeln, das So-Sagen-Wollen hervorruft!
[47] Die Stelle in Schützens *Weihnachtshistorie*, „Auf dem Gebirg hat man…", erinnert an diese „Verkündigung", zeigt aber auch den Unterschied, denn Schütz zitiert hiermit keinen Psalmton, sondern lässt den Menschen von sich aus eine besstimmte Sprachhaltung annehmen.

durchschritten wird, bevor nochmals rhythmisch gerafft das „Ziel"
bestätigt erscheint.[48]

Das Concerto „Nigra sum" endet eigentlich (wie auch das spätere
„Pulchra es") relativ offen, unspektakulär, als würden beide eine
„Antwort", eine Reaktion benötigen. Diese erfolgt im ersten Fall im
Psalm „Laudate pueri". Wir können die beiden ersten Psalmen mit
dem „Nigra sum" in der Mitte, mit dem sich den Gott als „König"
anerkennenden Menschen etwas offenbart, als einen ersten Akt oder
ein erstes „Bild" einer gedachten „Handlung" betrachten. Auch
Hucke sieht einen Zusammenhang zwischen dem „Nigra sum" und
dem folgenden Psalm 113/114, in welchem Gott dafür gepriesen
wird, dass er die Geringe(n) erhöht und neben die Fürsten setzt.

Versuchen wir, diesen etwas zu erweitern! Die quasi-strophische
Gliederung des Psalms 109/110 können wir als eine Art Selbsterfor-
schung deuten: „Was uns der Herr zugesagt hat!", das heben die
Singenden in vier Anläufen hervor. Doch das ist sozusagen „Altes
Testament": das ist die Zusage des rächenden und richtenden und
Macht delegierenden Gottes, der weltliche Herrschaft als eine der
höheren Gewalt vermittelt. Nun aber kommt etwas Neues in die
Welt: die Weissagung der Erwählung Mariens: „surge, amica mea".
Und entsprechend vollzieht sich ein Wandel der Anschauung. Denn
in Psalm 113/114 loben die „Pueri" nun *den* Gott, der die Geringen
aufrichtet, der den Menschen Gutes tut, der sie nicht mit Gewalt
ausstattet, sondern mit *Liebe. Die Verbindung der beiden Psalmen* durch
das „Nigra sum" skizziert einen *Vorgang* der Wandlung der Anschauung und des menschlichen Daseins, die jene als Handlung
vollziehen, die letztlich „uns", die (höfische) Gesellschaft, vertreten.[49]

*Ein zweites „Bild" – Mit der »Verkündigung« kommt die Hoffnung
auf ein himmlisches Jerusalem in die Welt.*

Das wäre denn auch eine Art Programm: dass die Concerti den ihnen je folgenden Psalmen (die sozusagen feststehen) einen aus einer
„Handlungs"-Vorstellung her aktualisierten Sinn verleihen (sollen).

---

[48] Im Vergleich zur werkorientierten Beschreibung – vgl. Whenham, S. 52 f: „what is
intended by the musical image?[…] A possible answer is that the intended image is
that of bell, symbolising time (‚tempus')" – betonen wir den menschlichen Hand-
lungsaspekt, hier als ein „Verkünden"!
[49] Wenn Hucke den Schluss im Einklang als „der Lobgesang verstummt vor der Visi-
on, die jetzt beschworen wird" bezeichnet, so können wir dies im Sinne einer durchgehenden „Handlung" erwägen. Doch neige ich eher dazu, das Verklingen als ein
auskomponiertes „Verlöschen" eines ersten „Bildes" anzusehen.

Entsprechend scheinen das *PULCHRA ES. A DUE VOCI* und der darauf zu singende Psalm 121/122 zumindest im Begriff „Jerusalem" verbunden, den das Concerto gleichsam als theologische Idee evoziert, worauf der Psalm als Aufbruchslied hin zu Jerusalem und Preislied für jene Stadt als Ziel des irdischen Weges reagiert; Hucke (S. 305) interpretiert die Folge in diesem Sinn. Aber können wir das als ausreichend nachvollziehen?

Monteverdi setzt für das Concerto zwei Soprane und Generalbass. Schließt auch hier die Besetzung eine Deutung im Sinn des Hoheliedes aus? Die deutliche Zweiteilung unterstreicht Monteverdi mit dem jeweiligen Vorausgehen des I. Soprans, und einer Art verlängerter und variierter Wiederholung zusammen mit dem II. Was bedeutet das für das Singen? Meint es ein Bestärken der beiden Aussageteile? Singen hier die personifizierten „Herz" und „Seele" miteinander, wobei das Herz mit seiner Empfindung vorausgeht und der Verstand sich je an diese anschließt? Das würde das Beibehalten bzw. Variieren gewisser motivischer Vorgaben erklären.[50] Die Frage, wer hier eigentlich singt, ist auch hier eine wesentliche (auch für Monteverdi![51]); denn erst als ein personalisiertes wird das Singen als solches für den Adressaten in jener besonderen Weise mitvollziehbar, die ihn zu einer Selbstreaktion in seiner Empfindung ermächtigt.

Im ersten Moment erscheint Monteverdis Entwurf des „Aussprechens" dieses Textes (scheinbar) nicht auf ein Ziel hin gestaltet, sondern auf ein empfindungsreiches Verweilen im Anschauen und Bewundern. Dazu verhilft auch die textlich fast wortgleiche Wiederaufnahme und die musikalisch variierte Wiederholung im Ganzen und die mit ihr verbundene Verdopplung des Singens je durch den zweiten Sopran (Sextus). Entsprechend ergehen sich die Singenden auch in Terzenketten als beredtem Ausdruck des Bewunderns; und die Kadenzen erscheinen breit, wie ein Abbremsen und Auslaufen.

---

[50] Ein Zusammenhang zwischen Herz und Empfindung bzw. Seele und Verstand wäre nur eine der möglichen Zuschreibungen; vielleicht kämen auch Tugenden infrage, wie: Temperantia und Humiltà, Mäßigkeit und Demut? In Dantes Prosateil zum Sonett XXXVIII der VITA NUOVA heißt es: „Den einen Teil nenne ich »Herz«, das heißt die Begierde; den anderen »Seele«, das heißt die Vernunft." (Vgl. TB-Ausgabe von Ulrich Leo, Frankfurt (Fischer) 1964 (Exempla classica 90).)

[51] Vgl. den berühmten Brief Monteverdis vom 9. Dezember 1616: „...wie werde ich das Sprechen der Winde darstellen können, wenn sie nicht sprechen? Und wie werde ich mit ihrer Hilfe die Affekte bewegen können? Arianna bewegte sie, weil sie eine Frau war, und gleichfalls Orfeo, weil er ein Mann war und kein Wind." (Zitat gem. Sabine Ehrmann, *Claudio Monteverdi. Die Grundbegriffe seines musiktheoretischen Denkens*, Pfaffenweiler 1989, S. 69 f.)

Doch verändert sich der Charakter des Singens. Denn Monteverdi entwirft das „Aussprechen" sehr wohl als eine Art konsequente Folge, bestehend aus einer gleichsam „sprechenden" Initiative der Bewunderung und (Takte 24 ff.) einer Reaktion der Abwehr; letztere wird durch vermehrte interne Satzteilwiederholungen in den beiden abschließenden Kurzzeilen den drei eröffnenden Zeilen, von denen zwei lang sind, gleichberechtigt entgegengestellt. Solche „Gleichberechtigung" zeigt sich auch in der identischen Struktur: auch der zweite Abschnitt lässt den Cantus vorausgehen, um dann den gesamten Abschnitt (Takte 43 ff.) nochmals in der Bestärkung der Zweistimmigkeit zu wiederholen. Allerdings belässt Monteverdi hier die „leidenschaftliche" Äußerung (→ absteigende Sexte bzw. Tritonus) unvariiert in der Oberstimme. Zusätzlich verstärkt die Rückung von C (bzw. G) nach E den Lamentocharakter des zweiten Teils. Und so ergibt sich denn doch eine Art Steigerung bzw. eine Art Dialog. Während der erste Teil im Preisen der „amica mea" von einer Art Liedmelos ausgeht,

sich das Singen aber immer mehr zu einem schwärmerischen und den Ambitus des Singens „sprechend" erweiternden Lobpreisen entwickelt, wechselt der zweite Teil mit seiner tonartlichen Rückung – wir erinnern uns der Botschaft vom Tode Euridices im *Orfeo!* – in eine persönliche Leidenschaftlichkeit,

die per Taktwechsel in ein ungeradtaktig aufgeregtes Abwehren übergeht, wobei die Singenden die reaktive Emotion(!) des „volare", hervorgerufen durch die Augen, (sich!) breit „vorstellen". Auch den Schluss bildet nach Rückkehr zum geraden Takt, ein in ausdrucksvolle Figürlichkeit aufgelöstes Miteinander in Terzen, das im Einklang endet.

Problematisch erscheint das von Hucke referierte Textverständnis *sub specie* der Apokalypse, gemäß dem es (dem Sterblichen) unmöglich erschiene, das himmlische Jerusalem gleichsam physisch zu schauen. Natürlich erschlösse sich der Anschluss an den folgenden Psalm, als Ersatz denn in das irdische Jerusalem zu pilgern, weitaus selbstverständlicher. Wir stehen wieder vor dem prinzipiellen Problem des sprachlichen Fassens dessen, was Singen hier ist. Für die werkorientierte Beschreibung erscheint es als „Darstellung" eines Textes in der besonderen, Affekt hervorkehrenden Struktur (für einen „Zuhörer"); für uns als „Äußerung" einer Quasi-Person in der besonderen Fassung des personalisierten Singens (als eines Handelns per se) für den Mitvollzug der Adressaten, das aber nicht so weit verpersönlicht erscheint, dass tatsächlich schon eine menschliche Figur auftritt; beide Teile verbleiben in der intensitätssteigernden Doppelstimmigkeit der gleichen Singenden.

Dass der folgende Psalm eine Art Fortsetzung darstellt, einen Ausdruck der Freude in einer Art Ergebenheit, die alle teilen, das ist unübersehbar. Nur, was sollte der Grund für die Singenden und Mit-Singenden dafür sein? Hier liegt der Gedanke nahe, das *Pulchra es* (im Verständnis Monteverdis und damit im Zusammenhang hier) als Hinweis auf die „Verkündigung" zu verstehen. Könnten wir unterstellen, dass Monteverdi den Text hier als ein Umwandlung des biblischen Geschehens (gemäß Lukas 1, 26 ff.) in eine gleichsam menschliche Szene „vorstellt"? Sieht man sich Verkündigungsdarstellungen der italienischen Renaissance an, dann folgen diese einer szenischen Darstellung möglicher „Zustände" Mariens, wie sie Baxandall gem. des sog. Fra Roberto referiert.[52] Mit dem zweiten Abschnitt unseres Concertos hier wäre also eine Art Reaktion der Abwehr zu unterstellen, gepaart mit dem Ausdruck der leidenden Unterwerfung („Humilatio"); darauf weist der Lamentocharakter. Doch ginge es in Monteverdis Singen nicht konkret um Personen, sondern *um den inneren Vorgang einer „Annunciatio"*, die hier konkret durchlebt wird.

Das Concerto wäre also auch hier als eine Art Offenbarung zu verstehen, auf die die „Menge" im folgenden Psalm *LAETATUS SUM. A SEI VOCI* (Psalm 121/122) reagiert. Auffallend dabei die *Bewegung* des durchlaufenden Generalbasses, über dem der „vorausgehende" Tenor den *cantus firmus* intoniert, bevor das Singen in eine sechsstimmige Motettenfaktur übergeht. Im Weiteren wechseln zweistimmiges Singen überm durchgehenden Bass und motettisches Singen miteinander ab, wobei in letzterem eine Stimme (wechselnd) den *cantus firmus* hält. Solcher Wechsel bestimmt das gesamte Stück, wobei auch im motettischen Singen eine betont individuelle Gestaltung der einzelnen Stimmen auffällt. Das ist nicht eigentlich motettisch, sondern entwirft ein auf Sechsstimmigkeit hin erweitertes solistisches Singen über dem Generalbass. Auch das abschließende „Gloria Patri..." findet sich nur zum Teil in ein homophones Ensemblesingen.

Die Frage können wir uns stellen, ob das Singen hier recht bewusst als ein solches von sechs „Einzelnen" bezeichnet werden soll? Meint der Wechsel mit den Abschnitten mit durchgehendem Bass hier unterschiedliche „Rollen"? Kommen hier sozusagen (im Vergleich zum vorhergehenden Concerto) noch weitere „Personen" hinzu? Sicher kommt hier etwas „in Bewegung": überm bewegten Bass wird stets nur höchstens zweistimmig gesungen; danach (bestätigen oder) eignen sich alle an, was je zwei vorbrachten. Den Text

---

[52] Vgl. Michael Baxandall, *Die Wirklichkeit der Bilder. Malerei und Erfahrung im Italien der Renaissance*, übers. v. H. G. Holl, Darmstadt 1999, S. 64 ff.

können wir uns also auch hier in einen (intentional begründeten) Handlungsvorgang gebracht vorstellen.

Von Anfang: Der Generalbass schreitet mit einer betont „vorangehenden" Linie voraus; in dem Moment, in dem dieser Bassgang (als ein „Gehen") sich (modern gesprochen) von G-Moll nach B-Dur „erhebt", hebt die Tenorstimme mit einer Art *Bekennen* (mittels des *cantus firmus*) an: „Ich freue mich, dass wir in das Haus des Herren [= nach Jerusalem] gehen sollen". Und mit einer durch den Bass bereits vorbereiteten Wendung nach G-dur fallen alle Stimmen, auf freie (= ihre) Weise sich mit einem „einsichtsvoll" absteigenden Motiv folgend ein: „wir stehen [ja] bereits in den Toren..."; dazu bricht der Bassgang ab und das ruhige Ab und Auf des Basses im Quintraum vergegenwärtigt das Erreichthaben („stantes erant") der Singenden. (Singen als ein Handeln per se korrespondiert hier mit einem menschlich realen.) Hinter der Kadenz zur Dominante setzen die Stimmen, wieder nach B rückkehrend, nochmals an, um das „in atriis" hervorzukehren und um mit einer absteigenden (und rhythmisch „betont" aufsteigend kontrapunktierten) motivischen Linie das „Eingehen in" zu vollziehen. Und nun schließt sich (Takt 20) wieder der Bassgang vom Beginn an, der aber nun in g bzw. B verbleibt. Auf ihm setzen die beiden Tenorstimmen (Tenor und Quintus) mit dem Preisen der Stadt Jerusalem an, heben ihr Singen entsprechend nach B-dur, um dann ihr Kennzeichnen der sozusagen geschmückten „civitas" mit der melodischen Linie ihres „Eingehens in" abzuschließen.[53]

Monteverdis Fermate (Takt 28) über dem abschließenden Klang signalisiert ein Abschnittsende. Wir spüren, dass jene „Bewegung", die den Singenden und Mit-Singenden scheinbar zu „tun" ermöglicht, wovon sie singen („gehen", „stehen", „einziehen"), nur Nebenwerk darstellt. Entscheidend ist nicht allein das Hervorkehren des pragmatischen Aspekts der Sprache, sondern im Besonderen das des eigenen Tönens durch den Wechsel der Kompositionsfaktur und der Stimmen wie auch durch die unterschiedlichen Singweisen und die Motivik des „Aussprechens". Wenn wir auch hier keine Personen als solche identifizieren können, entscheidend ist das Hineinheben des Textes in ein *lebendiges* Sprechen, das sich auch den Adressaten als „Gang" vermittelt, ausgelöst von einer lebendig empfundenen Inhaltlichkeit.

---

[53] Auf Notenbeispiele wird in der Besprechung dieses Psalms ganz verzichtet, da solche die detailliertere Besprechung dieses Psalms unter dem Gesichtspunkt der „musikalischen Gestalt(ung)" enthält; vgl. u., S. 107 ff.

Entsprechend dieser beginnt Monteverdi einen neuen Abschnitt. „Illuc enim…", „dorthin nämlich [wollen wir gehen]": der Generalbass bleibt erst einmal auf dem Akkordgrundton stehen, die beiden Soprane, *Cantus* und *Sextus*, deuten das „illuc" in ausführlichem figürlichem Singen überm Orgelpunkt als „weit" und doch offensichtlich herzlich angestrebt (→ Gang in die Zwischenkadenz auf „enim"). Im zweiten und dritten Anlauf schließen sich die anderen Stimmen an, bevor sie (Takte 39 ff.) alle im fast homophonen Satz „übereinstimmend" über den linear über fast eineinhalb Oktaven „einziehenden" Bass den ganzen Vers artikulieren – und über dessen Ende hinausgelangen: über auffallend entschlusshaften Quartschritten im Bass artikulieren sie je einzeln ihr „confitendum nomini Domini", wobei erst der *Altus*, dann der *Cantus* den Psalmton anschlagen, die anderen Stimmen, dort, wo es satztechnisch möglich ist, im motivisch gestalteten Oktavgang ihr „Einziehen" verdeutlichen. Da Monteverdi die „Abfolge" der Glieder, beginnend mit dem Bassgang vom Anfang, mit dem „Quia illic…" (Takte 50 ff.) wieder aufnimmt, wäre man versucht, das Glied „Illuc enim…" architektonisch einem ersten Abschnitt zuzurechnen. Tatsächlich finden wir (wiederum) das „Illuc enim" in den Textübersetzungen in der Regel nicht ausdrücklich wiedergegeben. Doch Monteverdi hebt es als wesentliches Glied des „Aussprechens" und damit einer *handelnden Absichtlichkeit* der Singenden und Mit-Singenden hervor. Es mag sein, dass damit von den Singenden auch ein Nebensinn des „Illuc", als „ins Jenseits" (u. d. h. ins *himmlische* Jerusalem! lasst uns ziehen) herausgestellt werden soll.

Der Abschnitt markiert sozusagen ein Zwischenergebnis des Aussprechensprozesses, dem sich aber unmittelbar, ohne irgendeine Zäsur oder besonders gelängte Kadenz, das „Quia illic sederunt…" über dem „gehenden" Bass (vom Beginn) anschließt, nun von den beiden Sopranen und dem (leicht verzierten) Singbass aufgenommen. Wieder wird das „Gehen" sozusagen aufgehalten und auf „Rogate quae ad pacem…" nach G-dur gewendet: im Friedenswunsch für Jerusalem kehren die vier Stimmen ihre linearen Richtungen hervor, bevor hier, wieder nach g bzw. B gewendet, der *Cantus* das „Rogate…" im Psalmton gleichsam wie eine Weisung nochmals aufnimmt, der die anderen Stimmen mit dem zweiten Halbvers „et abundantia…" (über-)einstimmend mitentsprechen. Auch der nochmalige Friedenswunsch „Fiat pax", nun wieder über dem voranschreitenden Bass, nimmt den Psalmton (im *Sextus*) in sich auf und mündet mit den drei Unterstimmen in die Kadenz mit der Fermate.

Und nochmals setzt Monteverdi, nach diesem zweiten Abschnitt, analog dem obigen „Illuc" ein „Innehalten", um einen neuen, dritten Gedanken (Takte 78 ff.) einzuleiten: „Propter" wird überm Orgelpunkt breit und im lombardischen Rhythmus betont entschlusshaft ausgesungen; der *Tenor* beginnt, und sukzessive folgen die anderen, wobei der *Altus* in etwa den Psalmton einflicht. Doch erscheint hier gegenüber dem vorhergehenden Zwischenteil nun alles gestaucht, der oktavumspannende Abgang im *Bassus* ebenso wie die entschlusshaften Quartschritte. Und überm wiederum „gehenden" Bass nehmen alle Stimmen versetzt mit je paarweise betont eigenen Formulierungen das „Propter domum Domini…" auf. Zwar setzt Monteverdi auf dem textlichen Abschluss des letzten Psalmverses eine Fermate; doch schließt sich das „Gloria Patri" mit dem Wechsel nach G-dur in feierlichen Bögen (und einem Gegenbogen im Alt) an, gleich einem Einlösen des „bona" vom Schlussvers. Erst nach der Rückkehr zu g bzw. B beenden die Singenden die Doxologie in kompakter Sechsstimmigkeit, wobei der *Altus* (später der *Sextus*) sich am Psalmton orientiert und die Singenden mit dem „Sicut erat in principio et" im Falsobordone-Satz das „nunc (et semper)" umso deutlicher in der vollkommenen Kadenz (→ S-T-D-T) nach B-dur herausheben, bevor die Singenden mit einem feierlichen „et in saecula…" und einem gedehnt wiederholten „Amen" ihren Aussprechensprozess abschließen.

Wir sehen auch hier: Monteverdi verleiht dem Aussprechen des Psalmtextes eine eigene Struktur und damit einen eigenen Sinn. Vergleichen wir etwa mit den Lutherbibel (in heutiger Fassung) dann finden wir die Verse 1-2, 3-5 und 6-9 als je inhaltliche Einheiten verstanden. Monteverdi aber bindet die Verse 1-3 und 5-7 sowie 9 plus den Beginn der kleinen Doxologie zu je eine Absicht andeutenden Sprechakten zusammen, während die Verse 4 und 8 wie ein Anhalten und je weisendes Impulsgeben für das Folgende fungieren. Monteverdi vertont nicht „Verse", sondern entwirft ein intentionales Aussprechen; objektive Bedeutsamkeit wird nicht eigentlich dargestellt, sondern in eine prozesshaftes menschliches Sprachhandeln gefasst. Ein extrem unmittelbarer Anschluss wie der des „Quia…" (Takt 50) ist *aus dem engagierten Denk- und Empfindungsvollzug hinter der Sprache* begründet. Die musikalischen Mittel dazu, vom Bass her konstruierte Abläufe[54], erscheinen dabei in den Stimmen immer wieder neu entworfen, sicher aus den neuen Worten heraus, aber noch wesentlicher aus dem hinter diesen je aufscheinenden eigenen Sagenwollen heraus sowie aus einer gesteigerten Empfindung *füreinander*.[55]

Vielleicht können wir diesen Psalm als *beispielhaft* für ein ausdruckshaftes *singendes Handeln* ansehen; und vielleicht können wir unterstellen, dass hier jene mit „pulchra es" Bezeichnete (im Verein mit den Ihren) einen Lobpreis auf Jerusalem als irdische wie als himmlische „Gottesstadt" (als Vorstellung) anstimmt. Gleichzeitig scheint eine pragmatische Semantik realisiert, ein sprachliches Handeln, das aus Sich-Aussprechen (→ Ich freue mich…"), aus Einsehen (→ „[Ja,] wir stehen bereits in den Vorhöfen…"), als Reagieren auf diese (→ „Jerusalem, Jerusalem"), dann als einsichtsvolle und weisende Weiterung (→ „Dorthin nämlich…") und deren Begründen (→ „Denn dort stehen die Throne…") und wiederum Reagieren (→ „Erbittet [deshalb], was Jerusalem Frieden bringt…"), schließlich vom Ziehen der „weiteren" Folgerung (→ „Um deiner Brüder und Freunde willen… gehe Friede *von dir* aus") und ein persönliches Reagieren darauf (→ „Um des Hauses Gottes willen…"), das unmittelbar das Gesagte ins „Bild" setzt und im „Gloria Patri" einlöst.

Damit wäre aber ein zweites „Bild" der „Handlung" wohl noch nicht abgeschlossen. Denn das Concerto *Duo Seraphim a tre voci* schlösse sich, „Jerusalem" als das *himmlische* verstehend, als Vorschein himmlischen Geschehens an: Monteverdi lässt die beiden Tenöre im „clamabant" tatsächlich einander „engelhaft" *zú*singen, um sie dann in eine Art stammelnde „Verzückung" des „Sanctus" überzuleiten: mit dem Figurapparat der (sängerischen und instrumentalen) Improvisation erstellt er ein gedacht(!) ekstatisches Singen, in welchem die beiden sich gegenseitig imitieren und in der Anbetung zu übertreffen trachten. Im durch Fermate abgesetzten zweiten Teil, bei „Tres sunt…" (Takt 31), tritt eine dritte Stimme hinzu, die sich nicht nur in der Nennung der Trinität („Pater, Ver-

---

[54] Whenham spricht hier eine Verwandtschaft mit der sog. *Romanesca* an, einem Bassmodell, das in der Zeit Monteverdis für das Singen weltlicher Verse verwendet wurde; er verknüpft damit die Vermutung, Monteverdi ziele auf eine Identifizierung des psalmischen „Jerusalem" mit dem päpstlichen Rom hin.

[55] Zwar benützt Monteverdi auch Bewegungsfiguren, ebenso wie Schütz; doch während es bei Schütz um eine gesteigerte Selbstbedeutsamkeit des Textes geht, um eine rational erfasste Bedeutsamkeit des Wortes für „mich", geht es Monteverdi eher um eine innere Bewegung, aus der die sprachliche Intentionalität gleichsam sich begründet.

bum et Spiritus Sanctus"), sondern auch in der Wiederaufnahme des „Sanctus…" am ekstatischen Singen beteiligt. Monteverdi macht nicht nur das „Tres" in der Dreistimmigkeit, sondern auch ihr Einssein bei „(et hi tres) unum sunt" im Einklang der Singenden deutlich.

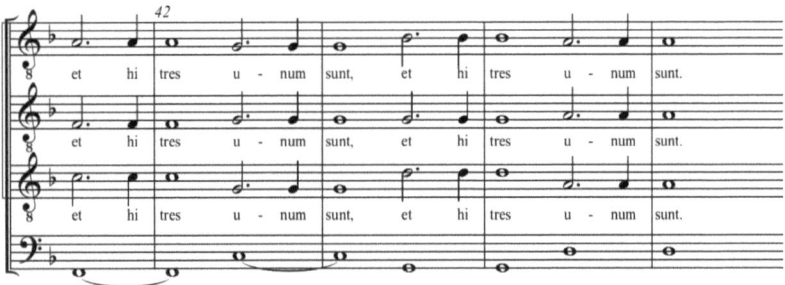

Der Komponist entwirft im Grunde drei Tenorstimmen, also drei gleichberechtigte Stimmen: *Tenor* und *Quintus*, und dazu einen tiefen *Altus*. Er hebt die Handlung des Aussprechens als ein „Aussprechen" in eine vorgestellte Idealität göttlicher Dreiheit. Goehr verzeichnet diese dritte Singstimme, die erst bei „Tres sunt…" einsetzt, als Bass. Beide Partituren notieren sie als unterste, obwohl sie (Takt 31) als höchste einsetzt, im weiteren Verlauf als gleichberechtigte oft die Lage wechselt und am Schluss eindeutig als höchste abschließt. Ist dies implizit als „Aussage" zu verstehen und auf Christus bezogen, der die Göttlichkeit sozusagen als „letzter" (und uns nächster) zur Trinität ergänzt? Oder ist hier eine Art „Bild" gemeint, in welchem die drei hintereinander auf unterschiedliche Textworte einsetzenden Stimmen

(Das obere System des B. gen. übernimmt nacheinander die Oberstimmen mit, dieses ist hier nicht wiedergegeben.)

entsprechend für die einzelnen Figuren der Trinität stehen, der Altus für den „Spiritus sanctus".[56]

Was kommt hier zusammen? Einerseits ein deutlich personalisiertes und gleichzeitig ausschmückend hervorgehobenes Singen (→ „Engel"), anderseits ein figurhaftes Eingehen auf den Text (im Sinne der „alten" madrigalisierten Motette): die Engel loben in stammelnder Verzückung die himmlische Gottheit, und schließlich in einem eigenen Akt die Trinität (in der Christus, gemäß dem Johannes-Evangelium, als „Verbum" bezeichnet erscheint). Solches ist abbildhaft verdreifacht, indem alle drei Stimmen hintereinander mit der gleichen Figuration je ihren Teil anzusprechen beginnen und schon hier (und nicht erst im Einklang des „unum sunt") eine Quasiidentität andeuten. Auch in der Anbetung des abschließenden „Sanctus..." verbleiben sie im dreimaligen „Aussprechen" in motivischer Identität, zuerst im Wechsel, dann in kontrapunktischer Imitation. Erst im „Plena est..." besetzen sie unterschiedliche und sich ergänzende Tonräume in der je sich entsprechenden Figuration, in der sie auch gemeinsam im „gloria eius" abschließen.

Möglicherweise sollten wir erst hier das Ende eines zweiten „Bildes" einer vorgesehenen „Handlung" annehmen. Dieses hat mit dem Vorschein eines „Ortes" zu tun, in dessen diesseitigem Ansprechen sich eine (von den Singenden gleichsam wahrgenommene) *Hoffnung auf eine Jenseitigkeit* kundtut, durch die Schau der Seraphim gekrönt.[57] Sich den (eigenen) Einzug in das himmlische Jerusalem

---

[56] In bildlichen Darstellungen der göttlichen Trinität erscheint die Figur der Taube als Vertreter des Hl. Geistes oft als oberste Figur. Dies entspräche Monteverdis Stimmenanordnung: die sozusagen sachlich dritte Gotteswesenheit erscheint zwar als dritte Stimme, nimmt aber tönend den höchsten Platz ein.

[57] Man wird – und nicht nur hier – unwillkürlich an Dantes Dichtungen erinnert, an seine „Bilder", die in sich je Vorgänge beschreiben, und nicht zuletzt an die Doppelsinnigkeit, mit der seine zentrale Figur, *Beatrice* (»die Segensspendende«), in der Prosa zum zweiten Sonett der *Vita nuova* als „die verklärte Herrin meines Geistes" einge-

vorzustellen, stellt vielleicht den stärksten Ausdruck einer zweiten der drei christlichen Kardinaltugenden dar: der *Hoffnung*. Diese aber ist ihrerseits durch den im „Pulchra es" aufscheinenden Verkündigungsgedanken in die Welt gebracht.

Ein drittes „Bild" – Durch Maria kommt der Glaube als ein selbsterfüllt auszulebender in die Welt.

Dem schließt sich nun ein drittes „Bild" an, in welchem die Gottesmutter tatsächlich wörtlich genannt wird. Und um sie scheint es in den folgenden drei Teilen zu gehen, in welchen die zwei Psalmen 126/127 und 147/147-12 ff. durch das dazwischengeschaltete Concerto „Audi coelum" eine besondere Aussprechensfunktion erhalten. Denn das „Audi coelum", das die Ent-Deckung der zur Quasigottheit Erhobenen als Maria in einer künstlichen Kommunikation zwischen Erde und Himmel schildert, preist den Herrn als den allein Gebenden und Behütenden und (nach der Einsetzung Mariens als „medium inter hominem et Deum" *durch ihn*) als den, der die Kinder Israels (also die *Gläubigen* per se) gesegnet hat und segnet. Wir können vorausschicken, dass es also möglicherweise um ein In-die-Welt-Kommen der dritten der Kardinaltugenden geht: um das des *Glaubens*.

Die Tatsache, dass Monteverdi von „Bild" zu „Bild" die Stimmenzahl der Singenden (in den Psalmen wie in den Concerten) sukzessive steigert, ist den Exegeten nicht entgangen. Tatsächlich bildet der Psalm 126/127, *NISI DOMINUS. A DIECI VOCI,* nun die Einleitung zum entscheidenden Höhepunkt der hier angesprochenen „Handlung". Monteverdi besetzt die je fünfstimmigen Chöre – so die partiturmäßige Ordnung der Editoren – mit je zwei Tenören, wobei der *Tenor* in dem einen, der *Quintus* in dem anderen Chor in der Regel den c. f. intonieren. Auch hier greifen die Singenden auf den *cantus firmus* und damit auf die kirchlich überlieferte Weise in ihrem Singen bildlich „zurück": der Einsatz der beiden Tenöre ist der letzte der Stim-

---

führt wird – vgl. dazu das Nachwort zur TB-Ausgabe von Ulrich Leo, Frankfurt (Fischer) 1964 (Exempla classica 90) – und bis zuletzt in der *Commedia* (im XXXI. Gesang) als eine himmlische Führerin erscheint. Auch die *Commedia* mündet im XXXIII. Gesang des *paradiso* in einen Fürbittgesang an Maria. Der Hinweis auf Dante soll nur deutlich machen, dass die Entwicklung solcher (innerer) „Bilder" offensichtlich fest zur italienischen Literatur gehört, und dass wir Deutschen uns schwertun, deren prinzipiell emphatischen Charakter mitzuvollziehen. Auch die sog. *Marienvesper* Monteverdis – so unsere Plausibilität vermittelnde Annahme – könnte eben wesentlich in mehreren solcher Bilder bestehen, deren Herkunft wir nicht ermitteln können…

men. Das Besondere am Singen hier ist, dass die jeweils anderen Stimmen sich chorübergreifend imitieren, z. T. in ganz kurzen Zeitabständen; der *Cantus* des zweiten Chores imitiert den des ersten, der *Altus* des zweiten, den des ersten Chores usf. Zwar wird dies aus satztechnischen und klangaufbauenden Gründen nicht immer durchgehalten, doch prägt das den ersten Teil, bestehend aus den ersten drei Textzeilen. Dabei bewegen sich die Stimmen in Quinträumen über liegenden Bässen einer langgezogenen Kadenz in schwelgender Sicherheit. In dieser wirkt der Eintritt des neuen Liegetones je wie ein Anfachen des realen Ausdrucks von Lebendigkeit. Diese Struktur wird in der Schlussdoxologie, bei „Sicut erat…", wieder aufgenommen. Wir können sie als eine totale Übereinstimmung in dem, was jeder sagen will, interpretieren.

Im Hauptteil des Psalms, dessen Aussagen, in betonter Homophonie gleichwohl abwechslungsreich deklamiert, jeweils um einen Takt überlappend von einem Chor jeweils auf den anderen übergehen, übertragen die Singenden solche Einheitlichkeit und einheitliche Überzeugung in den Prozess des Aussprechens: Wiederholen des Gleichen meint ein Bestätigen, Sich-ins-Wort-Fallen mit der Fortsetzung meint ein Aus-gleicher-Überzeugung-Wissen was zu sagen ist. Dass dabei auch die jeweilige musikalische Fassung des „Aussprechens" je aufgenommen wird, das wie Aufgeregte (→ „Nisi Dominus custodierit…") oder nahezu Eifernde und schließlich Fröhliche (→ Übergang in die Dreierordnung), verstärkt das Gemeinsame in der Überzeugung und Einsicht, aus der sich die Singenden beständig gegenseitig bestätigen und weiterführen, bis schließlich (Takt 76) der eine Chor mitten im Satz dem anderen in der Fortsetzung vorauseilt und beide das „Aussprechen" des eigentlichen Psalms in neunstimmiger Vollklanglichkeit beenden.

Dieses Singen ähnelt fast einem „Plappern"; die eingeschränkte Melodik weist nicht so sehr auf Wendungen der Psalmodie, sondern auf solche analog Kinderreimen. Darin fungieren die Erstworte der Verse wie demonstrative Zeichen und Auslöser. Es ist durchaus möglich, dass Monteverdi in der Personalisierung des Singens hier so etwas wie ein Aussprechen in kindlicher Glaubenseinfalt und -sicherheit kennzeichnen wollte, hinter der der Taktwechsel (Takt 82), verbunden mit einem solchen des Klanges zum Es-(dur-)Klang (Takt 83), wie ein Innehalten und wie eine implizite Wendung zum „Ernst" und zum Reflex des „Gloria Patri" wirkt: Dem Herrn die Ehre zu geben, das steht über dem Selbstverständlichen; es bedarf der bewussten Zuwendung und der „Konzentration". Denn den

Übergang zur kleinen Doxologie bildet ein extrem gemeinsames u. d. h. nur fünfstimmiges „Gloria Patri"[58], das sich ab dem „Sicut erat…" wieder in jenes neunstimmige Singen differenziert, in dem jede Stimme der anderen „Schwester" ihr „Aussprechen" imitierend bestätigt.

So sehr wir die einzelnen Handlungsintentionen im Singen selbst nachvollziehen können, so erscheint doch eine darüberstehende Intention wesentlich: als Singende (und Mit-Singende) als *sich verbrüdernde in der Gemeinschaft* in einer festen (gleichsam alttestamentarischen) Überzeugung aufzutreten. Die Tatsache, dass Monteverdi das gesamte Singen hindurch den Psalmton in das Singen einbettet (wobei er ihn z. T. auch per Transposition sozusagen von den Singenden „mitnehmen" lässt), weist nicht nur auf die eingangs angesprochene Aneignung des choralen Singens durch die Adressaten, sondern auch darauf, dass Monteverdi nicht „den Choral vertont", sondern diesen als ein den Menschen „Gegebenes" und damit ihnen Selbstverständliches also, integriert. Und aus dieser Bekundung gleichsam kindlicher und ungebrochener Überzeugung – wir erinnern uns an Markus 10, Vers 15[59] – erscheint das „Audi coelum" als eine Art Konsequenz: den hier Singenden wird etwas offenbar(t). Und solche Offenbarung realisiert das folgende solistische Singen.

Dieses, das Concerto AUDI COELUM. SEX VOCIBUS, ist eine Art Gespräch mit dem Himmel, in einer Weise, wie „man" in der Antike mit den Göttern spricht und die Antwort (wie in einem Orakel) aus dem Widerhall der eigenen Worte empfängt. Monteverdi lässt zwei Tenorstimmen singen, von denen der eine (*Tenor*) den eigentlichen Text „ausspricht" und der andere (*Quintus*) als Echo fungiert, das, entscheidende Silben oder Konsonanten realisticherweise weglassend, wesentliche Hinweise zu den Fragen des Haupttextes liefert.[60] Einzig das Echo auf „Maria" ist sozusagen vollständig und damit substanziell und begibt sich in ein mehrmaliges Hin und Her mit der

---

[58] Dieser Beginn der Doxologie, der die Soprane kurz pausieren lässt (und zweien der Tenorstimmen, wie o. beschrieben, den c. f. auflädt) artikuliert in den beiden freien Tenören einen figürlich aus dem Rahmen fallenden, sozusagen „begeisterten" Ausruf des „Gloria Patri" (wie ein momentanes Aus-sich-Herausgehen jener Stimmen, die den c. f. beitrugen!).
[59] Die Assoziation zu Markus 10, 13-16, zu Jesu Hinweis auf eine religiöse und darin sozusagen kindliche Einstellung, in der es heißt: „Wahrlich, ich sage euch: wer das Reich Gottes nicht empfängt wie ein Kind, der wird nicht hineinkommen", würde ein gewisses Rollenverständnis aufdecken. Im gleichen Sinn argumentiert Matthäus 18, 1-6.
[60] Auch hier kennen wir dieses hier (textlich) überaus kunstfertig ausgearbeitete Rufen als Kinderspiel: „Wie heißt der Bürgermeister von Wesel?…"

Hauptstimme. Damit heben die Singenden den zentralen Namen hervor. Die Gesangspartie (des Tenor I) erinnert an diejenige des Orfeo (in der Oper); doch ist es kein Klagegesang, sondern voll der Gesten der Bewunderung (Mariens), die sich durchaus in gewisser Weise „erhitzen" können und in ihren jeweiligen Enden oft weit figurhaft ausschwingen.

Über die Bedeutung des reichen Figurapparats in der Hauptstimme können wir nur rätseln. Nehmen wir etwa die nur hier erscheinende Figur bei „consurgens ut aurora":

Meint sie ein Innehalten und dann umso mehr Drängen? Anderseits erschließen sich Figuren uns als Ausdrucksmittel (→ z. B. „benedicam") oder als gleichsam mit den Augen zu verfolgende Bewegungsfiguren (→ „terras", „coelos"). Im Prinzip aber geht es um ein in den Raum hinein tönendes und – das erscheint mir äußerst wichtig – *um ein sich selbst (als Aussprechende!) Bedeutsamkeit zumessendes* „Aussprechen", zwar interessiert und engagiert, mit vielen Stimmungsschattierungen und inneren Tempowechseln, doch letztlich um ein äußerst beherrschtes „Aussprechen" – denken wir nur an den Beginn –, in welchem der emotionale Ausdruck „dann" in den z. B. wie aufbrausenden Satzteilwiederholungen

umso gewollter in Erscheinung tritt. Ähnlich Takte 23 ff. (und öfters), wo der Singende mit dem Anheben der Stimme mittels eines gleichen oder absichtsvoll ausgeweiteten Motivs solche innere Erregung verdeutlicht. (Natürlich „dient" solches Anlegen auch dem Herausstellen jener Worte, die dann im Echo um so deutlicher in Erscheinung treten; aber genau dies geht ja mit der menschlichen Absicht des Sprechens konform.)

Auf die erst einmal die umfassende Oktave in figürlicher Aufgeregtheit ab und auf durchmessende Aufforderung(!) „Omnes[…]" des Tenors kommen auch die anderen fünf Stimmen hinzu; sie nehmen das „Omnes" im kompakt stehenden Akkord auf, bevor der Tenor, nun im Dreiermetrum, das „Omnes hanc ergo sequamur" (Dann lasst uns alle ihr folgen…) in stimmliche Aktivität umsetzt, in der alle anderen ihm folgen.

Natürlich ist das „sequamur" in ein abbildendes Vollziehen umgesetzt; wesentlicher aber: hier setzt nicht ein „Chor" ein, sondern eine Vervielfachung jenes Handelns des Einen, der das Orakel bisher herausforderte. Entsprechend lässt Monteverdi den Schluss der Versgruppe („consequamur") wieder den *Tenor* allein abbildhaft „aussprechen" und das Echo des *Quintus* als „sequamur" wiederholen, bevor wiederum die „Allen" in „übereinstimmender" Akkordik das „Praestet" (wie das obige „Omnes") hinstellen, um dann wieder entschlusshaft und sich freudig auffordernd (im Dreiermetrum) in das „praestet nobis Deus…" überzugehen. Dessen Weiterung, „cuius nomen invocamus dulce" wechselt wiederum in den geraden Takt zurück, um dann den Tenor das entscheidende „miseris solamen" einbringen zu lassen, das das Echo mit „Amen" vergewissert. Darauf ergehen sich alle in einer kurzen, das rednerische Sprechen in einen kunstvoll sechsstimmigen Satz fassenden Mariendoxologie.

Sicher könnte man den Tenor im „Audi coelum" als eine Art Priester- oder Seherschaft identifizieren. Dem entspricht ja, dass nach einem relativ wenig ausführlichen Schließen des Concertos der folgende Psalm *LAUDA, JERUSALEM. SEPTEM VOCIBUS* (Psalm 147) sofort wieder mit dem *Tenor* anhebt. In unmittelbarer Konsequenz fordert er die „Allen" – und das sind hier zwei drei- bzw. eigentlich vierstimmige Chöre – auf: „Lauda[!]"; „Lauda[!]" nehmen die Allen in sechsstimmiger akkordischer Gemeinsamkeit auf. Unmittelbar auffordernd setzt das Singen des Psalms ein. Die in die „Mitte" gestellte Tenorstimme[61] fordert also mit ihrem vorgeschalteten „Lauda" alle Singenden zum Handeln auf, bevor sie solistisch je mit einem der beiden Eingangshalbverse im Psalmton vorausgeht und die 6 Stimmen den Halbvers im 6-stimmig ausgesetzten *cantus firmus* des Cantus wiederholen. Danach beginnen sie im je drei- bzw. (mit den nun den c. f. einnehmenden Tenören) vierstimmigen Satz das Lob des Herren entsprechend der Eingangsaufforderung zu verkünden, indem sie sich im kunstvollen Satz, die Halbverse entweder ergänzend oder wiederholend, abwechseln. Dabei werden die Einsatzabstände immer kürzer, bis sie beim „Emittet verbum…" in voller Sechsstimmigkeit gleichsam vollkommen übereinstimmen. Dieses Singen, das wiederum die partielle Imitation der einzelnen Stimmen – sozusagen der „Brüder" und „Schwestern" – über die Chöre hinweg praktiziert, reicht bis in das „Gloria Patri…", in welchem der Sopran des Chores I den *cantus firmus* wie ein „Krönen" übernimmt, bevor die Stimmen in der weiteren Doxologie entweder in Formeln des Psalmtons oder z. T. im Falsobordonesatz die als göttlich tradierte Singweise vereinnahmen. Ein hier nun ausführliches und mit der Technik der chorübergreifenden Imitation arbeitendes *Amen* beschließt nicht nur den Psalm, sondern offensichtlich auch das dritte „Bild" unserer „Handlung".

---

[61] Die Beschreibung folgt, wie überall, auch hier der Partituredition von Jerome Roche; Roche bemerkt (vgl. Textual Notes, S. XXVII): „Though Sept[imus] is the only part styled ‚Secundi chori', the present score has been laid out for 2 3-part choirs with a detached T[enor] singing the psalm tone". Goehr geht von zwei eigentlich vierstimmigen Chören aus und fasst die „Tenori di due Cori" ebenfalls in der Mitte zusammen.

Der Psalm ist ein Lobpreis der Frieden schaffenden und beschützenden Allmacht Gottes. Wir beobachten, wie auch hier das Singen des Psalms zur „Handlung" interpretiert wird: dort, wo Monteverdi die Tenöre zum vorangehenden bzw. zentralen *cantus firmus* bündelt, dort überträgt er eine Art liturgischen Singens in ein vorgestelltes bühnenmäßiges. Die Tenöre vertreten eine Priesterschaft, die restlichen Stimmen die „Allen", wer immer das sei, mit denen sich eben auch die Mit-Singenden identifizieren können. Diese kleiden den *cantus firmus* (u. a. harmonisch) in ihr Singen ein; sie eignen ihn (= es, d. h. das So-„Aussprechen" dieses Textes) jeweils als gemeinschaftlichen Ausdruck ihres Glaubens an.

Da uns als Musikpädagogen eben ein größerer Spielraum zur Verfügung steht, uns ein vorgegebenes Singen in eine eigene Plausibilität zu heben, können wir aufgrund unserer Interpretation der drei „Bilder" die „Handlung" präzisieren: sie könnte lauten: »*Wie die drei Kardinaltugenden, Liebe, Hoffnung und Glaube, letztlich durch die (indirekte) Vermittlung Mariens, durch deren Erwählung, Verkündigung und Erhebung, in die Welt und zu den Menschen gekommen sind.*«[62] Die „Handlung" kommt zwar sozusagen als interpretatorischer Akt der Psalmen durch die zwischen sie eingeflochtenen Concerte (oder Solomotetten) zustande; sie wird aber durch die Singenden *hergestellt*, als ausdrucksvolle Aktivität, quasi in Rollen und durch Monteverdis So-„Aussprechen" mit intentionaler Absicht versehen.

Ein viertes „Bild" – Die Fürbitte als menschliche Reaktion auf die Ermächtigung zur selbsterfüllten Glaubenshandlung

Gehen wir davon aus, dass hiermit die eigentliche „Handlung" erst einmal beendet *scheint* und dass der folgende Instrumentalsatz, die SONATA SOPRA SANCTA MARIA ORA PRO NOBIS. A 8 (erst einmal) so etwas wie ein Feiern eröffnet: der Satz signalisiert beherrschten Tanz, eine höfische Bewegung. Dem Beginn im geraden Takt folgt (in der zeittypischen Folge) ein Abschnitt, der die Motivik in den Dreiertakt versetzt, bevor eine Rückkehr in den geraden Takt zum Abkadenzieren genutzt wird. Monteverdi entwirft dazu acht Parts für Instrumente, die in etwa denen der Einleitung entsprechen[63]: dies

---

[62] Dies könnte ein Licht auf die Messe und auf die Zitate Monteverdis werfen, die ja zentral auf den „Leib, der dich geboren" sich beziehen; vgl. u., Kapitel III, S. 126 ff.
[63] Was fehlt, das ist eine eigene Nennung des *Contrabasso da gamba* (evtl. zusammen mit der tiefen Posaune). Da der Cantuspart hier eine eigene und eigenartige, ja sozu-

ist bemerkenswert, indem hier zwar die das „Spiel" „Spielenden"
präsent erscheinen, trotzdem aber nun eine neue wie resultierenden
Rolle „nach dem Spiel" einnehmen, bzw. eben: einzunehmen *scheinen*.

Denn offensichtlich – anders sind die *musikalischen* Geschehnisse,
Takt 20 ff., gar nicht zu interpretieren – ereignet sich ein neues
„Bild", ein möglicherweise sozusagen „*wunderbares Bild*" gleichsam
hinter der bisher angenommenen „Handlung", das letztlich (als
Theatercoup) scheinbar unmittelbar den Adressaten „erscheint":
denn die beiden (Takte 20 ff.) zuerst in langen Werten zart einsetzenden beiden Violinen, die fast 14 Doppeltakte lang alleine ohne
Generalbass ihre wie seligen Terzenfiguren in gegenseitiger Imitation in meist abwärts gerichteter Sequenzierung vollziehen, sie sind
kaum anders deutbar, denn als Theatermusik, mit der eine (möglicherweise sich herabsenkende) Erscheinung „begleitet" und (oder
zumindest) in die Vorstellung transportiert wird. Wenn im Abkadenzieren (Takt 33) zwei Posaunen mit der Motivik der Violinen
vom Beginn einsetzen, folgt schließlich mit der dritten Posaune auch
das erste Mal der Cantus mit seiner Fürbitte. Diese (das Terzenmotiv
vom Beginn der Violinen in sich enthaltend) artikuliert das „Santa
Maria / Ora pro nobis" in der Melodieformel der Litanei, mit deren
gleichzeitiger quasi „vorbildhafter" Rhythmisierung in ein Viertakt-
schema hinein. Dies wird aber nicht so bleiben.

Wieder erhebt sich die Frage, wer singt hier? Wir können nur
mutmaßen. Nach jeweils größeren Abständen artikuliert der Cantus
insgesamt vorläufig neun Mal die Litaneiformel. (Das zehnte und
elfte Litaneizitat werden wir unten neu interpretieren.) Er tut dies
innerhalb eines musikalischen Instrumentalsatzes, der sich beständig
wandelt: nach dem Einsatz der Posaunen übernehmen erst die Cornetti und dann die Posaunen (nachfolgend schließlich zusammen
mit den Violinen) die Figurationsketten; gleichzeitig wandeln sie sie
im Verein mit der zweiten Anrufung vorübergehend in ein Aufstre-
ben um. Zur dritten Artikulation der Litanei beruhigt sich der Satz,
um in einem kurzen Hin und Her zwischen geradem und ungera-
dem Takt (über der vierten Litanei, Takt 60 ff.) in ein gewissermaßen
unrichtiges Dreiermetrum überzugehen. Denn im geraden Takt erscheint das gesamte musikalische Geschehen (modern gesprochen)
in Triolen aufgelöst, und es begleitet so die fünfte Anrufung (73 ff.).
Erst danach, zur sechsten Anrufung, geht das Spielen, unter deutli-

---

sagen örtlich abgetrennte(?) Singstimme entwirft, erscheinen die Instrumentalstimmen in den übrigen Stimmbüchern anders verteilt. Vgl. Aufstellung bei Roche, S. XX.

cher Bezugnahme auf das Anfangsmotiv der Violinen, in ein echtes Dreiermetrum über. (Man nimmt auch im Hören den veränderten Charakter des Spielens wahr!) Dieses Spielen, in einer Art tänzerischen Weise und mit ständig wechselnder Instrumentierung, in das die weiteren Anrufungen eingelassen werden, beendet sich mit einer fermatengestützten Kadenz (Takt 134).

Auffallend erscheint, dass jede Anrufung unterschiedlich gestaltet ist; nicht nur im Rhythmus, sondern auch in der Art des (quasi menschlichen) Vollzugs der Wortfügung: keine Anrufung gleicht der anderen; jede ist rhythmisch und (mit Ausnahme der ersten und fünften) durch Pausen an je unterschiedlichen Stellen gleichsam als Handlung personalisiert. Am auffälligsten gibt sich das Singen in der neunten Anrufung, wo fast jede Silbe wie durch Seufzer getrennt erscheint und zusätzlich die Dehnungen auf „[Ma-]ri-[a]“ und „O-[ra]“ das Anrufen durch eine besonders auf die Hilfe der Gottesmutter angewiesene Gruppe oder Person erscheint. (Natürlich vermittelt das „Zerreißen“ auch die Vorstellung eines Singens aus der Ferne.)

Was hier als Vorstellung (im realen oder gedanklichen Sinn) vor sich gehen könnte, das ist eine Art Prozession „unter“ einer Erscheinung (die sich hier zwar auf die Gottesmutter beziehen kann, ebenso aber als bildliche Segnung aufgefasst werden könnte). Und in dieser Prozession erscheinen gleichsam die Stände in hierarchischer Folge(?) hintereinander repräsentiert, mit den höfischen Spitzen, hinter(!) der durch die Posaunen angezeigten Priesterschaft, ab der zweiten Anrufung (→ mit seriöser Pause und aufsteigender Figuration) und schließlich den Ärmsten der Armen am Schluss in der abschließenden neunten Anrufung (→ Pausen als „Schluchzen“).

Doch endet damit diese „Finalhandlung“ nicht. Denn nun – gleichsam hinter Prozession und Erscheinung – setzt nochmals die höfische Festmusik vom Beginn ein. Und (erst!) in deren (besonders freudigen) Abschnitt im Tripeltakt hinein artikuliert der *Cantus* seine zehnte Anrufung. Die elfte aber wird metrisch verschoben so in die abschließende Kadenz gefügt, dass sie wie ein Memento erscheint; oder wie ein Hinein- und Nachklingen der anrufenden Verehrung auch im Rahmen des höfischen Festes in jedem der Singenden und Mit-Singenden. Auch hier stehen wir eher vor einem auskomponierten Verklingen: keine Stimme endet hoch und strahlend, nur die Posaune II begleitet im Dezimenabstand den *Cantus* innerhalb des Schlussklanges.

Man sollte sich vergegenwärtigen, dass Monteverdi in der *Sonata* einen instrumentalen Rahmen mit deutlich höfisch tanzartigem Charakter gesetzt hat, in welchem er die Anrufung auffällig *nicht* in den einleitenden Abschnitt fügt (obwohl es ja musikalisch möglich wäre); gleichfalls, dass er im schließenden Abschnitt des Rahmens die Litanei erst im Tripeltakt einfügt, sie also deutlich absetzt von jenem Spielen und Singen des ausführlichen Mittelabschnitts mit den neun Anrufungen, den wir als eine Art Prozession gleichsam unter einer „Erscheinung" angesprochen haben. Auch in diesem nehmen wir eine deutliche „Wandlung" wahr, die wir zu interpretieren versuchten. Haben wir sozusagen eine Szene (der „Erscheinung") in der Szene (der Spielenden) in der Szenerie (des Hofes) vorliegen? Vielleicht ein wenig weit hergeholt.[64] Einfacher erscheint es, dies als ein viertes „Bild" der „Handlung" zu begreifen, eine Art logisch konsequentes „Nachspiel" dessen, was die eigentliche „Handlung" als Bedingung einer Vermittlung durch die Anrufung Mariens ausbreitete: fast als Gegenstück zu einer Reformationstheologie erscheinen Liebe, Hoffnung und Glaube – alle drei hier auch implizit mit Maria verbunden! – als die *persönlichen Voraussetzungen*, um der Vermittlung – eine Art „Gnade" – durch die Anrufung Marias teilhaftig werden zu können.[65]

Von hier gibt sich der Schluss, gleichsam außerhalb der eigentlichen „Handlung" und doch zu diesem „Bild" gehörend(!), konsequent: der *HYMNUS* als Ausdruck aller, der Spieler, wie auch (gedacht) der Adressaten: ein Strophenlied, gleichsam ein Dankgesang „aller" für dieses „Ergebnis", dessen erste (und siebente) Strophe im achtstimmigen Chorsatz die ausgezierte Melodie zum madrigalischen Satz hebt. Die zweite und dritte Strophe singen die Chöre abwechselnd im eher schlichteren Liedsatz, die vierte und fünfte Strophe solistisch („ad una voce") Sopran und dann Alt, schließlich die sechste der Tenor (in Baritonlage), alle drei je über einem Generalbass. Zwischen zweite bis sechste Strophe dazwischen geschaltet ist jeweils ein in-

---

[64] Über Monteverdis variative „Arbeit" mit dem Figurmaterial findet man einiges bei Whenham (a. a. O., S. 56-59); doch fehlt jeder Hinweis auf einen möglichen Sinn dieser „Sonata". (Dies kennzeichnet eigentlich die gesamte Literatur über die sog. *Marienvesper*. Da die praktischen Interpreten nichts Rechtes mit ihr anfangen können, stellen sie sie einfach um und rücken sie vor das *Magnificat*.)

[65] Der Gedanke liegt ja nahe, hieraus ein Motiv für Monteverdis Widmung an den Papst zu suchen. Monteverdi führt ja nicht nur die Aneignung des Gotteswortes (per Psalm und Psalmton) durch die Singenden und Mit-Singenden als integralen Teil ihres gleichsam betenden Handelns vor, sondern dadurch eben auch das *Sich*-Erheben des Menschen zur Glückseligkeit, vermittelt durch die Erwählung und Erhebung einer der Ihren zur Göttlichkeit. Zumindest annehmen sollten wir, dass Monteverdis Folge der Sätze im Druck *so* (und möglicherweise eben aus theologischen Erwägungen heraus *so*) gewollt ist und *als solche* zu interpretieren ist.

strumentales Ritornell mit wechselnder Instrumentierung (etwa so, wie wir es aus dem Prolog des *Orfeo* kennen). Dieses entfällt beim Übergang zur siebenten Strophe, die den Satz der ersten wieder aufnimmt und ein kurzes „Amen" anschließt.

Der *Hymnus* – wir haben ihn eingangs breiter angesprochen – fasst also die „Handlung" zusammen und beendet sie gewissermaßen *hinter* deren Ende des „Spiels" in Vertretung der Adressaten selbst. Gerade der zwischenspiellose Übergang in das „Sit laus Deo Patri" der die Doxologie vertretenden letzten Strophe, verstärkt den Charakter des Dankliedes „danach".

Halten wir nochmals fest: Es geht uns nicht darum, darzustellen: *so* hat Monteverdi das gemeint; sondern es geht uns darum, dem von Monteverdi Vorgelegten durch einen durchaus analysierenden und interpretierenden Zugriff eine *das (zeitgenössische) Hören erfüllende Plausibilität* nahezulegen, die auch uns als heute Hörenden nützlich sein kann. Diese ist und bleibt aber in unserer Verantwortung, in der Verantwortung der heute Interpretierenden und Hörenden also; als solche bleibt sie offen für verändernde Einsichten. Aber sie versucht eben auch jenen (historischen) Ausdruck der *beginnenden Verfügung auch der Adressaten über ihr Hören* zu fassen, das ja am Ende der Frühen Neuzeit tatsächlich in ein *selbstartikulatives* überzugehen hätte.[66]

Ein fünftes „Bild" – »Magnificat«. Singendes Handeln als Ausdruck einer neuen Zuständlichkeit

Die Frage bleibt nun, wie wir die beiden *Magnificat*entwürfe Monteverdis dem zuordnen sollen, was wir bis hierher als die sog. *Marienvesper* beschrieben haben. Auffällig ist, dass beide sorgfältig vorbereitet sich geben: mit Anweisungen zu Tempo und Lautstärke sowie stets mit solchen zur Registrierung der Generalbass-Orgel. Whenham (S. 78) weist darauf hin, dass das *Canticum B. M. V.* nicht als „Ende", sondern als Höhepunkt eines Vespergottesdienstes anzusehen sei. Gilt dies vielleicht auch für das hier skizzierte „Festspiel"?

Über das Verhältnis der beiden Entwürfe, bei dem Redlich noch das 6-stimmige als Bearbeitung des 7-stimmigen (mit Instrumenten) ansah, herrscht in der neueren Forschung die Meinung vor, Monteverdi habe das 7-stimmige *Magnificat* aus dem 6-stimmigen entwic-

---

[66] Vgl. D. S., *Von Mozart vor und zurück...*, zusammenfassend S. 208 ff.

kelt.[67] Dies könnten wir als Indiz für eine besondere Bedeutung der 7-stimmigen Fassung annehmen. Whenham merkt an, dass das Verhältnis zur 6-stimmigen Fassung von Satz zu Satz unterschiedlich sei: während die Abschnitte 1-3, 8 und 12 deutliche Verwandtschaft zeigten, verhielten sich die Abschnitte 4 und 5 sozusagen über Kreuz und 9 und 11 schienen überhaupt nicht verwandt. Wenn wir davon ausgehen,

- dass das 7-stimmige Magnificat (trotz des Vorliegens eines 6-stimmigen) extra daraus entwickelt wurde, indem Monteverdi fast eine neue Komposition daraus machte;
- dass Monteverdi in der 7-stimmigen Fassung im cantus firmus vom Psalmton abweicht und einen Durchgangston (*g*; in der Transposition auf G: *c*) auslässt und damit, wie Whenham (78 f.) meint, eine Intervallfolge erhält, die dieses *Magnificat* den Psalmen der o. a. *Marienvesper* annähert;

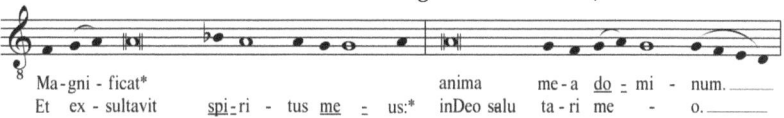

- dass Monteverdi in der 7-stimmigen Fassung also freier mit dem *cantus firmus* umgeht, als in einer liturgischen Bindung gefordert wäre,

dann schlösse sich der erste der beiden *Magnificat*entwürfe enger an die sog. *Marienvesper* an, gehörte also zur höfischen (religiösen) Festivität. Die siebenstimmige Fassung des *Magnificat* wäre in diese als ein sozusagen fünftes „Bild" einzubinden. Der sechsstimmige Entwurf bildete demgegenüber, als vom *cantus firmus* her „in Ordnung" und einem kirchlichen Gebrauch zugehörend, nun in praxi so etwas wie einen absichtsvollen „Nachklang" zu jenem der Festivität.

Sehen wir uns den ersten der beiden Entwürfe, das MAGNIFICAT. SEPTEM VOCIBUS, & SEX INSTRUMENTIS Monteverdis näher an. Monteverdi fasst die einschließlich des „Gloria Patri" 10 (Doppel-)Verse in zwölf einzelne musikalische Entwürfe, indem er die Halbverse des ersten und des letzten Verses je in zwei eigene Abschnitte teilt[68] und sie je wie das Singen ganzer Verse entwirft. Er denkt sie als textliche

---

[67] Vgl. Whenham, S. 78, der sich hier auf Jeffrey G. Kurtzman, *Essays on the Monteverdi Mass and Vespers of 1610* (Rice Univ. Studies 64/4, Houston 1978), S. 71-86, beruft.
[68] Die Teilung ist im ersten Fall biblisch: beide Teilverse besitzen eine eigene Versnummer.

(= handlungsmäßige) Einheiten. Das *Magnificat* besteht so aus 12 je eigenartig entworfenen Sätzen. Wie die folgende Übersicht zeigt, stattet der Komponist jeden der Sätze mit einer eigenen Besetzung aus, mit Ausnahme der Sätze [1] und [12], die alle Stimmen und das volle Instrumentarium vorschreiben, sowie annähernd der Sätze [2] und [11], die durch die Tenorstimmen auffallend verbunden scheinen:

Verstext	Bestimmung	Besetzung
[1] Magnificat anima mea Dominum.	Septem vocibus, & sex Instrumentis	7 Vokal- und 6 Instrumentalstimmen, besetzt mit Streichern und 3 Cornetti + Bassus generalis (Bg.)
[2] Et exultavit spiritus meus in Deo salutari meo.	a 3 voci Bg.: „... va sonato tardo perchè li doi tenori cantano di semicroma	Altus (c. f.), Tenor und Quintus + Bg.
[3] Quia respexit humilitatem ancillae suae: ecce enim ex hoc beatam me dicent omnes generationes.	ad una voce sola & sei instrumenti li quali suoneranno con più forza che si può	Quintus und 4 Instrumentalstimmen (besetzt mit Streichern und 3 Cornetti) + Bg. Corn. I/Vio. I und Corn. II / Vio. II wechseln im Satz succ. u. vorübergehend mit 2 Fifare, 2 Tromboni und 2 Flauti
[4] Quia fecit mihi magna qui potens est: et sanctum nomen eius.	a 3 voci, & doi instrumenti Bg.: „...si suona adaggio perche le parti cantano & sonano di Croma et Semicroma	Altus (c. f.), Bassus, Septimus und 2 Instrumentalstimmen (Violinen) + Bg.
[5] Et misericordia eius a progenie in progenies timentibus eum.	a 6 voci sole in Dialogo	Cantus (c. f.), Sextus, Altus, Tenor (c. f.), Bassus, Septimus + Bg.
[6] Fecit potentiam in brachio suo: dispersit superbos mente cordis sui.	ad una voce & tre instromenti	Altus (c. f.) und Streicher + Bg.

[7] Deposuit potentes de sede: et exaltavit humiles.	Cornetto [II]: „Risponde à quel di sopra in Echo"	Quintus (c. f.) und 2 Cornetti + Bg.; ab Takt 17 (= 2. Halbvers) Wechsel zu 2 Violinen
[8] Esurientes implevit bonis: et divites dimisit inanes.	a due voci & quattro instromenti	Cantus (c. f.), Sextus („c. f.") und 3 Cornetti, Violonc. + Bg.
[9] Suscepit Israel puerum suum: recordatus misericordiae suae.	a tre voci Bg.: „...si suona adaggio perchè li duoi le soprani cantano di Croma et Semicroma	Cantus, Sextus, Tenor (c. f.) + Bg.
[10] Sicut locutus est ad patres nostros: Abraham et semini eius in saecula.	ad una voce sola & sei instromenti in dialogo	Altus (c. f.) und Streicher, 2 Cornetti und 1 Trombone + Bg.
[11] Gloria Patri et Filio, et Spiritui Sancto.	a tre voci / due de le quali cantano in Echo	Cantus (c. f.), Tenor, Quintus + Bg.
[12] Sicut erat in principio et nunc et semper, et in saecula saeculorum. Amen.	tutti li instromenti, & voci, & va cantato & sonato forte	7 Vokalstimmen und 4 Instrumentalzuweisungen; zu Tenor, Quintus u. Septimus keine (→ Tromboni?) + Bg.

Natürlich kann man versuchen, hier eine „Form" im Sinne einer groß angelegten Symmetrie zu finden. Whenham (S. 79 f.) macht auf einige Versuche aufmerksam. Und dass die Abschnitte [1] und [12] gewissermaßen einen „Rahmen" darin bilden, dass sie Vollstimmigkeit vorweisen, dass [2] und [11] ebenfalls in der Besetzung übereinstimmen und sich so offensichtlich dem Rahmen zuordnen, das ist eher einer „Vorgänglichkeit" geschuldet: Das Wesentlichere scheint darin zu liegen, dass das prinzipielle „Anheben" des Singens und sein „Zum-Ziel-Kommen" die Vielfalt des gleichsam „situativen" Singens der einzelnen Abschnitte dazwischen als aus *einer* übergreifenden Intention gezeugt zusammenfassen.

Und das ist denn auch das „Wunder" an diesem Vor-wurf: ein Wunder an Klang und Einfallsreichtum, aber auch an je eigener *situativer* Vorstellung von Abschnitt zu Abschnitt. Dabei ist eben keine

Automatik am Werk; selbst dort, wo Monteverdi dem ersten Halbvers („Magnificat") und dem abschließenden „Sicut erat" eine gleiche Klanglichkeit verleiht, stellen diese ganz unterschiedliche Sätze
dar. In jedem der zwölf Sätze ist eine eigene Vorstellung vom „Aussprechen" am Werk, eine menschliche und intentionale und situativ
bestimmte Vorstellung, aus der heraus das Singen je auf einen Tätig-
keits- oder Handlungsvorgang weist.[69]

Alle Sätze bzw. Abschnitte innerhalb des äußeren Rahmens von
[1] und [12] haben etwas Gemeinsames: dass der *cantus firmus*, je in
langen Notenwerten auseinandergezogen, wie eine geläuterte Stimme aus einem „fernen" Raum erscheint, die in das Singen und Spielen der „hier" gleichsam real Singenden und Spielenden verkündend
hineintönt. Man kommt nicht umhin, auch hier an ein „Bild", vielleicht an ein solches von einer *Jenseitigkeit* und *Diesseitigkeit* zu denken: als ob der *cantus firmus* je aus einer *hohen Sphäre* das gleichsam
irdische Bemühen um eine menschliche Ausdrücklichkeit des „Aussprechens" bestätigend „vervollständigen" würde. Dass der Mensch
dabei auch tendenziell verstummen kann, um nur noch die Ferne als
seine „innere" Stimme wahrzunehmen, oder dass er sich zur Stimme
aus der Ferne gleichsam erheben kann, auch das erscheint hier von
Monteverdi entworfen.

Im Entwurf eines solchen zwölfteiligen „Bildes", der sich dann
eben an die Konzeption der sog. *Marienvesper* anschlösse, könnten
wir den Grund für Monteverdi vermuten, das möglicherweise bereits vorliegende sechsstimmige *Magnificat* zu bearbeiten resp. eigentlich neu zu fassen. Dieses wäre dann (wie gesagt) als sozusagen
fünfter „Akt" und Höhepunkt der *geistlichen Festlichkeit* zu betrachten.[70]

Versuchen wir, die „Bilder" innerhalb dieses „Aktes" etwas näher
anzusprechen, – soweit wir dies vermögen!

---

[69] Und hier könnte – so widersprüchlich dies im ersten Moment scheint – der Austausch der Satzmodelle zwischen den Abschnitten [4] und [5] ausdrücklich darauf
hinweisen, dass ein bestimmtes Satzmodell (= eine je einmalige Formulierung des
Singens und Spielens) offensichtlich mit situativen und tendenziell personalisierten
Vorstellungen einhergeht. Gerade die Tatsache, dass der „Tausch" mit einer weitge-
henden, den neuen Texten entsprechenden Umgestaltung verbunden ist, könnte dies
bestätigen.

[70] Dass Monteverdi gleichzeitig das 6-stimmige *Magnificat* mit in den Druck aufnahm,
mag auch jenem Blick auf die Praxis geschuldet sein, die es den Käufern seines Druckes
selbstverständlich ermöglicht, einzelne Teile für ihre Situationen daraus zu verwenden. Vgl. hierzu aber unsere Interpretation der Vorlage, u., S. 142 f.

[1] Hoch erhebt meine Seele den Herrn,

Der Beginn des Singens, schrittweise vokal und dann instrumental das Initium der psalmodischen Formel wiederholend und gleichsam sich aneignend, ist durch das Anwachsen der Stimmenzahl, aber vor allem durch das Überlappen der Einsätze als eine doppelte Steigerung entworfen: hier erscheint „Größe" als ein „Großes Gefühl" in eine vorgängliche Gestaltung gebracht.[71] Tatsächlich schließt sich der Beginn erst einmal kadenziell ab, um dann allein über dem bewegten Generalbass nur den Cantus als Solostimme den *cantus firmus* beschließen zu lassen. Der Ausdruck eines Hochgefühls weicht der extremen Demut des (menschlichen) Verstummens; nur der durchgehende Bassgang deutet auf ein inneres Bewegtsein. Es ist sozusagen allein die „anima" (die Seele), die Gottes gedenkt. Das ist Bildlichkeit in Potenz; sie spiegelt sich im Tätigsein selbst, meint aber wohl über dieses hinaus die Extreme tiefer menschlicher Empfindung.

Dem schließt sich nun (schon rein sprachlich durch das „und" verbunden) der Jubel an:

[2] ...und mein Geist jubelt in Gott, meinem Heiland.

Zwei Tenöre übertragen das „exultavit" in ein Frohlocken, sich gegenseitig übertreffend, während sie sich im „spiritus meus" gleichsam mit der göttlichen Stimme verbinden. Während das „in Deo..." „Gott" in gleichsam liebevollen Terzen ausschmückt, findet „salutari meo" zurück in eine jubelnde Genugtuung (→ „meo"). Monteverdi überträgt die einzelnen Begriffe bzw. Wortvebindungen in ein „cantar parlando" (sprechendes Singen) und verleiht jeder Station eine eigene Absicht: Frohlocken → seinen Geist an die Göttlichkeit Binden → seine Gottesvorstellung liebevoll Schmücken → Einmünden in eine Genugtuung ob des Heils.

Blicken wir von hier auf den Schluss des *Magnificat*entwurfs, auf das „Gloria Patri":

[11] Ehre sei dem Vater und dem Sohne und dem Heiligen Geiste.

In ausholend verehrender Figürlichkeit stimmt der Tenor das „Gloria Patri" an, um dann in den Raum hinein in ein Echospiel mit dem Quintus überzugehen, zusammen mit dem *cantus firmus* des Can-

---

[71] Tatsächlich besitzt dieser Beginn eine ganz eigene „erhebende" Dramatik durch das Überlappen, die dem Beginn der 6-stimmigen Fassung fehlt, wo die Steigerung, allein additiv erstellt, nun im Nachhinein wie ein Nachklang der vergangenen Festlichkeit wirkt.

tus.[72] Die Figürlichkeit der beiden Tenorstimmen erscheint wie ein Akt des Sich-Bewusstmachens und des sukzessiven Erfülltwerdens vom „Ehre sei dem Vater und dem Sohn". „Und?" fragen beide. Der Cantus „antwortet" mit „et Spiritui Sancto", aber erst nur alleine überm Generalbass, als *cantus firmus* eben. Erst danach nehmen auch die beiden Tenöre (unter der Wiederholung des *cantus firmus*-Halbverses!) dieses auf und überführen es sozusagen sich ausschmückend in die eigene Begeisterung. Unschwer zu erkennen, dass dieser vorletzte Abschnitt im überfließenden Jubel und Erfülltsein an den zweiten anschließt.

Dem korrespondiert nun mit dem

[12] *Wie es war im Anfang, auch jetzt und allezeit, und von Ewigkeit zu Ewigkeit. Amen,*

das „Sicut erat" der „tutti li instrumenti & voci", in kurzen Imitationsabständen vollchörig beginnend, das „et in saecula…" von Teilchor zu Teilchor weitertragend und in Siebenstimmigkeit bestätigend, bevor ein „Amen" im sechsstimmigen motettischen (und typisch sequenzierenden) Satz das Singen beschließt. In dieses flicht nur der Altus ein ebenfalls sequenziertes und in sich sequenzierendes Bassmotiv der sog. *Romanesca* ein: nicht im Bass, sondern als eine Art „Mitte" im Satz. (Eine solche glockenmäßige Quartenfolge könnten wir auch – unabhängig von einer direkten Assoziation mit „Rom" – als klangliches Symbol für die Kirche verstehen.)

Wir können annehmen, dass die Korrespondenz der ersten beiden mit den letzten beiden Abschnitten nicht einer plakativen Symmetrie sich verdankt, sondern einer Handlungsintention geschuldet ist. Der „Jubel" (→ [2] und [11]) verweist auf eine situative Gesamtvorstellung: er leitet etwas ein; und er „bekrönt" etwas, eben das, was zwischen diesen Abschnitten sich ereignet. Dazu sollten wir von der Vorstellung ausgehen, dass „wir" es sind, die diesen Lobgesang (heute) anstimmen. Indem „wir" (= die Adressaten) singen resp. mitsingen, artikulieren „wir" das Lob Gottes für die von „uns"(!) erfahrenen Wohltaten zwar mit den Worten der *Virgo sanctissima*; doch will das hier entworfene Singen weder einen Gesang der Heiligsten Jungfrau realistisch „wiederholen", noch die Allmacht des Herrn „darstellen". Vielmehr ermöglicht es den (nicht-cantus-firmusgebunden!) Singenden und Spielenden (und damit eben auch

---

[72] Es ist daran zu erinnern, dass solches Echospiel nicht auf eine räumliche Vorstellung sich beziehen muss, sondern der Vergewisserung des Aussprechens (als Handlung!) dienen kann. Monteverdi wendet es (z. B. in den *Selva Morale e Spirituale*) auch in Concerten für nur eine Singstimme an.

Schweigenden) aus *solchen vorgestellten Situationen heraus* zu „sprechen", aus denen sie die entsprechende Wohltat, die d*er cantus firmus* je in Erinnerung ruft, *als (durch die vorhergehenden „Bilder" der sog. Marienvesper) bereits erfahren* bekunden.

Entsprechend kann ich die der Einleitung folgende Szene

> [3] *Denn er hat in Gnade auf seine Magd geschaut; siehe denn, von nun an nennen mich selig alle Geschlechter.*

als jene Situation wahrnehmen, die sich als Folge der erwiesenen „Gnade" darstellt: Monteverdi entwirft eine betont laute Festlichkeit; Streicher und Cornetti intonieren einen festeröffnenden tanzartigen Instrumentalsatz. Dass er als ein gleichsam situativer Ausdruck gemeint ist, demonstriert die Fortsetzung mittels unterquintversetzter Wiederholung, die zusätzlich aber die harte dorische Sexte „weich" macht und in eine Kadenz aufläuft. Aus dieser heraus – der Instrumentalsatz bricht ab und pausiert – beginnt der Quintus mit dem *cantus firmus* in langen Werten, begleitet nur von einer bewegten Generalbassorgel. In das „respexit humilitatem" schmücken *aufsteigende* und dann girlandenartig bewegte Stimmen der beiden Fifare – wohl kleine Querflöten, etwa wie wir sie heute von Spielmannszügen kennen –, wobei sie Figuren des Generalbasses imitieren; auf „ancillae suae" übernehmen die beiden Tromboni – der eine verdoppelt nur den Bass –, um nun umgekehrt mit *absteigenden* Skalen abzuschließen. Der zweite Halbvers wird von zwei Flauti (Blockflöten) gleichsam eingefasst; doch bleibt er offen. In deren Kadenz hinein (aus der Dominante heraus) setzt die höfische Festmusik wieder ein, und erst zu deren zweitem Teil beendet der Quintus den *cantus firmus* mit „omnes generationes." Einsatz und Abbruch der „diesseitigen" Festmusik, das erst einmal alleinige „Ertönen" des *cantus firmus* mit seinem partiellen Schmücken wie ein Sich-Erinnern, das Wiedereinsetzen der Festmusik, das den Schluss des *cantus firmus* als ein Denken-an in sich einschließt, das alles entwirft eine geradezu szenische Vorstellung: als würde die Festlichkeit eben aus der bereits eingetretenen Gnade resultieren.

Der situative und zuständliche Aspekt bedarf hier nicht des zusätzlichen Singens; wir können uns das, vorausschauend, gleich am „Fecit potentiam" verdeutlichen.

> [6] *Macht hat er (aus)geübt mit seinem Arm, und zerstreut, die stolzen Herzens sind.*

Denn auch diese Szene hat offensichtlich mit „Macht" wenig zu tun; stattdessen begegnen wir einer betont auf die „private" Kammer bezogenen tanzartigen Musik, sehr dezent von drei Streicherstimmen entworfen, der im Laufe fast unhörbar der Altus den *cantus firmus* unterlegt. Dieser Satz erscheint wie ein „unmerkliches" Hineintönen der erinnerten „Botschaft" in die private Sphäre der (möglicherweise nicht mehr) „Stolzen". Auch hier scheinen mir die Singenden und Spielenden, ohne die Worte selbst aufzunehmen, ihr Empfinden in und aus jener durch die Machtausübung „des Herrn" bereits geschaffenen Situation zu artikulieren.

So, wie in Abschnitt [2] „Gnade" oder in Abschnitt [6] „Macht" je als (lange) eingetretene Wirkung erfahren werden und den Lobpreis (der Menschen) gleichsam hervorbringen, so erscheint auch Abschnitt [4] als Ausdruck eher einer Dankbarkeit:

[4] Denn er, der Gewaltige, hat Großes an mir getan; heilig sei sein Name.

Breit und gewichtig, sich kanonartig verdoppelnd, beginnen die beiden Bässe ihr „Quia fecit", wobei sie „fecit" in weiten Figuren ausholend vorstellen. Unterstützt werden sie sukzessive von zwei Violinen, die deren Figürlichkeit aufnehmen und weitertragen, auch wenn die Bässe inzwischen ihr „mihi magna" und vor allem ihr „potens est" in langnotige Gewichtigkeit und intervallische Bestimmtheit fassen. Auch das „sanctus nomen eius" wird von den Singstimmen in verzückte Figuration gefasst, die die Violinen nun in eigenständiger Weise erst in betont „aufschauenden" Skalen, schließlich in betont „herabkommender" Figuration vervollständigen. Und durch all dieses zieht sich, im Verbund mit den hier „großen" Pfundnoten des Generalbasses, der *cantus firmus* des Altus, der alles musikalische Geschehen um ihn als *eine Art Emanation* der Vernunft erscheinen lässt.

In gleicher Weise entwirft das „Et misericordia" eine wie reaktive Situation:

[5] Und sein Erbarmen währt von Nachkommenschaft zu Nachkommenschaft [über die], welche ihn fürchten.

Zwei Gruppen u. d. h. zwei dreistimmige Vokalensembles, einerseits dreier Unterstimmen, andererseits dreier Oberstimmen, treten „in Dialogo": je zwei der Stimmen ordnen sich dabei dem cantus firmus kontrapunktisch zu und unter, wobei die Gruppe der „Oberen" das Singen der „Unteren" je wörtlich aufnimmt und zusätzlich um eine Quart nach oben hebt. Dies vermittelt abwechselnd die Empfindungen derer, die als Erbarmungswürdige Erbarmen erfahren haben („unten") und getröstet sind („oben"), wobei den Trost besonders die „timentibus eum" erlangt haben, wie der sechsstimmige Schluss nahelegt.

Wir sollten hier eine Art internen Perspektivenwechsel annehmen. Während die Verse [1] bis [5] bisher je Ich-Aussagen in ein Singen und Spielen um den *cantus firmus* herum als Ausdruck der „an mir" (→ [4]) erfahrenen Wohltat Gottes entwerfen, verschiebt sich nun die Optik auf das Umfeld. Beginnend mit Abschnitt [6] – wir haben ihn oben bereits angesprochen – preisen die Verse nun die Wohltaten an der Gemeinschaft der Gläubigen, hier mit „Israel" bezeichnet. Dabei scheinen mir weiterhin eher die objektiven Folgen der erwiesenen Wohltaten das Singen und Spielen zu bestimmen. Gleichsam folge-richtig entwirft Monteverdi zwischen den Abschnitten [6] und [10] nur noch für das „Suscepit Israel" ein nicht-cantus-firmus-gezeugtes Singen als Ausdruck eines persönlichen liebevollen Angenommen-seins. Alle anderen Abschnitte entwerfen ein situationskennzeich-nendes Spielen, in dem der *cantus firmus* je eine besonderen Stellen-wert einnimmt; so auch in Abschnitt sieben:

[7] Herrscher hat er vom Thron gestürzt, Niedrige hat er erhoben.

Das anfangs „Herrschaft" repräsentierende Spielen der Cornetti wandelt sich zu einem solchen in Echo-Folge. Aus dem damit ange-deuteten Raum ertönt wie gemahnend das „Deposuit" des *cantus firmus*, das aber im zweiten „Atemzug", wie als bewusste erinnernde „Gegenseite" und liebendes Entgegenkommen (→ Terzen!), das „ex-altavit humiles" anhängt.

Möglicherweise können wir die folgende Szene [8] als Konse-quenz annehmen:

[8] Hungernde hat er mit Gütern erfüllt, Reiche hat er leer ausgehen las-sen.

In den abschnittsweise jeweils unterbrochenen höfischen Tanzsatz der drei Cornetti mit einer „Viuola da brazzo" (im Bassschlüssel!) ertönt der *cantus firmus* in Abschnitten. Doch verfährt dieser nun in einem zweistimmigen homophonen Satz, wie gleichsam liebevoll vermenschlicht; und die Wiederholung des zweiten Halbverses mündet in eine Verbindung: erinnerter *cantus firmus* und Tanzsatz verschmelzen zum Schluss.

Es sind nun die gleichen Stimmen, Cantus und Sextus, die das „Suscepit Israel" in großer figürlich ausgestalteter Exaltation feiern –

[9] Israels, seines Knechts, hat er sich angenommen, dass er seines Er-barmens gedenke.

–, um sich zum „misericordiae suae" hin mit dem im Tenor in langen Werten auseinandergelegten *cantus firmus* satzmäßig zu verbinden und das „suae" figürlich zu vereinnahmen. Dem folgt ein Art „Gespräch" zwischen zwei Instrumentengruppen:

[10] *Wie er zu unseren Vätern gesprochen hat, Abraham und seinem Geschlecht zu aller Zeit.*

Dabei nimmt eine zweite Gruppe grundsätzlich das Spielen der ersten auf und bestätigt es. Wenn im zweiten Halbvers dieser Dialog vom taktweisen Hin und Her auf einen halbtaktigen Wechsel übergeht und schließlich am Ende (aber nicht in gleicher Weise am Ende des ersten Halbverses!) die Stimmen sich wie im doppelchörigen Motettensatz über die Gruppen hinweg terzweise zusammenfinden, dann verweist der gleichzeitige *cantus firmus* im Altus, worüber gleichsam er-innerte Einigkeit hergestellt wird: über das göttliche Versprechen an Abraham und sein Geschlecht.

Von hier erscheint das Einmünden in den Jubel der beiden Tenöre im [11] *Gloria Patri* konsequent und jene Dankbarkeit in der „großen Empfindung" zusammenzufassen, die der Beginn des „Magnificat…" aufrichtete.

Wer sich die 7-stimmige Fassung des *Magnificat* sowohl von der Partitur als auch praktisch (und zumindest vom Hören her) erarbeitet, der sollte sie mit der 6-stimmigen Fassung vergleichen; und er wird dann die kompositorisch wirklich bewältigte Äußerung (als ein Aus-sich-heraus-Sagen) im „Et exultavit" ebenso zu würdigen wissen wie die in ein Singen und Spielen umgesetzte Skala tiefer Empfindungen im „Quia respexit" usw., je in der siebenstimmigen Fassung. Und er wird damit um den Eindruck nicht herumkommen, dass die sechsstimmige Fassung kaum eine Alternative darstellt, eher eine frühe(re) Komposition Monteverdis, die (möglicherweise) in die Zeit vor den Mantuaner Opern zurückreicht.[73] Geht man davon aus, dass Monteverdi zwar die frühere Komposition zum Ausgang der 7-stimmigen Fassung genommen hat, einzelne Abschnitte aber nicht einfach nur unter Hinzufügung von Instrumentalstimmen bearbeitete, sondern teilweise ganz neu setzte, so könnte die Beobachtung Einsichten zur Frage vermitteln, ob es zwischen den oft szenische Vorstellungen hervorrufenden einzelnen Abschnitten des *Magnificat* so etwas wie einen Zusammenhang analog einer „Handlung" gäbe. Man kann Abschnitt für Abschnitt durchgehen, die Prä-

---

[73] Es ist (mir) nur schwer vorstellbar, wie die Forschung diese einst als Reduktion der 7-stimmigen Fassung ansehen konnte!

zisierung bewundern – zum Abschnitt 1 haben wir eine solche angedeutet; in die gleiche Richtung geht dort die Kürzung des „anima
mea dominum" –, gleichzeitig entdecken, wie Satzideen mit szenischen Vorstellungen korrespondieren, wie aber gleichzeitig die Ausarbeitung im Einzelnen (etwa im „Deposuit") solche Vorstellung
auch verändert; schließlich wie auch stimmliche Neubesetzungen
und die Übertragung von Gesangspartien auf Instrumente dem Mit-
Singen (Hören) neue Richtungen weisen.

Und diese neue Richtung haben wir darin gefunden, dass das Magnificat keine ausgesprochene „Handlung" vergegenwärtigt, sondern eine Idee verwirklicht, die es uns als Ergebnis der vorausgehenden Akte begreifen lässt: als Lobpreis der durch Gottes Wirken
(und durch die Vermittlung der *Virgo Sanctissima*) eingetretenen
Wohltaten. Aus der persönlichen und situativen Zuständlichkeit
heraus preisen „wir" (= die Menschen) den Herrn in artikulativer
oder z. T. selbst-stummer Erinnerung jener Worte, mit denen einst
Maria auf die Prophezeiung der Elisabeth – Lukas 1, 45: „O selig bist
du, die du geglaubt hast! Denn es wird vollendet werden, was dir
gesagt ist von dem Herrn." – reagierte.

Neben der signifikanten Veränderung des „Sicut locutus" – Monteverdi übernimmt hier sogar einen Satzabschnitt des 6-stimmigen
„Gloria Patri", womit er gewissermaßen ein Zwischen-„Ende" markiert, um dann das 7-stimmige „Gloria Patri" aus einer neuen Vorstellung heraus zu entwerfen – können wir als besonders auffallend
die „Verwandtschaft über Kreuz" zwischen den Abschnitten „Quia
fecit" und „Et misericordia" in den beiden Fassungen ansehen. Monteverdi übernimmt die Satz-Idee des 6-stimmigen „Quia fecit", ein
Alternieren zweier dreistimmiger Ensembles, für das 7-stimmige „Et
misericordia". Dabei aber dreht er die Reihenfolge um: aus der Korrespondenz „oben → unten" wird eine solche „unten → oben", aus
der – so können wir eine mögliche Vorstellung andeuten – Botschaft
(von oben) und ihrer Annahme (unten) wird ein Aufsteigen, eine
szenische Vorstellung stattgehabten Erbarmens, die vielleicht weit
über das oben angedeutete „Trauer→Trost" hinausgeht. Gleichzeitig
schafft Monteverdi mit dem vielstimmigen Abschnitt [5] eine Zwischenzäsur; mit ihr schließt sich – so haben wir angedeutet – der auf
ein „Ich" bezogene Aussageteil des Lobgesangs ab.

Tatsächlich lassen sich die anderen fünf Abschnitte von „Fecit potentiam" bis zum „Sicut locutus" in einen sozusagen überpersönli-
chen Zusammenhang bringen. Wir sehen, dass nicht eine abstrakte
Symmetrie (wie sie Whenham skizziert), sondern eher ein vorgängli-

ches Hintereinander von Gliedern als formgebend wirksam ist, das sich aus der Idee der Umsetzung der Lobpreisung in eine persönliche erfahrene Situation der Lobpreisenden ableitet. Möglicherweise war eine solche bereits in der 6-stimmigen Fassung wirksam. Doch erst der Gebrauch von Instrumenten gestattet(e) Monteverdi eine deutliche Verwirklichung über den vergleichsweise „stummen" Ausdruck des verinnerlichten „Wortes" in den Abschnitten [6] bis [10].

Gehen wir davon aus, dass Monteverdis sog. *Marienvesper* keine Vorlage für ein tatsächlich zu inszenierendes „Spiel" darstellt, sondern dass der Komponist mit ihr Szenisches möglicherweise nur in der *Vorstellung* und *als Funktion eines Singens als „eigenen" Handelns* entwarf, dann hätten wir etwas Wesentliches zu einer *religiösen* Musik katholischer Provenienz zu sagen und den Begriff „Selbstbehauptung" näher bestimmt. Selbstbehauptung meinte (auch): sich als katholischer Christ seine Glaubensinhalte, „seine" Texte und Legenden, seine gleichsam heiligen und biblischen Geschichten in eine eigene *situative Vorstellung* hinein selbst zu entwerfen, um sie mit *persönlicher Empfindung* füllen und so in den Ausdruck einer betont *eigenen musikalischen Aktivität* fassen zu können.

II

»DER GLAUBE UND DAS WORT SIND DIE FLÜGEL, DIE UNS ZUM HIMMEL TRAGEN«

Zur *Quasi-Messe* in den »Musikalischen Exequien« von 1636 von Heinrich Schütz

Während nun Monteverdi „Stücke" kirchlichen Singens hiermit (und möglicherweise im Auftrag?) einer persönlichen und tendenziell privaten Religionsausübung verfügbar macht, beobachten wir am zweiten hier darzustellenden Zyklus, an Schützens *Musikalischen Exequien*, ein (aus den Bedingungen resultierendes) scheinbar gegenläufiges Bemühen: die aus einer gelebten persönlichen Religiosität zusammengestellten Schriftverse und Glaubensliedstrophen seines Landesherrn, des Edlen von Reuß, über die Interpretation als *Quasi-Kyrie* und Quasi-*Gloria* einem kirchlichen Singen zuzuführen. In der Teilhabe an dem vor allem im 17. Jahrhundert entstehenden Überschneidungsfeld einer offiziellen und einer privaten Religiosität sehen wir jedoch beide Zyklen miteinander verbunden.[74]

Im Gegensatz zu Monteverdis Marienzyklus ist uns hier der „Auftrag" zum Entwerfen eines entsprechenden Singens einsichtig dokumentiert. Denn nachdem Schütz im Mai 1635 nach Dresden zurückgekehrt war – er hatte längere Zeit u. a. in Kopenhagen als Kapellmeister gewirkt – erteilte ihm im gleichen Jahr der Kaiserliche Rat Heinrich Reuß postumus, „Herr von Gera, Schleiz und Lobenstein mit Plauen" und (vom Geburtsort her) eigentlicher Landesherr von Schütz, den Auftrag, dessen Begräbnismusik zu entwerfen. Wie der Titel des 1636 erfolgten Druckes dieser *Musikalischen Exequien* – eine „Musikalische Hinaus- oder Grabgeleitung" – anmerkt, hat Heinrich von Reuss die Komposition noch zu Lebzeiten öfters ange-

---

[74] Die Überschrift dieses Kapitels benützt ein Wort Spalatins, wie es das Denkmal des „Geheimschreibers" des sächsischen Kurfürsten, Jakob Burkhardt gen. Spalatin, in Spalt, seinem Geburtsort, zitiert. Spalatin, der wohl einflussreichste „Steuermann der Reformation", 1484 in Spalt geboren, starb 1545 im thüringischen Altenburg.

hört.[75] Obwohl der Band gemäß Titelblatt „Zu unterthänigem letzten ehren gedächtnüs auff begehren in die Music versetzet vnd in Druck gefertiget" wurde, also durchaus den Charakter einer Dokumentation eines stattgehabten Ereignisses beansprucht, weist Schützens Vorwort mit seiner ausführlichen Darstellung des Inhalts, mit Ausführungsbestimmungen zu jedem der Stücke sowie mit einer ausführlichen Anweisung zum Gebrauch des Violone darauf hin, dass er mit einem darüber hinausgehenden Gebrauch der Kompositionen rechnete.

Zum Selbstverständnis der Komposition

Zum Aufbau dieser Begräbnismusik heißt es im Vorwort:

- Die „Musikalischen Exequien" versammeln die zu einer Beisetzungsfeierlichkeit nach evangelischer Ordnung der Zeit mögliche „Musik". Dass dabei die Texte alle vom zu Bestattenden selbst ausgewählt sind, spielt für unsere Anschauung vom hier entworfenen Singen eine wesentliche Rolle.
- Die Begräbnismusik besteht aus „dreyerley Stücke oder *Concert*": Der erste Teil fasst alle diejenigen „Sprüche heiliger Schrifft vnd Gesetzlein [= Strophen] Christlicher Kirchen-Gesänge" in ein „*Concert*" (zusammen), die der selige Fürst auf seinen Sarg hat schreiben lassen, und zwar „in Form einer Teutschen *Missa*, nach art der Lateinischen *Kyrie, Christe, Kyrie eleyson. Gloria in excelsis. Et in terra pax &c*". Der zweite Teil vertont jenen Bibelspruch, den der Fürst für die Leichenpredigt ausgewählt hat: »Herr, wenn ich nur dich habe / etc.«. Und den dritten Teil bildet der „bey dero herrlichen Leich beysetzung verordnete Gesang Si-

---

[75] Es gilt als umstritten, ob die Bemerkung, der (verehrend so genannte) „Fürst" habe sie noch zu Lebzeiten angehört, auf die gesamte Musik der Feierlichkeit bezieht oder nur auf jene Motette (= Teil II), deren Text „Ihre selige Gnaden zu dero Leichpredigt erkohren und verordnet haben" (Vorwort) bzw. auf die Vertonung des in der Bibel überlieferten *Canticum Simeonis* „Herr, nun lässest du deinen Diener in Friede fahren" (Teil III). Möglicherweise ist Schütz der Auftrag zur Vertonung jener Verse, die der Verstorbene auf seinen Sarg schreiben ließ (und die Schütz ergänzte; vgl. u.), erst von den Hinterbliebenen erteilt worden. (Gewisse Doubletten in der Vertonung sprechen eventuell dafür, denn Schütz hatte zwischen dem Todestag, 3. 12., und dem vom Verstorbenen gewünschten Beerdigungstermin am 4. 2., dem Simeonstag – der Leichnam war in der Zwischenzeit einbalsamiert worden –, nur wenig Zeit zur Verfügung.) Im Übrigen: Auch der am 8. Oktober 1656 verstorbene Kurfürst Johann Georg I. von Sachsen, der Arbeitgeber Schützens, ließ sich am 4. Februar beerdigen. Rudolf Henning, *Zur Textfrage der „Musikalischen Exequien" von Heinrich Schütz*, in: *Sagittarius*, Bd. 4, Kassel 1973, Ss. 44-58, bemerkt dazu: „...die beiden Fürsten setzten sich dadurch in gewissem Grade mit Simeon gleich: sie dokumentierten damit vor ihren Untertanen[...], dass sie überzeugte Christen waren." (56).

meonis »Herr nun Lässestu deinen Diener in Friede fahren« /
etc. Worzwischen ein absonderlicher [= besonderer] Chor mit
andern Worten eingeführet wird / deren anfang ist: »Selig sind
die Todten / etc.«".[76]

-   Alle drei Teile werden „Concert" genannt; solche Bezeichnung
    bezieht sich (hier noch) auf das Vollzugsprinzip des „Concertie-
    rens", das von einer formalen Bestimmung noch relativ unab-
    hängig erscheint. Sie meint das Zusammenwirken Verschiede-
    ner: das von instrumentalem Generalbass und sich darüber
    „frei" bewegenden Vokalstimmen ebenso wie jenes mehrerer
    Vokalensembles, z. B. zweier Chöre oder eines Chores mit Soli-
    sten.

Einige Rätsel gibt uns der erste Teil auf. Mit ihm liegt nicht eigentlich
eine Missa (entspr. einem Requiem) vor, sondern ein Concert „in
Form einer Teutschen Missa…" Weiter erfahren wir, dass offensichtlich nicht die gewohnten Messtexte gesungen werden, sondern eine
vom Fürsten getätigte Auswahl von Sprüchen aus der Heiligen
Schrift und Versen von Kirchenliedern, die wohl Schütz als Teile
einer „Missa" interpretierte und ergänzte. Schützens Definition bezieht sich auf einen Usus der Deutschen Messe, in der die Ordinari-
umsteile (hier: *Kyrie* und *Gloria*) durch vom Volk gesungene Ge-
meindelieder ersetzt werden, die inhaltlich mit den ursprünglichen
Ordinariumsstücken in Verbindung stehen. Die Deutsche Messe
aber, die selbst die lateinische Missa abwandelt, wird hier nun
nochmals abgewandelt, indem statt eines Kirchenliedes je mehrere
Bibelverse die Stelle eines ursprünglichen Ordinariumteils „zu-
sammensetzen", denen allerdings noch z. T. Kirchenliedstrophen
beigegeben sind. Dabei haben wir keine vollständige Messe vorliegen, sondern eine im evangelischen Bereich (noch bis Bach hin) ge-
bräuchliche Kurzmesse, die nur aus *Kyrie* und *Gloria* besteht, oder,
besser gesagt, hier: nur aus einem dreiteiligen *Quasi-Kyrie* und einem
neunteiligen *Quasi-Gloria*.

Die Ausführung erfolgt durch sechs Sänger, zwei Diskantisten
und Tenöre sowie je eine Alt- und Bassstimme, wobei der Alt an
zwei Stellen durch eine zweite Bassstimme ersetzt werden sollte. Zu
den Bitten um Erbarmen (im *Kyrie*) bzw. zu den Kirchenliedsätzen
(im *Gloria*), die Schütz mit „Capella" besonders kennzeichnet, kön-

---

[76] Zum tatsächlichen Ablauf (zu dem noch von der Gemeinde gesungene Kirchenliedstrophen gehören) vgl. Henning, S. 44-56.

nen (= sollen wohl, wenn möglich) sechs weitere Sänger verstärkend hinzutreten.[77]

Die Teile zwei und drei würden wir heute als Motetten bezeichnen. Dabei entspricht die Koppelung der ersten, der doppelchörigen Motette mit der Predigt einer Hauptfunktion des motettischen Singens im lutherischen Gottesdienst: das „Wort" (u. d. h. die Verse 25 bis 26 des 73. Psalmes) „auszusprechen", (sich) hinzustellen, sich im Mit-Aussprechen vorstellbar zu machen, über das in der Predigt zu bedenken sein wird.

Eine besondere Idee kennzeichnet den dritten Teil; in ihm fügt Schütz dem sog. *Canticum Simeonis* (Lukas 2, Verse 29-32), das einem fünfstimmigen Capell-Chor übertragen ist, noch einen dreistimmigen, wohl solistisch zu besetzenden Chor hinzu, und diesen mit einem eigenen Text: „Selig sind die Toten, die in dem Herrn sterben, sie ruhen von ihrer Arbeit, und ihre Werke folgen ihnen nach. Sie sind in der Hand des Herren, und keine Qual rühret sie." (Offb. 14, 13b; Weish. Sal. 3,1[78]) Dabei soll der zweite Chor in Entfernung zum ersten platziert werden, ja sogar idealerweise von verschiedenen Chören an unterschiedlichen Orten in der Kirche wahrgenommen werden. Über den Sinn solchen Singens äußert Schütz, er habe mit dem „Choro Secundo[…] die Freude der abgeleibten Sehligen Seelen im Himmel / in Gesellschafft der Himmlischen Geister vnd heiligen Engel in etwas einführen und andeuten wollen", was so zu deuten wäre: Das dem Gestorbenen und dem irdischen Vorgang des Sterbens sowie den Trauernden zugeordnete Singen (Chor 1) wird durch das den Seligen (bzw. Engeln) im Himmel zugeordnete Singen (Chor 2) kommentiert im Sinne eines Tröstens, eines die entscheidende Frage mit Gewissheit Beantwortens. Möglicherweise spielt die in Bibel und bildender Kunst überlieferte Vorstellung von der Geleitung der Seele des Verstorbenen durch die Engel eine wesentliche Rolle. Schütz entwirft also hier eine Art bildlich-szenische Vorstellung *im* Singen; dieses lässt die Singenden und Mit-Singenden im Sinne ihrer Glaubensgewissheit (mit der inneren Stimme ihrer Heilsgewissheit) quasi selbst „vorstellig" tätig werden.

Damit haben wir bereits einen wesentlichen Hinweis zur Funktion des Singens bei Schütz. Dies macht uns hellhörig: Zu fragen wäre, was für ein Singen und vor allem Mit-Singen (= Hören) das ist, das Schütz hiermit entworfen hat. Henning beschreibt die Tatsache, den

---

[77] Aus diesen wäre auch die zweite Bassstimme zu rekrutieren.
[78] Vgl. *Schütz-Werke-Verzeichnis (Kleine Ausgabe)*, hrsg. v. W. Bittinger, Kassel etc. 1960, S. 52.

Sarg mit Bibelversen zu beschriften, als aus der „Sitte der Zeit" durchaus nicht ungewöhnlich.[79] Als einmalig erscheint dabei, dass den Bibelversen je Choralstrophen (schon auf dem Sarg!) beigegeben sind, die sich zu den Versen je inhaltlich zuordnen, und dass die Auswahl und Anordnung „mit einem tieferen Sinn erfüllt" sei.[80]

Versuchen wir zuerst einmal über einen hörenden Durchgang durch die *Quasi-Messe* uns eine Anschauung von Schützens Entwurf zu verschaffen!

Zum Text der Quasi-Messe

Vielleicht sah Schütz gerade in einem möglichen „tieferen Sinn" den Anknüpfungspunkt, auf seine Art mit den Texten zu verfahren. Dass er sie „vertonte" u. d. h. in ein Singen entwarf, das geht auf das Begehren des Fürsten bzw. seiner Angehörigen zurück. Doch dass er daraus eine „Deutsche Missa" machte, das ist wohl Schützens interpretatorische und kompositorische Leistung. Dazu fügte er, im Anschluss an das (eigentlich?) als Introitus vorgesehene „Nacket bin ich", die „Kyrie"-Texte hinzu. Aus der folgenden Textaufstellung wird die Gliederung deutlich:

Hiob 1 / 21	Nacket bin ich vom Mutterleibe kommen.	1-st. Intonatio
	Nacket werde ich wiederum dahin fahren,	3 Männerstimmen: 2 Tenöre und Bass +
	der Herr hat's gegeben, der Herr hat's genommen,	Gb.
	der Name des Herren sei gelobet.	
[Kyrieeleison]	Herr Gott Vater im Himmel, erbarm dich, erbarm dich über uns.	6-st. Capellchor
Phil. 1 / 21	Christus ist mein Leben, Sterben ist mein Gewinn.	2 Soprane
Joh. 1 / 29b	Siehe, das ist Gottes Lamm, das der Welt Sünde trägt.	Tenor

---

[79] Nach ihm verfolgte der Fürst aber mit der Ordnung der Verse ein Programm, das, wie Henning darlegt, den Gegensatz oben–unten, gut–böse, Himmel–Hölle, Leben–Tod in einen Zusammenhang bringt: „von unten nach oben nehmen sie zu in Tröstlichkeit und Hoffnung, man könnte auch sagen, in christlicher Wertigkeit". (Henning, 51)

[80] Und als einmalig kann vielleicht auch gelten, dass diese Texte alle in den Begräbnisgottesdienst integriert werden sollten.

[Christeeleison]	Jesu Christe, Gottes Sohn, erbarm dich, erbarm dich über uns.	6-st. Capellchor
Röm. 14/8	Leben wir, so leben wir dem Herren, sterben wir, so sterben wir dem Herren, darum wir leben oder sterben, so sind wir des Herren.	Alt und Bass
[Kyrieeleison]	Herr Gott heiliger Geist, erbarm dich, erbarm dich über uns, erbarm dich, erbarm dich über uns.	6-st. Capellchor

Die Anrufungsteile werden vom 6-stimmigen Capellchor vorgetragen, während die Bibelverse Solisten vorbehalten sind.

Diese auch aus musikalischen Erwägungen recht sinnvolle Gliederung wird in dem das „Gloria" vertretenden „Concert" beibehalten. Achtmal folgt einem Bibelvers eine Choralstrophe, wobei nach dem vierten Choralvers, also in der Mitte, zwei überzählige Bibelstellen ohne Choralstrophe verbleiben. Schütz hält sich dabei sehr genau an die Vorlage, indem er auf jeder Seite von der Kopfseite zur Fußseite, von links nach rechts und im Ganzen vom Deckel zur Basis des Sarges fortschreitet; die Bibelverse, die auf dem Sarg ohne Choralstrophe vermerkt sind, werden entweder im Christe und im Kyrie II oder hier in der Mitte des Quasi-Gloria eingesetzt. Auch dies erscheint vorlagengemäß, denn der Vers „Gehe hin, mein Volk, in eine Kammer" stammt vom Fußende des Deckels, schließt also die vier Texte des Sargdeckels ab; und der Vers „Der Gerechten Seelen sind in Gottes Hand" bildet die Umschrift des Deckelrandes, steht also genau am Übergang zwischen Deckel und Wanne, sozusagen in der Mitte; dem folgen in der Komposition die Texte, die auf der Wanne des Sarges vermerkt sind.

[I]	Joh. 3, 16	Also hat Gott die Welt geliebt, dass er seinen eingebor'nen Sohn gab,	Intonatio;
		auf dass alle, die an ihn gläuben, nicht verloren werden, sondern das ewige Leben haben.	3-4-6 Stimmen + Gb.

	Choral[81]	Er sprach zu seinem lieben Sohn: die Zeit ist hie zu erbarmen…	6-st. Kapellchor + Gb. – (annähernd Kantionalsatz)
[II]	1. Joh. 1, 7	Das Blut Jesu Christi, des Sohnes Gottes, machet uns rein von allen Sünden.	Sopran 2, Tenor 2 + Gb.
	Choral[82]	Durch ihn ist uns vergeben die Sünd, geschenkt das Leben…	6-st. Kapellchor (Kantionalsatz)
[III]	Phil. 3, 20	Unser Wandel ist im Himmel, von dannen wir auch warten des Heilandes Jesu Christi, des Herren, welcher unsern nichtigen Leib verklären wird, dass er ähnlich werde seinem verklärten Leibe.	Sopran 1, Bass + Gb.
	Choral[83]	Es ist allhier ein Jammertal, Angst, Not und Trübsal überall…	6-st. Kapellchor (Choralbearbeitung)
[IV]	Jes. 1, 12	Wenn eure Sünde gleich blutrot wäre, soll sie doch schneeweiß werden, wenn sie gleich ist wie rosinfarb, soll sie doch wie Wolle werden.	Tenor 1 und 2 + Gb.
	Choral[84]	Sein Wort, sein Tauf', sein Nachtmahl dient wider allen Unfall…	6-st. Kapellchor (Kantionalsatz)
[V]	Jes. 26, 20	Gehe hin, mein Volk, in eine Kammer und schleuß die Tür nach dir zu, verbirge dich einen kleinen Augenblick, bis der Zorn vorübergehe.	Alt + Gb.
	Weisheit 3, 1-3	Der Gerechten Seelen sind in Gottes Hand und keine Qual rühret sie an,	Sopran 1 und 2, Bass + Gb.
		für den Unverständigen werden sie angesehen, als stürben sie, und ihr Abschied wird für	

---

[81] *Nun freut euch, lieben Christen gmein,* Str. 5.
[82] *Nun lasst uns Gott dem Herren,* Str. 6.
[83] *Ich hab mein Sach Gott heimgestellt,* Str. 3.
[84] *Nun lasst uns Gott dem Herren,* Str. 5.

		eine Pein gerechnet, und ihr Hinfahren für Verderben, aber sie sind in Frieden.	
[VI]	Ps. 72, 25-26	Herr, wenn ich nur dich habe, so frage ich nichts nach Himmel und Erden,	Tenor 1; Alt, Tenor 1 und 2, Bass + Gb.
		wenn mir gleich Leib und Seele verschmacht,	
		so bist du Gott allzeit meines Herzens Trost und mein Teil.	
	Choral[85]	Er ist das Heil und selig Licht / für die Heiden…	3-6-st. Kapellchor (Choralmotette)
[VII]	Ps. 90, 10	Unser Leben währet siebenzig Jahr, und wenn's hoch kömmt, so sind's achtzig Jahr, und wenn es köstlich gewesen ist, so ist es Müh und Arbeit gewesen.	Bass 1 und 2 + Gb.
	Choral[86]	Ach wie elend ist unser Zeit allhier auf dieser Erden…	6-st. Kapellchor (Choralmotette)
[VIII]	Hiob 19, 25-26	Ich weiß, dass mein Erlöser lebt, und er wird mich hernach aus der Erden auferwecken, und werde darnach mit dieser meiner Haut umgeben werden, und werde in meinem Fleisch Gott sehen.	Tenor 1 + Gb.
	Choral[87]	Weil du vom Tod erstanden bist, werd ich im Grab nicht bleiben…	6-st. Kapellchor (Kantionalsatz)
[IX]	1. Mose 32, 27	Herr, ich lasse dich nicht, du segnest mich denn.	6 Stimmen
	Choral[88]	Er sprach zu mir: halt dich an mich, es soll dir itzt gelingen…	6-st. Kapellchor (ann. Kantionalsatz)

[85] *Mit Fried und Freud ich fahr dahin*, Str. 4.
[86] *Ach wie elend ist unser Zeit*, Str. 1.
[87] *Wenn mein Stündlein vorhanden ist*, Str. 4.
[88] *Nun freut euch, lieben Christen gmein*, Teilstrophen von 7 u. 8.

Schütz erfindet textlich (im *Quasi-Gloria*) nichts; auch nicht die Reihenfolge der Texte.[89] Gehen wir aber davon aus, dass das liturgische *Gloria* einen Text der Proskynese, der Anbetung und des Lobpreises der Dreieinigkeit darstellt, verbunden mit der dafür typischen eigenen Erniedrigung in der Bitte um Erbarmen, dann bedeutet die Deklarierung der vorliegenden Texte als *Quasi-Gloria* zwar nicht die vollkommene Tilgung dieses Charakters; doch definieren diese ein neues Verhältnis der vertrauensvollen Zuordnung zur Göttlichkeit. Aus der Heilsgewissheit nimmt der Gläubige die Gottheit gleichsam in die Pflicht; und er tut dies in einer Art Gespräch und vor allem Selbstgespräch: im „Aufblicken zu" und im „Ansehen von" statt im „Niederwerfen vor". *Genau dies aber bezeichnet eine wesentliche Tendenz der Komposition u. d. h. der Vorlage zum Singen bzw. Mit-Singen, die Schütz entwirft.*

Das Quasi-Kyrie als gestaltete Konsequenz eines Sich-Bedenkens

Wer diesen „Eingang" zu den *Musikalischen Exequien* hört, der ist sofort fasziniert von diesem in sich so schlüssigen „Entwurf": die große Variabilität der Soloteile wird umfassend geschlossen durch die mit den je gleichen Motiven erstellten drei Anrufungen. Die textliche Nahtlosigkeit –

- der hinfällige Mensch, auf Erbarmen angewiesen, bittet „Gott Vater im Himmel" eben *deshalb* um ein solches;
- die Hinwendung zu Christus, der solche Hinfälligkeit in seinem Opfertod aufhebt, wird eben *deshalb* um Erbarmen angerufen;
- und schließlich führt die Einsicht der eigenen Existenz in allem als eine „des Herren" eben *deshalb* zur Anrufung des Heiligen Geistes –

ist in eine solche der musikalischen „Folge" im Sinne einer Konsequenz umgesetzt.

Das stimmliche „Aufbauen" mit der vorausgehenden Solostimme, dem dreistimmigen Aufnehmen und dem sechsstimmigen Folgen der Capella führt nicht nur die Mit-Singenden rein klanglich in die musikalische Konsequenz hinein, sondern es macht auch Sinn. Das Aufnehmen des in die Welt bzw. in das Bewusstsein tretenden „Wortes" (der *Intonatio*) durch die drei Unterstimmen verleiht diesem ein gleichsam körperliches (leibliches) Profil. Das Nachziehen

---

[89] Die in der älteren Literatur zu findenden Versuche, die Texte als Quasi-Intention Schützens Teilen des römischen *Gloria* bzw. den Teilen der Messe zuzuordnen, sind deshalb relativ müßig.

der Oberstimme signalisiert aktives Aufnehmen des Gedankens, ein *waches* Bewusstsein. Die kompakten, sich ergänzenden Feststellungen mit dem darreichenden „gegeben" und dem knapp beendenden „genommen" setzen Länge und Kürze eben nicht nur gemäß der Lautung der Worte ein, sondern zeichnen gleichzeitig im „Bild" den Akt bewussten Aussprechens, den die Singenden dann ganz im Sinne ihres Beginns im Lob „des Herren" in sich gegenseitig hervortuender Weise zu Ende bringen. Nahtlos und „mächtig" setzt denn auch die Capella mit ihrer gleichsam daraus resultierenden Äußerung, mit ihrem Anreden („Herr Gott Vater…") ein, das dann jeder der Stimmen die Möglichkeit eröffnet, an der Bitte um Erbarmen über eine „sprechende" motivische Kontur aktiv teilzuhaben. Wir können die Folge als eine Art Modell betrachten, durch das den Singenden die Möglichkeit eröffnet ist, ihrem Singen selbst Sinn zu generieren: Das Hereintreten des „Wortes" → sein waches Aufnehmen in das Bewusstsein → die daraus folgende Artikulation der Anrufung, sie formen die menschliche handlungsmäßige Konsequenz eben im und durch das Singen.

Den *Christe*-Teil leitet ein kurzes Generalbass-Solo als implizite (melodische) Vorwegnahme des danach in den beiden Sopranen sukzessive aufgenommenen „Christus ist mein Leben" ein, – als ob der Gedanke vor dem Bewusstwerden sich schon im Menschen ankündigte. Das „Aussprechen" konzentriert sich auf die aus einem Aufwärtsgang resultierende Lebens- sowie eine abwärts, sozusagen ins Grab gerichtete Sterbensvorstellung. Nicht das Wort „Gewinn" (in der Vorstellung!) bewirkt ein Herausführen, sondern der durch den Tenor hinzutretende und durch Wiederholung hervorgehobene „Fingerzeig" des „Siehe, das ist Gottes Lamm", der dann konsequent unmittelbar in die Anrufung Christi um Erbarmen der Capella führt.

Auch den dritten Abschnitt leitet ein Aufwärtsgang des Generalbasses so ein, dass seine Aussetzung naheliegend die Gegenbewegung herausfordert. Und diese „Bewegungen" bestimmen das „eifrig" vom Alt eingeworfene „Leben wir, so…", dem der Bass sein „Sterben wir, so…" entgegenhält, das der Alt gleichsam verlängernd aufnimmt. „Doch", und dieses „Doch" artikulieren die Singenden nicht textlich, sondern in den sich gegenseitig quasi überzeugenden sängerischen Formulierungen: ‚egal, ob wir leben oder sterben', wir *sind* „des Herren", was nun breit in Gegenbewegung zur Kadenz führt und unmittelbar in die dritte Anrufung mündet.[90] Deren

---

[90] Vgl. Monteverdis „Illuc enim"! Es sieht wie das Gleiche aus und ist doch ein ganz Anderes.

„Erbarm dich" erscheint wie eine „Lösung" erst einmal auf C ange-
hoben, bevor seine Wiederaufnahme (auf G) auch hier zum E-dur-
Schluss führt.

Dieses ganze *Quasi-Kyrie* ist zum einen ein uns unmittelbar mit-
nehmendes „Stück", dessen durch die motivtreuen Capellateile zum
überzeugenden Ganzen gefügte Struktur uns so selbstverständlich
erscheint, dass es uns schwerfällt, die für sie und für den Sinn eines
Singens und Mit-Singens (Hörens) so wesentliche Konsequenz eines
Sich-Bedenkens (des Menschen) zu eruieren. Aber genau diese fast
selbstredende menschliche Ebene des Singens ist es, die uns intuitiv
erfasst, die wir aber eben nicht nur musikalisch mitzuvollziehen und
zu bewundern haben.

Der Sinn des Singens liegt letztlich darin, das Sich-Bedenken als
inneres Mit-Aussprechen des Textes über das „Aussprechen" eben
auch auf „uns" (auch heute?) Hörende zu beziehen.[91]

Das Quasi-Gloria als zusammenhängende »Unternehmung« des glaubenden Subjekts

Wir können davon ausgehen, dass die Zusammenschau aller stimmlichen Möglichkeiten zum Zwecke des Entwurfs aussprechender
Aktivität den indirekten, weil erst aufzudeckenden Gewinn der
zweiten Italienreise von Heinrich Schütz darstellt. Vergleicht man
das Singen des *Quasi-Glorias* mit jenem, das wir vor allem an Monteverdis sog. *Marienvesper* veranschaulicht haben, dann erkennen wir

---

[91] Als der Autor den in den 70-er Jahren entstandenen Text zu den *Musikalischen Exequien* überarbeitete, begegnete er im (meist beispiellos geist- und „programm"-losen)
Nachtprogramm der ARD-Kulturradios wieder einmal Haydns Streichquartettfas-
sung der „Sieben letzten Worte" (30./31. 3. 2018): sieben langsame Sätze (zuzüglich
eines Rahmens) hören, was, bitteschön, könnte dafür ein Grund sein, diese Mühe auf
sich zu nehmen? Kaum irgendwo scheint der Un-Sinn heutigen Klassik-Hörens gras-
ser, als hier in einem Hören vermeintlich „der Musik" wegen…

manche Parallelitäten. Ebenso, wie Monteverdi sanglich entwickeltes solistisches und motettisches bzw. madrigalisches Singen in mannigfacher Weise koppelt, um auf diese Weise eine auf ein „Ziel" des Sagens bzw. Gesagt-Habens in der satzmäßig herausgestellten und choraliter versicherten Sentenz hinzusteuern, so koppelt hier Schütz das entwickelt solistische „Aussprechen" des „Wortes" mit dem choralen Singen im Ensemble, um im letzteren in einer Art Sentenz das mit dem Aussprechen Angezielte von allen *sich* beglaubigen zu lassen. Doch trotz der Ähnlichkeit der Mittel demonstriert Schütz gleichzeitig den Primat des Sich-Aneignens des „Wortes" im Singen, während Monteverdi eher auf den Entwurf eines den ganzen Menschen im (Mit-)Vollzug umgreifenden Empfindens aus ist.

Wir können den bereits deutlich wahrzunehmenden Unterschied zwischen einem Singen im katholischen Süden und einem solchen im evangelischen Norden auf zwei vereinfachende Begriffsbildungen konzentrieren: Während Monteverdi – auch und gerade aufgrund seiner Nähe zu den Vorläufern der Oper – zu einem *singenden Handeln* tendiert, nehmen wir bei Schütz ein spezifisch *handelndes Singen* wahr.[92] Während also bei Schütz das Singen selbst das entscheidende Handeln als die persönliche Aneignung des „Wortes" und die aktive Selbstvergewisserung im Glauben darstellt, tendiert das Singen bei Monteverdi eher zur Folge bzw. zu einem hörbaren Ausfluss eines (vorgestellten) affektiv initiierten oder begleiteten Handelns in einem gesellschaftlichen religiösen Kontext, für das das „Wort" als persönlicher „Ausdruck" *gebraucht* wird, um zu einer Glaubens*aktivität* aufzubrechen. Schien es uns bei Monteverdi näherliegend, entsprechend solchem Selbstverständnis dem Singen latente szenische („Handlungs"-)Vorstellungen zu unterstellen, so liegen diese dem Schütz'schen *Quasi-Gloria* ferner. Trotzdem können wir fragen, ob es auch hier einen „roten Faden", eine Art *gestaltete* Konsequenz des Aussprechens gibt, die eben nicht (so sehr und allein) durch die Reihung der Texte, sondern im Besonderen *durch die Arten ihres „Aussprechens" (= Singens)* gebildet erscheint. Dass es einen möglichen Zusammenhang je zwischen einem Bibelvers (Spruch) und der ihm folgenden Choralstrophe gibt, das haben wir oben am *Quasi-Kyrie* angedeutet. Die Frage ist jedoch, ob und wie ein Zu-

---

[92] Vgl. eine ähnliche Begriffsbildung bei Monteverdi, in seinem Brief vom 9. 12. 1616 an Alessandro Striggio. Darin unterscheidet er ein „parlar cantando" (singendes Sprechen) in der dramatischen Musik von einem „cantar parlando" (sprechenden Singen), das eher für Intermedien geeignet scheint. Beide Begriffspaare bezeichnen aber stets nur unterschiedliche Richtungen, Tendenzen, mit einem großen Überschneidungsbereich.

sammenhang in und vor allem zwischen den neun Einheiten als Singen(!) im *Quasi-Gloria* gebildet wird und von uns (und von denen, die Schützens Druck von 1636 für ihren Situationszusammenhang gebrauchen sollen) als *sinnstiftend* erfahren werden kann.[93] Gibt es einen aus den von Reuß vorgelegten Texten herausinterpretierten gedanklichen „Vorgang", in welchem den Singenden und Mit-Singenden über das „Aussprechen"(= Singen) eine wesentliche *Intentionalität* eines eigenen Aussprechens (des Textes) eröffnet wird?

- Das „Thema" des Singens, es ist ein Rekurs auf die evangelische Rechtfertigungsüberzeugung, gleichzeitig auf das „Qui tollis peccata mundi" als einen zentralen Gedanken des liturgischen *Gloria*. Allerdings drehen die ausgewählten Texte die „Optik" von der unterwürfigen Bitte des „suscipe deprecationem nostram" zu einer gedanklich zu klärenden Gewissheit um. Letztere aber wird in einem Gedankengang vollzogen und erreicht.

- Dem entspricht der Rahmen des Ganzen, in welchem nicht der sich niederwerfende Christ die Sprache als Ausdruck seines Handelns „benützt", sondern in welchem das Hereintreten der „Botschaft" („Also hat Gott...") und ihre „Übersetzung" („Er [= Gott] sprach zu seinem lieben Sohn...") in die eigene Vorstellung [I] einerseits, der Segen („Herr, ich lasse dich nicht...") und die Gewissheit der Gnadenzusage („Er [= Christus] sprach zu mir, halt dich an mich..." [IX] anderseits Anfang und Ziel des Gedankengangs bilden. Hinzu kommt die „Gelenkstelle" [V] des Selbstreflexes in der Mitte („Gehe hin, mein Volk..."/ „Der Gerechten Seelen sind..."). Als einziger Abschnitt in der Dominante H zur durchgängigen Grundtonart e/E endend, leitet er die vergleichsweise objektive „Botschaft" und mögliche „Einsicht" der Abschnitte [II] bis [IV] in den sozusagen subjektiven Zugriff des „Ich"s („Herr, wenn *ich* nur dich habe...") der Abschnitte [VI] bis [VIII] über.[94]

Das angedeutete Gerüst scheint nicht nur durch die angesprochene Dominante am Ende von Abschnitt [V], sondern auch in

---

[93] Nochmals sei daran erinnert, dass es uns keinen Sinn ergibt, den Text als ihn selbst und um seiner selbst willen zu singen (und damit das „musikalische Kunstwerk" um seiner selbst willen wahrzunehmen); auch die alleinige Widmung des Singens an das einmalige Ereignis der Trauerfeierlichkeit für den „Fürsten" Reuß genügt uns nicht als sinnstiftend, zumindest nicht für dessen Vervielfältigung als Druck. Sinn muss *dem Tätigen* über sein Tätigsein aus dem Vor-wurf zuwachsen können.

[94] Diese „Reihenfolge" kehrt gewissermaßen jene des o. a. *Magnificat* Monteverdis um: statt aus der persönlichen tiefen Empfindung in den umfassenden Lobpreis zu gelangen, mündet das Selbstreferat der Botschaft in die persönliche Gewissheit.

den Rahmenabschnitten selbst durch die den einzigen E-Dur-Schlüssen der Bibelzitate folgenden Strophen aus dem gleichen Lutherchoral („Nun freut euch, lieben Christen g'mein") hervorgehoben. Die anderen Bibelzitate enden im Quint-Oktav- oder Einklang.[95]

- Dies weist darauf hin, dass das entscheidende „handelnde Singen" in den Abschnitten selbst entworfen wird, in den „Formulierungen" (→ in Satzarten, Stimmenwahl und figürlicher Fassung) und in der in ihnen angedeuteten gedanklichen Konsequenz je zwischen „Spruch" und „Vers", also Bibelwort und Choralstrophe, Hereintreten der Botschaft in die (persönliche) Aufmerksamkeit oder Erinnerung und einsichtsvoller und sich-äußernder Reaktion des Christen als Teil der selbstverständlichen Gemeinde. Dies ist näher zu beleuchten.

Sehen wir uns dazu den Beginn von Abschnitt [I] an, dann erscheint schon die *Intonatio*, „Also hat Gott...", als eine Art Botschaft oder Erinnerung – anfangs wie von „außen" –, die von den Solostimmen (Soprane 1 und 2 und Tenor 1) so in der Folgerung fortgeführt werden, dass der Sopran 1 im Ton der Rezitation den Faden aufnimmt, die anderen beiden sich an ihm nachziehend beteiligen, wonach sie schließlich mit dem hinzutretenden Alt in eine Art „Feiern" der entscheidenden Konsequenz („sondern das ewige...") übergehen. Dass diese wiederholt und nun von allen sechs Stimmen aufgenommen wird, dass dabei die beiden Soprane diese entscheidende Aussage quasi wie ein Spruchband (in langen Notenwerten) darüberlegen – man ist unmittelbar an bildliche Darstellungen von Christi Geburt erinnert, in denen das engelische „Et in terra pax..." als Spruchband gestaltet ist – vermittelt, dass Schütz nicht Text vertont, sondern einen Vorgang entwirft: da kommt etwas in die Welt und damit in „unser" Bewusstsein; es erscheint „uns" verkündet und gleichzeitig (von „uns") aufgenommen und in einer Art freudiger Gewissheit erinnert. Genau diese nimmt die Capella mit ihrem „Er sprach" auf: das verdoppelte „Er sprach" meint „Ja, Gott hat es doch(!) ins Werk gesetzt..." Und alle artikulieren mit „ihrer" Stimme des Chorals, die Schütz durch die fünf Stimmen über dem Bass wandern lässt, ihre „Übersetzung" der „Botschaft" in die ihnen plausible Legende.

---

[95] Eine Ausnahme bildet Abschnitt [VIII] mit einem Zwischenschluss auf A am Ende des Bibelverses; solche Tonartwahl hat hier sicher mit der inhaltlichen Ausrichtung, mit der endlichen Gewissheit um „Auferstehung" (und der Überwindung des Todes) zu tun.

Bedenken wir, dass niemand Schütz zwingt, den Beginn als *Intonatio* singen zu lassen: aber, indem er die „Form" des liturgischen Gloria aufnimmt, stellt er die Aussage nicht nur in Beziehung zu jenem „Et in terra pax" der Engel in der Geburtsgeschichte bei Lukas 2 (die den Beginn des *Gloria* bildet), sondern er entwirft gleichzeitig einen Vorgang des „Herüberkommens" der Botschaft von der realen Verkündigung in die eigene sechsstimmige Vereinnahmung, der sich hier ganz unmittelbar und bruchlos der Übergang in das Singen der Choralstrophe anschließt. Dass der Choralsatz nicht durchgehend als Kantionalsatz, sondern in einer dialogischen Form zwischen Stimmgruppen bzw. zwischen diesen und den Allen entwickelt wird, auch dies deutet auf ein vorgängliches Sich-Bewusstmachen: die „eigene" Vorstellung ist nicht einfach da, sondern wird von den Singenden kommunikativ erstellt.

Vergleichen wir mit dem Schlussabschnitt [IX] des *Quasi-Gloria*, dann sehen wir, dass Schütz den Anschluss der in gleicher Weise verfahrenden Choralstrophe hier betont absetzt, wie eine *Resolutio* spezifisch danach: der Glaubende gibt sich nicht nur selbst die „Antwort" auf seine Bitte um den Segen des Herrn, indem er sich der Zusage Christi er-innert, sondern er zementiert damit seine eigene Glaubensgewissheit. Das ist nicht „krönender" *Amen*-Abschluss, sondern Endpunkt eines Mit-Sich-ins-Reine-Kommens als Glaubender, ganz im Sinne: „Das ist *mir* (nun und endlich und) gewisslich wahr!"[96]

Von hierher können wir uns wieder und stets die Frage stellen, wer hier „eigentlich" singt. Die sich steigernde Besetzung im „Also hat Gott..." – $S^1 \rightarrow S^1 + S^2 + T \rightarrow S^1 + S^2 + A + T \rightarrow$ alle 6 Stimmen – möchte ich als eine Art *„rezeptives" Verlautbaren* interpretieren: das Singen realisiert einen Prozess der allmählichen Ausbreitung und *persönlichen* Annahme des „Wortes" (hier:) unter den Menschen und durch sie und vor allem *in ihnen*, der in der je folgenden Choralstrophe eine Art *„produktive" oder „aktive" Verlautbarung* (mittels des in Besitz genommenen Chorals) auslöst.

Die *Einsicht einer konsekutiven Koppelung von gleichsam rezeptiver und aktiver Glaubensäußerung* lässt manches in den folgenden zweimal drei Abschnitten um die Gelenkstelle des Abschnitts [V] („Selbstreflex") *plausibel* erscheinen. Dass es ausgerechnet der jeweils *zweite*

---

[96] Bemerkenswert in der Hinsicht auf solches Singen eben als eine persönliche religiöse Handlung – wir greifen ein wenig vor – erscheint hier eine Parallele zu Lullys *Te Deum*, das in einer Art Epilog auf die schließliche Überzeugung des „non confundar in aeternum" hinausläuft.

Sopran und Tenor sind, die nun in Abschnitt [II] aktiv werden, könnte ein Hinweis auf ein eher erinnerndes Bewusstwerden der „Botschaft" sein. Der Sopran geht lange voraus, dann tritt der Tenor, seinerseits den Ton des Singens aufnehmend, hinzu. Solche Verdopplung ist Intensivierung im Sinn eines Einredens und inneren Starkwerdens des Erinnerten. Dem dient auch das figürliche Herausheben des „Jesu Christi" und seines stimmlich nachgezeichnetem „Herabkommens". Der rezeptive Charakter macht sich schließlich am einsichtig fröhlichen Hin und Her des „machet uns rein" fest. Figürliches Fassen des „Aussprechens" ist uns also (auch hier) nicht Zweck des Komponierens, der sich im vermeintlichen „So-Darstellen" erschöpft, sondern Mittel, um einem Singen Sinn zu verleihen: den (Singenden und) vor allem Mit-Singenden selbst ein Vorgehen zu eröffnen des – sagen wir – Sich Er-innerns des „Wortes" und Sich-Bekundens als Glaubender danach im inzwischen in Besitz genommenen Glaubenslied![97] Und entsprechend folgt auch nun die vergleichsweise „aktive" Bekundung mit dem Kantionalsatz der Glaubensliedstrophe „Durch ihn ist uns gegeben", in welchem aber das „im Himmel soll'n wir haben" gleichsam nochmals wie einwendend aus der Vollstimmigkeit genommen erscheint, welchen Einwand das „O Gott, wie große Gaben" um so überzeugter (vorläufig) vollstimmig übertönt.

Doch eben, dieses gleichsam einwendende „im Himmel" (u. d. h. nicht bereits hier auf Erden!), das wird nun, in Abschnitt [III], Gegenstand des Bedenkens in einer Art vorausschauender Idealisierung. Die alles Menschliche gleichsam umfassenden Außenstimmen, Sopran 1 und Bass, idealisieren sich im figürlich aufwendig ausgestatteten Singen den eigentlichen „Wandel" im Sich-gegenseitig-Zeigen, im terzenseligen Ausmalen der eigenen, auf sie gleichsam herabkommenden „Verklärung" ihres in den Abwärtsfiguren betont irdischen Leibes, die von jenem in Aufwärtsfiguren geäußerten „verklärten Leib" Christi abgehoben erscheint. Doch eröffnet solch idealer und innerer Blick auf eine jenseitige Zukunft um so mehr als „aktive" Reaktion den Blick auf die diesseitige Wirklichkeit, auf das „Es ist allhier ein Jammertal" der Liedstrophe. Und genau in diesem Sinne entwirft Schütz das entsprechende Singen. In betont altertümlicher (sozusagen noch nicht „verklärter") Weise fasst Schütz die dialogisch je zustimmende und bestätigende Feststellung der eigenen Situation, zwischen Ober- und Unterstimmenensemble (wobei

---

[97] Vgl. den Band *Seinen Glauben selber singen…*, in welchem der Prozess der Inbesitznahme des Glaubensliedes als Choral bzw. Kirchenlied ausführlich angesprochen ist.

er den *cantus firmus* eher in einer Mittelstimme versteckt!). Das vorausgehende „bemerkende" Anheben der Oberstimme am Beginn mittels einer Abwandlung des *cantus*-Beginns, die sich ausmalende Kennzeichnung von „Angst, Not und Trübsal" mit der fauxbourdonartigen Rückung und der „falschen" Quarte (im Bass), die sozusagen „übereinstimmende" Feststellung „des Bleibens ist ein kleine Zeit", das nachschiebende „Ergänzen" mit „[aber eben] voller Mühseligkeit" der Teilensembles, das alles verbleibt aber dennoch in der abschnittsweisen Fassung des Kantionalsatzes der gemeinsamen Überzeugung, mit jeweiliger Motivtreue im Dialog. Wir sehen, dass auch in diesem Abschnitt Stimmenwahl, Satzart und figürliche Fassung des Singens der Formulierung eines gedanklichen Handelns dienen.

Dem steht nun in Abschnitt [IV] die Er-innerung einer „engelischen Botschaft" (mit den beiden Tenören im engen Zwiegesang) gegenüber, intensiviert im tonartlichen Anheben von e nach G in der Anfangswiederholung: „Wenn... auch...". Das ist wie eine Selbstaufforderung, um selbst aufmerksam (auf sich) zu werden. Und einem konsequenten Sich-Einreden dienen denn auch die figürlich ausgestalteten Wiederholungen im folgenden Konzessivsatz, „soll sie doch [= dennoch]..." Das ist die Anlage eines Sich-selbst-Überzeugens im „Aussprechen", das wie eine Verkündigung daherkommt. Konsequent folgt denn auch die Choralstrophe im die eigene Einsicht „zusammenfassenden" Kantionalsatz, die der durch den Heiligen Geist vermittelten „Lehre" eines Vertrauens auf „Wort, Tauf' und Nachtmahl" Christi – so der Strophentext – gerecht wird.

Dieses Singen ist nicht szenisch, sondern primär *geistig* gedacht; was es artikuliert, das „spielt" sich *im* Subjekt ab. Entworfen ist ein Vorgang des Sich-Erinnerns (im Sinne eben auch eines Sich-Verinnerlichens) der Botschaft des „Wortes"; und dieser mündet in die Überzeugung einer Hinwendung Gottes zu „mir", dem Glaubenden, der sich der Zusage des „Qui tollis peccata..." gewiss sein soll. Ist dieser Vorgang abgeschlossen, dann mündet er (zuerst einmal vom Auftraggeber Reuß her gesehen) in das beruhigende Einverständnis mit dem eigenen „Hingehen" in Abschnitt [V]. Denn dieses „Gehe hin..." ist begleitet von der erreichten Sichtweise. Während Schütz das „Gehe hin..." der tiefen (und gleichsam „innersten") Alt-Stimme anvertraut und den Aufmerksamkeitsprozess auch hier mittels tonartlich fortschreitender Verdoppelung des Beginns anfacht und sprachliche Formulierungen über die Gestik des Singens (→ auffahrendes und gleichsam aufforderndes „Hingehen", „tiefes" Schließen der „Tür"; Kennzeichnung des „Augenblicks" durch plötzliche Pause) in die Vorstellung hebt, präsentieren die beiden Soprane, zusammen mit dem Bass, den Eintritt des tröstlichen Gedankens, „Der Gerechten Seelen sind in Gottes Hand…"; und sie entrücken das Denken gleichsam (über F nach C) mit „und keine Qual rühret sie an". Vielleicht gehen wir nicht fehl, wenn wir die Fortsetzung des Spruchtextes allein durch den Bass sozusagen als einen spezifischen „eigenen" Gedankengang interpretieren, dem sich über die beiden Soprane ein je dreifach versicherndes „aber sie sind in Frieden" zugesellt. Im Gegensatz zur Schlussmotette, die wir unten noch ansprechen werden und in der tatsächlich so etwas wie eine szenische Vorstellung wirksam gedacht werden könnte, interpretiere ich dieses Singen hier als einen Vorgang *im* Subjekt von vornherein. Es ist das (konkret auf sein Ende blickende) Subjekt, das sich die Argumentation vergegenwärtigt, was das Sterben „für den Unverständigen" sei, und dem (sich) gleichzeitig bereits die korrektive Ergänzung des „aber…" in persönlicher Gewissheit „einfällt".

Aus dieser Gewissheit nun – wir haben den Abschnitt [V] oben ja als „Gelenkstelle" bezeichnet – lässt Schütz in Abschnitt [VI] die persönliche Hinwendung (im Denken) zu Gott, „Herr, wenn ich nur *dich* habe…" als je wieder durch tonartlich fortschreitende Wiederholung seiner Satzteile gekennzeichnetes Versichern durch eine hohe Tenorstimme, also sozusagen im klaren Bewusstsein des Geistes, herausstellen. Und in tiefster Überzeugung lässt er alle vier Unterstimmen gleichsam körperlich dreimal versichern, „wenn mir gleich Leib und Seele verschmacht, so bist du Gott allzeit…" Die folgende Choralstrophe, eine motettische Choralbearbeitung, fasst den Luthervers mit seiner Melodie in eine außergewöhnlich kunstfertige Form. Den wesentlichen Satz tragen die drei Oberstimmen, die sich sukzessive imitieren; erst in der Schlusszeile beteiligen sich auch die drei Unterstimmen. Nur ein altertümlicher Satz, um seine Verfügung über alle möglichen Satzmuster zu demonstrieren? Der Beginn der Strophe, „Er ist das Heil und selig *Licht*", vermittelt einen Hinweis darauf, dass Schütz hier, ganz als Reaktion auf das Vorausgehende, einen Vorgang des subjektiven Erleuchtet-Werdens entwirft: nacheinander setzen die Stimmen mit dem Meloszitat ein, mit der unmittelbaren Beteiligung am Choral also; und auch im Weiteren partizipieren beide Oberstimmen vom *cantus firmus*, bis in der wiederholten Schlusszeile, „…der Preis, Ehr, Freud und Wonne", alle, je von einem der Tenöre regelrecht angestachelt, der Jubel erfasst.

Von da wird die „Sicherheit", mit der das „Zwar-Aber" in den Abschnitten [VII] und [VIII] folgt, verständlich. Im „Zwar" stellt das Subjekt mit dem Psalm-Zitat (sich) das menschliche Leben an und für sich vor. Schütz verdoppelt den Bass; eröffnet damit dem bedenkenden Feststellen des Subjekts den Prozess eines Sich-Sagens und Sich-Bestätigens. Dass danach die Strophe als durchbrochener motettischer Satz erscheint, in welchem alle am *cantus firmus* zwar teilhaben, diese Teilhabe aber eher torsohaft als eine Art Hinzufügen aus Erfahrung der Einzelnen (Stimmen) sich gibt, dies verstärkt auch global den Eindruck eines Satzes, der das „Müh und Arbeit überall" im Ganzen repräsentiert. Dem steht das nun subjektive „Aber" des Abschnitts [VIII] gegenüber: statt der „Erinnerung" nun die Festigkeit des „*Ich* weiß, dass mein Erlöser lebt", ein Singen im freudigen Dreiertakt und Wiederholen, das sich der eingetretenen Gewissheit versichert, auch hier nicht ohne ein Vorstellung bildendes „Ausmalen", z. B. im Aufsteigen des „Auferweckens". Aus dieser Gewissheit geschieht nun das direkte Ansprechen: „Weil *du* vom Tod erstanden bist…" in der Liedstrophe. Dialogisch formulieren die je vierstimmigen Teilchöre den Kantionalsatz, sich stimmlich damit sozusagen aus einer Mitte heraus nach oben und unten wendend. Nur die Zwischenzeilen, „denn wo du bist, da komm ich hin" und „dass ich stets bei dir leb und bin" werden je dreistimmig als „oben" und „unten" gekennzeichnet, bevor das wechselnd vier- bis vollstimmige „drum fahr ich hin mit Freuden" eine Art Beschluss (im doppelten Sinn) vor dem eigentlichen Schluss des Abschnitts [IX] bildet.

Wir können das, was Schütz mit dem *Quasi-Gloria* entwirft, in einem zweigestuften Prozess fassen, der sich in und mit dem Subjekt ab-„spielt": »Die Botschaft hören und annehmen – Zum Glauben und zur Gewissheit der Gnade finden.« Die Intentionalität des sprachlichen Handelns lässt sich über die Interpretation des Schütz'schen Singenentwurfs in Worte fassen. Dabei werden von Abschnitt zu Abschnitt je ein solistisches Singen und ein solches im verstärkten Ensemble konsekutiv gekoppelt, als eine je rezeptive (= sich des erinnerten Wortes vergewissernden) und eine je produktive oder aktive (= sich aus einer Glaubenseinsicht selbst äußernde) Verlautbarung. Vereinfacht: Sich-Klarmachen als (von Sündhaftigkeit und Endlichkeit) betroffenes Subjekt und Sich-Ausdrücken als dem Glauben Angehörender wird in den beiden Phasen der Zuwendung Gottes bzw. Christi zu „mir/uns" ([II]-[IV]) und der vertrauensvollen Hinwendung des menschlichen Subjekts zur Göttlichkeit ([VI]-[VIII]) vollzogen. Eine „Gelenkstelle", welche in der Mitte die „Richtungsänderung" einleitet, bildet dabei der Übergang des (Nur-)Erinnerten in die persönliche Überzeugung ([V]). Eingerahmt erscheint der (wie wir sagten: sich im Subjekt vollziehende) Prozess von einem „Herantreten des Wortes" an das Subjekt einerseits ([I]) und von einer erreichten Annahme und Gewissheit der Gnadenzusage anderseits ([IX]).

So gesehen stellt dieses *Quasi-Gloria* einen Entwurf einer auf den evangelischen Christen gerichteten religiösen Musik dar, der, da er unabhängig vom aktuellen Anlass der „Hinausgeleitung" des „Fürsten" Reuß als ein großes und das Zentrum evangelischer Glaubensauffassung berührendes Geistliches Konzert aufzufassen ist, die Drucklegung ebenso rechtfertigt, wie dies auch die ihm folgenden beiden Motetten tun.

III

WAS DEM EINEN DAS TÖNEN DER STIMME, DAS IST DEM ANDEREN DIE ARTIKULATION DES »WORTES«

Zu den emanzipatorischen Tendenzen in den Zyklen von Monteverdi und Schütz

Mit Monteverdis *sog. Marienvesper* und der *Quasi-Messe* von Schütz aus dessen *Musikalischen Exequien* haben wir zwei exemplarische Entwürfe für ein Singen als eine (dem Beginn des 17. Jahrhunderts entsprechende) menschliche *Glaubensäußerung* angesprochen. Der Begriff der „Äußerung" besagt, dass das Singen ganz prinzipiell über ein Zur-akustischen-Wirklichkeit-Bringen eines Textes hinausreicht. In beiden Vorlagen sehen wir je ein „Aussprechen" entworfen, das die Singenden und Mit-Singenden ermächtigt, mittels der (kirchlich überlieferten) Texte *sich* zu äußern. Damit erheben sie solches „Aussprechen" zu einem persönlichen Handeln (im engeren Sinn), (implizit) ausgelöst je von einem vergleichsweise intentionalen Vorsatz und (implizit) bezogen je auf eine angestrebte Folge für sich selbst.

Untrennbar verknüpft mit solchem „Aussprechen" als ein persönliches musikalisches Handeln im engeren Sinn erscheint die Aneignung von Sprache, und diese funktional verstrickt mit einer solchen des Tönens der Stimme. Dass diese bei Schütz die Volkssprache, bei Monteverdi aber die Kirchensprache ist, dieser Unterschied weist bereits auf die unterschiedliche weil *gegenseitige Funktionalisierung* solcher Aneignung innerhalb des Handlungszusammenhangs „Glaubensäußerung". Solche erscheint einer werkorientierten Beschreibung kaum wesentlich, verwenden doch beide Komponisten für ihren jeweiligen Vor-wurf des Singens alle ihnen zeitentsprechend zur Verfügung stehenden Möglichkeiten ensemblemäßigen und solistischen Singens, z. T. mit scheinbar übereinstimmenden „figürlichen" Mitteln reich ausgearbeitet. Doch ein tätigkeitsorientiertes Ansprechen, das nicht nur nach dem Was und Wie fragt, sondern im Besonderen nach dem Warum-so und also nach dem impliziten Sinn des Singens und Mit-Singens, findet gerade im Verhältnis von Handeln und Aneignung die entscheidenden Weichen gestellt. Denn während in dem einen Fall die handlungsmäßige Ausgestaltung des Singens auf die persönliche Vereinnahmung des sprachlichen Inhalts zielt, steht im anderen Fall solche Aneignung im Dienste eines per se handlungsmäßigen Tönens. Geht es also in dem letzteren und Monteverdischen Fall darum, durch die Aneignung des Tönens und deren Ausgestaltung mittels des „Aussprechens" *selbst* eine personalisierte und sozusagen höherwertige Glaubenshandlung zu vollbringen, so in dem anderen und Schützschen darum, durch die musikalisch handlungsmäßige Ausarbeitung des Aussprechens mit dem Mittel des Tönens *sich* der mit der Sprache selbstvollzogenen Glaubenseinsicht zu versichern.

Singen als Realisieren einer je persönlichen Religiosität

Machen wir uns klar: Singen ist Aussprechen („Wort"-Sagen) und Tönen in einem. Beide sind nicht nur aufeinander angewiesen, sondern eben auch funktional verbunden; das eine kann durch das andere geschehen und vice versa:

- „Ich" kann das Aussprechen benützen, um das eigene Tönen zu einem im Besonderen „mich" repräsentierenden zu machen; im Tönen drücke „ich" „mich" aus, aber eben nicht abstrakt, sondern als ein das „Wort" mit dessen *objektiver* Bedeutsamkeit Aussprechender. Es ist ein Singen sozusagen in die Welt hinein.
- Und „ich" kann umgekehrt das Tönen benützen, um das Aussprechen zu einem im Besonderen „mich" repräsentierenden zu machen; im Aussprechen des Wortes (als „Wort") drücke ich mich aus, nicht abstrakt, sondern als ein im „Wort" gleichsam Ertönender und darin dem „Wort" *subjektive* Bedeutsamkeit Vermittelnder. Es ist ein Singen sozusagen aus der Welt auf „mich" (zurück).

Die erste Haltung könnten wir eher katholisch nennen; sie ist aber vor allem eine *italienische*. Sie bildet die Grundlage für das, was im Süden als weiteres Singen und Spielen entsteht. Singen ist ein Ertönen in die Welt hinein zum Zwecke des Mit-Ausdrucks eines Adressaten. Die zweite Haltung können wir evangelisch und im Besonderen lutherisch nennen; sie ist aber vor allem eine *deutsche*. Sie ist ein Aussprechen gleichsam „in" bzw. „aus" der Welt auf das singende und mit-singende Subjekt zurück, zum Zwecke der vernünftigen (Mit-)Einsicht eines Adressaten.[98]

1. Wie Schütz das „Aussprechen" als ein persönliches Artikulieren des „Wortes" entwirft.

Bleiben wir zuerst beim „Aussprechensentwurf" von Heinrich Schütz. Bei ihm fällt uns dabei vor allem auf, dass er das „Aussprechen" aus einer die einzelne Aussage meinenden Deklamation und das einzelne Wort meinenden Figürlichkeit heraus entwickelt.

Singen wir das Beispiel (Takte 55 ff.) innerlich mit, dann gehorcht unser Mitsprechen einem rednerischen Hervorheben. Zwar bekommt richtig das Wort „Wán-del" die Hauptbetonung hinter dem (neuzeitlich:) Taktstrich, doch nehmen wir auch das „unser" zumindest ebenso wichtig, indem wir es mit längerem und höherem Ton ausstatten. Ganz zentral erscheint der eigenen Glaubenseinsicht aber das „ist"; es beansprucht den längsten Wert, womit wir aussagen können bzw. sollen: unser Wandel ist wirklich, tatsächlich durch Christus im Himmel und sonst nirgendwo anders. Die Längung der Werte auf „Himmel" schließt sich dem an. Von der Deklamation her entspricht das Aussprechen dadurch, dass gerade das zentrale „ist"

---

[98] Die wechselseitigen Funktionalisierungen der sozusagen wörtlichen Artikulation und des stimmlichen Tönens sind keinesfalls in Ausschließlichkeit zu verstehen. In jeder der beiden schwingt je die andere mit: in der einen das Auffassen von textlicher Inhaltlichkeit ebenso wie die persönliche Empfindung in der anderen. Doch ist von da die geschichtliche Differenzierung in verbale Mitteilung und persönlicher Entäußerung als *Rezitativ* und *Arie* im Süden ebenso als konsequent einsehbar, wie die Tatsache, dass auf der anderen Basis in Deutschland kaum „Oper" reüssieren konnte, höchstens schließlich als Singspiel mit dem Lied als selbstreflexives Erzeugen von Innerlichkeit. (Doch darüber wird im Teilband HÖREN zu sprechen sein.)

als Folge kleinerer Werte umzusetzen ist, einer nach den Regeln kontrapunktischen Komponierens (= der Organisation des Tönens) gearbeiteten „Melodie", sowohl im Ausnutzen des Ambitus wie auch in der Aufeinanderfolge der Notenwerte, die ein Feld wachsender und wieder abnehmender Dichte und damit stimmlicher Aktivität entstehen lassen.[99]

Doch leistet Singen hier noch mehr; die Fassung des Singens ist nicht willkürlich gewählt. Singen bildet möglicherweise auch ab: indem „wir" singen, entwickeln „wir" jene Aktivität, die „uns" eine auf uns bezogene Inhaltlichkeit des Auszusprechenden artikulieren lässt. „Unser Wandel" wird von einer in der Quinte absteigenden Figur getragen, mit der die Singenden „meinen": unser Wandel ist (hier) unten auf Erden. Nun aber kommt das Pauluswort, das unsere Vorstellung mit dem Wort „ist" dahingehend korrigiert, dass unser Wandel nicht unten, sondern oben „im Himmel" ist. Genau dies leistet unser Singen des Wortes „ist" selbst, indem wir mit ihm in einer beschleunigten Tonlinie nach oben uns bewegen. Gerade im an sich statischen „ist" bewegen wir uns; *die Tätigkeit repräsentiert das meinende Aussprechen als persönlichen Vollzug;* wir, die Singenden und Mit-Singenden, verleihen dem Aussprechen durch Schützens „Vorwurf" einen auf sich / „uns" selbst bezogenen Sinn.

Solistisches Singen bringt das Aussprechen näher an das eigene (Mit-)Meinen des Auszusprechenden heran, näher an einen Mitvollzug (dann auch:) des Einzelnen. Doch meint dies keinesfalls einen realen Mitvollzug, im Gegenteil. Gemeint ist ein umso intensiverer innerer Mitvollzug (nicht nur des Auszusprechenden, sondern eben auch des Aktes des musikalischen „Aussprechens") in Andacht, als den wir Hören hier definieren können. Gerade dazu dient Schütz im Besonderen auch im solistischen Singen ein (noch) nicht auf den Einzelnen begrenztes, sondern im Ensemble solistisch vorgenommenes Singen.[100] Die letzte Solopartie des Quasi-Gloria bearbeitet einen relativ kurzen Text auf 13 Takte hin.

---

[99] Gerade das Rückkehren dabei zum Ausgangston scheint das Melos als eine Art musikalische Gestalt in sich abzuschließen, doch ist solches Rückkehren der musikalischen Rolle als Bass geschuldet. Die imitierend einsetzende Sopranstimme endet dagegen ganz entschieden und zielbewusst auf (= im) „Himmel" obenbleibend.

[100] Es gibt im gesamten *Quasi-Gloria* nur drei Stellen mit quasi-solistischer Einzelstimme. Zwei davon sind betonte Ich-Aussagen; die dritte aber besteht in dem ungewöhnlich tiefen Altsolo des Verses vom Fussende des Sargdeckels, das (als einer der Verse ohne Choralstrophe) nur dann in den textlichen Gesamtzusammenhang passt, wenn wir es als eine ganz persönliche Bekundung des Verstorbenen ansehen (der sich gleichsam in seiner Grabkammer verbirgt…). Möglicherweise hat Schütz es genau als solche Bekundung (= Vorstellung der Mit-Singenden) vertont.

Der Satz „Herr, ich lasse dich nicht, du segnest mich denn" (Takte 261 ff.) wird zweimal als Ganzes ausgesprochen, wobei das zweite Aussprechen (nicht hier im Beispiel) als Potenzierung des ersten erscheint. Beide bilden je ein musikalisches Ganzes, indem sie, wie wir am Beispiel sehen, einen musikalischen Vorgang aus einem festen Beginn entwickeln und zum Abschluss bringen. Beide auch beginnen mit der rednerisch „ansprechenden" weil durch Pause abgetrennten Anrede „Herr"; beide eint die auffällige Verwendung von Sequenzen über einem chromatisch aufsteigenden (beim zweiten Mal ab- und wieder aufsteigenden) Bass bei den Worten „ich lasse dich nicht". Und beide münden in die feste Kadenzierung des „du segnest mich denn", die auch dort aufrecht erhalten bleibt, wo diese in viermaliger Wiederholung den Abschnitt beschließt. Wiederholung, die aus architektonischen Erwägungen notwendig sein mag, um aus dem kurzen Text einen adaequaten Abschnitt des Ganzen zu machen, erfüllt gleichzeitig einen artikulativen Sinn (hier als Steigerung) im Aussprechen als persönliches Versprechen auf ein „Ziel" hin, welches selbst dann musikalisch als Kadenz definiert ist.

Schauen wir uns das „ich lasse dich nicht…" etwas genauer an! Die texttragende Figur beginnt auf leichter Zeit mit einem Quartsprung und steuert das betonte „nicht" an; der/die Singende artikuliert den Text selbst schon in einer Art Ausruf, Bekräftigung. Diese Figur wiederholt der Singende nun viermal, wie auf einer Leiter aufsteigend, d. h. er bestätigt das Auszusprechende zusätzlich inform einer Intensivierung. Und nach dem Münden in die Länge auf dem letzten „nicht", Takt 263, erfolgt ein Umschalten; denn die letzte Aussage des Satzes, die Bedingung, wird entgegen der erwarteten Deklamation mit einem betonten „du" begonnen, dessen „ansprechende", ja fingerzeigende Wirkung durch das vorausgehende Emporsteigen sowie durch die jetzt homophone Singweise absichtsvoll hervorgehoben erscheint.

Das Umschalten, zusammen mit der Tatsache, dass die Bedingung nur einmal ausgesprochen wird, verdeutlichen das Aussprechen im folgenden Sinn: ich sage *und meine* es immer wieder: ‚ich lasse dich nicht' (sozusagen ‚in Ruhe'), ‚solange, bis die Bedingung erfüllt ist, dass *du* mich segnest'. Dabei bringt die Betonung ein individuelles Verhältnis zum „du" ins Spiel. Wesentlich: die Singenden werden in eine Aktivität versetzt, die durch ihr Verhältnis zueinander das Nicht-Lassen im Nachfolgen des zweiten Soprans, fast im Sinne eines Überholens, und beständigen Sich-Kreuzens verdeutlichen. Als Drittes nun wird in der Aktivität der Stimmen noch die Situation angedeutet, in der solches Aussprechen besonderen Wert und Sinn erhält: denn der Bass mit seinen chromatischen u. d. h. nicht aus der Ordnung der Tonart entnommenen Schreiten bezeichnet in den Kompositionen der Zeit ein Verhältnis, das musikalisch „nicht in Ordnung" ist und deshalb als Satzfigur für ein unordentliches u. d. h. sündhaftes Dasein des Menschen eingesetzt wird.

Das beschriebene Vorgehen von Schütz – und hier sollten wir wieder nicht übersehen, dass die Lehre vom Kontrapunkt zuerst das Bilden *eines* Stimmverlaufs lehrt! – geschieht in der Tradition des Entwerfens stimmlicher Verläufe in der Ordnung der Tonart; gleichzeitig aber so, dass den Singenden in der Realisation Abbildungs- und Meinensqualität zukommt. Die Bildungen erscheinen einerseits musikalisch möglich und als solche sinnvoll; und sie erscheinen anderseits in besonderer Weise aus dem bzw. für das „Aussprechen" je *dieses* Textes gebildet. Für solche Bildungen finden wir in der Literatur Begriffe; sie werden als musikalisch-rhetorische Figuren verzeichnet, als *Exclamatio* (Ausruf), *Gradatio* oder *Climax* (stufenweises Emporsteigen), als *Fuga* (Sich-Imitieren der Stimmen), als *Passus duriusculus* oder Harter Gang (chromatisches Fortschreiten einer Stimme).[101] Dabei wird Komposition oft so beschrieben, als wendete sie Schütz an, um Text „darzustellen". So auch mit dem sog. *Noëma*, dem Herausheben einer Textpartie im einfachen Kontrapunkt, auf „du segnest mich denn"; mit einer solchen Satzfigur wird in polyphonen Messen traditionell ein „Jesu Christe" ausgesprochen. Und indem Schütz dieses *Noëma* hier einsetzt, lässt er die Singenden auf den hinweisen, der segnen soll. Selbstverständlich gibt es die Schicht des musikalisch Möglichen und musikalisch Sinnvollen, die Schütz Komponieren ermöglicht. Doch wesentlicher erscheint uns die mit dem Möglichen und Sinnvollen ent-deckte Aktivität der Singenden, die, auf das „du segnest mich denn" bezogen, nicht nur einmündet, sondern *aktiv* hinführt, *in die Ordnung der Kadenz* und in ein Sprechen mit einer Stimme, ja, musikalisch und sinngemäß, in ein Ergebnis der eigenen Bestrebung.

Es ist die durch Schütz ermöglichte *Aktivität* der Singenden, die die Situation herbeiführt, die die (Mit-)Singenden den *Vorgang* des Übergangs in das Ergebnis des Segnens *erschaffen* lässt: ‚ich bin ein sündiger Mensch und bleibe in der Sünde befangen, es sei denn, du, Christus, erlöst mich daraus; dazu ist es jedoch notwendig, dass ich dich nicht lasse, dass ich fest, ja geradezu überfleißig, im Glauben bleibe; dieser Glaube führt zur Erlösung.' Und genau diese „Handlung" (hier: des Festhaltens) führen die Singenden und Mit-Singenden aus. Dabei wird das Handeln mittels des kontrapunktischen Satzes im Ensemble plastisch hervorgehoben und verdeutlicht. (Und die erreichte Einsicht erscheint bestätigt durch die folgende Capella mit der Kompilation aus den Strophen 7 und 8 des Lutherchorals „Nun freut euch, lieben Christen g'mein".)

Ein aktives, mitvollziehendes, meinendes Singen geschieht tendenziell in allen Choralstrophen. Diese artikulieren die Singenden (und Mit-Singenden) z. T. in eher motettischer Bearbeitung, die dem höfischen Anlass entspricht. Dabei können auch sie auf das Aussprechen des Textes eingehen, wie eine charakteristische Abweichung im Vergleich der Sätze 1

---

[101] Beachte: Die Rubrizierung des Tönens als „Figuren" verweist auch per se auf die Funktionalisierung des Tönens der Stimme für ein Aussprechen in der oben bezeichneten Weise.

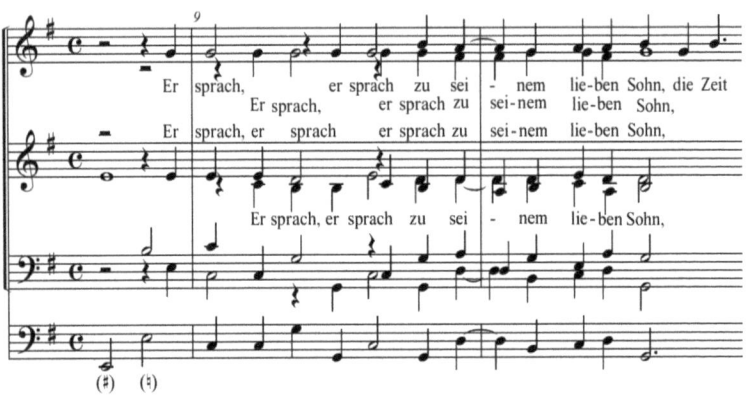

und 8 (die die gleiche Melodie bearbeiten) deutlich macht:

Die hörbare Identität der Ausgangsmelodie lässt das auf das jeweilige Aussprechen bezogene Unterschiedliche um so deutlicher
hervortreten. Schütz entwirft auch hier im Kirchenliedsatz ein Sin-

gen als selbst-meinendes Aussprechen eines Textes. Die Unterschiede in den beiden Beispielen betreffen zum einen die Deklamation, zu der auch das heraushebende Wiederholen von Textpartikeln gehört: „Er → er sprach → er sprach, er sprach → er sprach" ergeben die Einsätze in dem einen Fall; „Er sprach zu mir: halt → halt dich → dich an → an mich, halt → halt dich → dich an → an mich". Die sich entsprechenden Zeilen benützen Wiederholung als rhetorischen Kunstgriff, um die Singenden ihnen Bedeutungszentrales als eigene Aktivität herausheben zu lassen: im ersten Fall die Tatsache, *dass* „er" wirklich und wahrhaftig sprach (= Gott *selbst* sprach zu seinem lieben Sohn); im zweiten Fall wird das, *was* Gott sprach betont, gleichzeitig aber auch satztechnisch „abgebildet": Zweimal gehen (= singen) die beiden Unterstimmen parallel, um dann in der Oktave zu verschmelzen, während die Oberstimme dem Gang der beiden Unterstimmen regelmäßig nachfolgt. Der Satz u. d. h. die Organisation der Singenden versinnbildlicht mit ihren Mitteln eben nicht nur das „Sich-Halten-an", einmal als Hand-in-Hand der Parallelität, zum andern als Nachfolgen im Sinn christlicher Vorstellung; sondern: Schütz entwirft den Singenden Rollen, die sie *musikalisch* ausfüllen, um sich mit dem Textinhalt im selbsttätigen Vollzug zu identifizieren.

Aus unserer Beschäftigung mit der „Weihnachtshistorie"[102] wissen wir, dass das musikalische Vorgehen nichts (oder wenig) von sich aus „bedeutet"; Bedeutung gewinnt eine Satzfigur wie die eben angesprochene der Folge von Quart-Sext-Klängen erst im Akt des Aussprechens bzw. Singens. Meist finden wir diese Figur in Verbindung mit einem Negativ-Image des Auszusprechenden, z. B. in Takt 65 im Zusammenhang der Worte „nichtigen Leib".[103] Hier spielt die Bezeichnung dieser Satzart als Fauxbourdon, als „falscher Bass", eine wesentliche Rolle, wobei das Adjektiv „falsch" die Brücke zum Auszusprechenden erstellt und den Singenden ermöglicht, den „nichtigen Leib" als falschen (u. d. h. als noch nicht in der Auferstehung verklärten) Leib zu deklarieren.

Zum andern wissen wir auch, dass wir (heute) nicht (mehr?) in der Lage sind, diese Musik so zu singen und zu hören, wie wir sie analytisch zu durchschauen suchen. Der gebildete Komponist der Zeit aber, der Schütz im Besonderen war, sah seine Aufgabe gerade

---

[102] Vgl. D. S., *Musik als Tätigsein. Zur Einführung in eine Musikgeschichte für Musikpädagogen am Beispiel der »Weihnachtshistorie« von Heinrich Schütz*, in: *Menschensmusik. Vier Versuche, in eine pädagogisch brauchbare Vorstellung von Musik einzuführen*, Norderstedt 2008, Ss. 42-94 (= Zwischentexte 2).
[103] Vgl. auch „Angst Not *und Trüb*-sal", Takt 81 u. a.

darin, dem Aussprechen und vor allem den Mit-Aussprechenden eine entsprechende Meinenspotenz zu verschaffen, die sich musikalisch in je besonderer gestalthafter Weise hervortut. Schütz geht es nicht um ein „Darstellen", sondern um den Entwurf einer konkreten Aktivität, die in der musikalischen Figur zwar angelegt, vor allem aber „mit" ihr entworfen ist. *Es geht also um eine dynamische Dimension; die figurhafte Bildung bildet das Material, mit dem die Singenden und Mit-Singenden umgehen, mit dem sie artikulieren, was sie mit dem Aussprechen meinen.* Meinen, – dies meint im Akt des Aussprechens: Bedeutsamkeit für sich selbst zu generieren.

2. Wie Monteverdi das Aussprechen für ein persönliches Tönen nutzt.

Ist solcher Umgang mit Sprache bei Schütz zwar stets neu „erfunden", so ist er doch im Prinzip immer wieder adäquat erwartbar. Dies scheint mir bei Monteverdi nicht der Fall: sein Umgang erscheint (von unserer „deutschen" Position aus) stets überraschend, auch wenn wir bei ihm nicht wenige sozusagen figürliche Bildungen feststellen konnten. Die stimmliche und satzmäßige Weise des „Aussprechens" erscheint eher als je neue „Erfindung" der Handlung Singen bzw. der Weise des Tönens selbst; die Aneignung der Sprache ist deren Gestaltungsmittel.

Im Mittelpunkt steht nicht das einzelne Wort, sondern der *so* nicht erwartbare musikalische Akt. Verfolgen wir dazu notwendig eine längere Partie

aus der zweiten der Solomotetten der sog. *Marienvesper*, aus „Pulchra es" für zwei Sopranstimmen und Generalbass. Die Partie, die eine von Takte 24 bis 43 reichende Partie nur des Cantus mit dem gleichen Text wiederholt, ihr aber nun die Stimme des Sextus (= eine zweite Sopranstimme) hinzufügt, stellt damit selbst nicht nur die Wiederholung einer Handlung, sondern ihre zusätzliche Steigerung und zusätzliche Beglaubigung dar; was hier vorgeht, das ist ein Sich-Steigern im Tätigsein (Tönen) selbst. Dessen Text, „Wende deine Augen von mir ab, denn diese ließen mich entfliehen", erscheint selbst wie ein Ausschnitt aus einer dramatischen Szene.[104] Schon das Eingangsintervall der absteigenden verminderten Quint und das anschließende leidenschaftliche Aussprechen, beide selbst je lamentoartiger Empfindungsausdruck, werden hier nun nicht nur verstärkt und durch die rhythmisch mitgehende und sich über den Cantus setzende Lage des Sextus gleichsam doppelt gesteigert; auch der explizite Querstand (*g'* – *gis'*) verdeutlicht nun die Erregtheit des gemeinten Aussprechens von Anfang an. Dem folgt das sich anstachelnde „a me", das ja nicht zwei Personen sprechen lässt, sondern im sich(! = selbst) anstachelnden Hin und Her die Geste des Zurückweisens im Ausdruck verdeutlicht. Hier ist das Subjekt ganz bei sich; es investiert sich in sein Ausdrücken.

---

[104] Wir haben sie oben, S. 43, mit der „Verkündigung" (Annunciatio) in Zusammenhang gebracht.

Und nun bindet Monteverdi die beiden ersten Worte des zweiten Halbverses als kadenzierenden „Schluss" dieses Abschnitts (Takt 47 f.) ein. Die im ersten Moment widersinnige Abtrennung des „denn sie" erhält Sinn als ein erst einmal kraftlos weitersprechendes Ergänzen der emphatischen Geste davor. Und als solches erhält es dramatischen Sinn durch das nun folgende Hervorbrechen des „me avolare fecerunt" in der beschleunigten Proportio tripla, gesteigert nicht nur in der Sextüberhöhung der Wiederholung – der Sextus nimmt ja die vorhergehende Kontur des Cantus auf –, sondern auch zugespitzt im Münden in das gleichsam verzweifelte „me". Dem auf dem exclamativen „me" stehenbleibenden Ausruf folgt ein hektisches Verdeutlichen wohl nicht des „Entfliehens", sondern eben der gleichsam erzwungenen Notwendigkeit desselben in wilden und parallel geterzten Figuren. Erst im Wiederaufnehmen des Halbverses, das das „quia" auslässt, dafür das „ipsi" als ein „*sie* [waren es, die mich zwangen...]" hervorhebt, um dann (schon etwas „tiefer" = abgeschwächt) nochmals auf dem „*mich* [zwangen sie, zu entfliehen]" emphatisch stehen zu bleiben, beendet sich das Singen in der sich beruhigenden Kadenz und damit gleichsam als ein Ermatten (im Einklang der beiden Stimmen).

Die *menschliche Emphase* erscheint im Tönen, im So-Tönen der Stimme aufgehoben, das durch das Aussprechen (= diesen Text) mitvollziehbar wird. Monteverdi eröffnet den Singenden (und Mit-Singenden), sich in eine Rolle zu versetzen, aus der heraus sie sich mittels des Aussprechens gewissermaßen persönlich gestalten. Dabei ist es „ihr" jeweiliges *Empfinden*, aus dem der Impuls zum So-„Aussprechen" resultiert und das dem *Handeln* des Singens als ein persönliches Aussprechen eines Textes besondere Bedeutsamkeit zumisst. Letztere aber bezieht sich also nicht auf den Text bzw. die Worte selbst, sondern letztlich auf den Singenden: sie verleiht dem Singen den Charakter einer besonderen Verrichtung im Sinne eines persönlichen Gottes*dienstes*. Indem der Singende ermächtigt wird, das Aussprechen des Textes über sein „Aussprechen" mit ernsthafter Empfindung aufzuladen und ganz sich in ihm einzufühlen, wird dieses zu einem *eigenen* in herausgehobener Weise. Hierbei erhöht die zweite Singstimme die Bedeutsamkeit der *persönlichen* Verrichtung.

Der *Sinn* des Singens liegt bei Monteverdi also weder im „Darstellen" eines Textes (wie sie die werkorientierte Besprechung hervorhebt), noch in einer Glaubensversicherung über die Generierung persönlicher Bedeutsamkeit von Text und einzelnen Worten für die

Singenden und Mit-Singenden (wie bei Schütz). *Vielmehr liegt er in der Konstruktion einer empfindungsreichen und intensiven Verrichtung einer Rolle als Aussprechender, eines Betens (im weitesten Sinn), durch die das Subjekt als Glaubender sich realisiert und in die es sich vollständig investiert.* Diesem „dient" der Text als Handlungsvorlage; doch setzt die Wahrnehmung solchen Dienstes eben auch das Eingehen auf ihn voraus. Das „Aussprechen" mittels Wortwiederholungen, Dehnung von Silben oder figürlichem Ausweiten innerhalb je auf ein Kadenzieren hinzielenden Formulierens lässt Monteverdis und Schützens Singen-Entwürfe einander ähnlich erscheinen. Beide zielen auf ein Gesagthaben; doch erfüllen sich die Singenden und Mit-Singenden mit diesem je unterschiedliche Daseinsselbstverständnisse.

Wenn wir fragen, „Wer singt hier?", dann lautet die Antwort bei Schütz: die über die Grenzen des Kirchlichen reichende Gemeinschaft der Gläubigen (und tendenziell der einzelne Gläubige in ihr), die hier über die Texte den Verstorbenen sozusagen mit einschließt.[105] Wenn wir mit dieser Frage zu Monteverdi hinüberblicken, dann könnten wir einen feinen Unterschied anmerken, indem wir sie mit ‚die höfische Gesellschaft' beantworten, die sich als weltliche in den kirchlich gesetzten Grenzen (noch) aufgehoben sieht.

Und diese Gesellschaft kommt vor allem im Ensemblesingen der sog. *Marienvesper* zu Wort. Erinnern wir uns des ersten der oben breiter angesprochenen fünf Psalmen. Im „Dixit Dominus" (Psalm 109/110) fielen uns neben der beständig wechselnden Kompositionsfaktur des Singens innerhalb von strophenartigen Abschnitten, die gedehnten Schlußworte (wie „tuos", „tuorum", tuae", „genite" usw.) einzelner Verse auf. Folgen wir der Interpretation dieses Psalmtextes als auf den Priesterkönig Christus bezogen, so beziehen sich diese Worte in der Regel auf Christus bzw. auf den „Deus Pater" selbst.[106] Wir haben den Text in Richtung eines Macht und Gewalt delegierenden alttestamentarischen Gottes verstanden. Egal, wie man den Text deutet, klar ist, dass die Vers-enden nicht auf die Singenden rückbezogen zu verstehen sind. Ihr gleichsam verehrendes Hervorheben und ihr Hervorheben in einem betont eigenen (nicht cantus-

---

[105] Die in der Literatur zu lesende theologisch interpretierbare Gegenüberstellung des sich mit der biblischen Heilsgewissheit identifizierenden Individuums einerseits und der lobpreisenden Gemeinde anderseits verstehen wir im Sinne einer Ergänzung. Zwar ist der Mensch auf dem Weg zur Individualität (im neuzeitlichen Sinn) und als solcher vom Heilsgeschehen *direkt* angesprochen, doch anderseits ist er Glied der Gemeinde, und wesentlich nur in ihr erscheint der Zeit Glaube zu leben möglich.
[106] Zur Interpretation gem. zeitgenössischem Psalmenkommentar vgl. Hucke, a. a. O., S. 301.

firmus-gezeugten) Singen, in für Monteverdi so typischen, harmonisch fortschreitenden Sequenzen, bezieht sich nicht (wie bei Schütz) auf die Bedeutsamkeit des Wortes für die Singenden, sondern auf das *Singen als Akt* selbst: indem auf diese Weise Worte bzw. Silben gedehnt und ausgeschmückt werden, werten die Singenden ihr Singen zu einem besonderen, sich gegenüber der Göttlichkeit bekundenden Handeln auf. Aus der *tiefen Empfindung* für das besungene Wesen generieren sie ihm und damit eben *sich als Betende(n)* (und nicht primär dem „Wort") *Bedeutsamkeit für es.*

Singen als auf Vollendung gerichtete Handlung bedarf der besonderen musikalischen Gestalt(ung), um Gültigkeit zu erlangen.

Es ist keine Überraschung, wenn wir gerade bei Monteverdi eine quasi szenische Vorstellung für ein aus der Empfindung gespeistes Singen als obligat zu entdecken glauben. Für die Umsetzung solcher Vorstellung spielt das Miteinandersprechen innerhalb eines als „Aussprechen" des „Wortes" entworfenen Vorgangs eine wesentliche Rolle. Doch gilt dies in analoger Weise auch für Schütz. Das Sich-Profilieren als singend Betender bedarf ebenso wie jenes als seinen Glauben singend Bestätigender des bewegungsmäßigen Mitvollziehens des Wortes als Ausweis eines inneren Bewegtseins, sei es durch ein persönliches Mitdenken oder durch ein betont persönliches Mitempfinden. Und in beiden Fällen wird das Singen dort, wo es die Gemeinschaft resp. Gesellschaft der Adressaten direkt vertritt, gerne als kommunikativer Vorgang entworfen. Zwar qualifiziert eine kommunikative Ausgestaltung das „Aussprechen" in besonderer Weise zu einem menschlichen und persönlichen hin; doch bedarf gerade die je durch den harmonischen Gang unterstützte Vorgänglichkeit der intendierten Gestaltung im ausdrücklichen Sinn. Diese weist das investierte Mit-Denken und Mit-Empfinden als persönlich *beabsichtigt* aus; sie hebt die sprachliche Äußerung aus der Willkürlichkeit und verleiht ihr objektive Auffassbarkeit und Gültigkeit (im Sinn des im Vorgang persönlichen und in der Gestalt überprüfbaren „getanen Werkes"). *Um ein singendes „Vorgehen" als spezifisch menschlich zu qualifizieren, bedarf es eben auch der absichtsvollen und vollziehbaren Gestaltung!*

1. Gestaltung als ein Akt generativer musikalischer Syntax – Zum Psalm 121/22, »Laetatus sum«, in Monteverdis sog. Marienvesper

In Monteverdis fünf je einzigartig vorgehenden Psalmvertonungen – keine gleicht der anderen in der Gestaltung des „Aussprechens"-Vorgangs – haben wir auf die Gliederung in strophenähnliche Abschnitte hingewiesen, die den beständigen und oft überraschenden Wechsel der Faktur des „Aussprechens" je zu Einheiten fassen. Aufgefallen ist uns auch das Hervorkehren richtungsweisender sprachlicher Impulse wie „illuc enim…" oder „propter…" u. ä., die als Absicht hervorkehrende Akte das „Aussprechen" eher je einleitend gliedern.

Werfen wir einen ausführlichen Blick auf den oben, im Durchgang durch die Teile der sog. *Marienvesper*, als beispielhaft angesprochenen PSALM 121 / 122, „LAETATUS SUM".

Laetatus sum in his, quae dicta sunt mihi: / in Domum Domini ibimus.	Ich freute mich über jene, die mir sagten: / zum Haus des Herrn wollen wir gehen.	Gb: „Bewegung" g → B / B → G
Stantes erant pedes nostri / |:in atriis tuis Jerusalem.:|	Schon standen unsere Füße / in deinen Vorhöfen, Jerusalem.	Gb: „Stehen" und „Einziehen" (linearer Gang abwärts) G → C → G → D (= Dominante) / B/g → [g] → G
|:Jerusalem:|, quae aedificatur / ut civitas / cuius participatio eius in idipsum.	Jerusalem, gebaut / wie eine Stadt, / deren Fügung jenem [Haus des Herrn] gleicht.	Gb: „Bewegung" G/g → g / B → F / B → *g/G*
|:Illuc enim:| / ascenderunt tribus, tribus Domini: testimonium Israel / |:ad confitendum nomini Domini.:|	Dorthin nämlich / zogen die Stämme hinauf, die Stämme des Herrn, wie es Israel geboten, / den Namen des Herrn zu preisen.	Gb: Liegetöne / „Einziehen" G → D / B → B / B → *D*, g → G
Quia illic sederunt sedes in iudicio, / sedes super domum David.	Denn dort standen die Throne für das Gericht, die Throne für das Haus (= Geschlecht) David.	Gb.: „Bewegung" G/g → B; / F/B → *g*

|:Rogate quae ad pacem sunt Jerusalem:| / et abundantia diligentibus te.	Erbittet Frieden für Jerusalem / und Überfluss denen, die dich lieben.	G → D / B → G
|:Fiat pax:| in virtute tua: / et abundantia in turribus tuis	Friede sei in deinen Mauern / und Reichtum in deinen Häusern.	Gb.: „Bewegung" g → B / → G
|:Propter:|fratres:| meos et proximos meos / |:loquebar pacem:| de te.	Wegen meiner Brüder und meiner Nächsten / will ich sprechen: Friede sei in dir.	Gb.: Liegetöne / „Bewegung" g → B / B → G
|:Propter domum Domini:| Dei nostri / quaesivi bona tibi.	Wegen des Hauses des Herrn, unseres Gottes, / will ich dir Glück erflehen.	Gb.: „Bewegung" g→ B / B → G
Gloria Patri et Filio / et Spiritui Sancto	Ehre sei dem Vater und dem Sohn / und dem Heiligen Geist.	G → D / B → G
Sicut erat in principio et nunc et semper / |:et in saecula saeculorum Amen.:|	Wie es war im Anfang, jetzt und immerdar / und von Ewigkeit zu Ewigkeit. Amen	g → Es →B / B → d → B → G

Beim Hören und bei der Durchsicht der Partitur fällt sofort auf, dass der Generalbass eine der Hauptsachen darstellt; er ist untrennbarer Bestandteil des Tönens. Er repräsentiert Bewegung (letztlich wohl der Singenden!) – hier vielleicht gleich auch eine konkrete Bewegung auf das bezeichnete „Jerusalem" zu –, und er repräsentiert innere Bewegung, aus der heraus die Singenden (Tenor) das „Wort" in der Form eines ihm zugehörigen Tönens (→ *cantus firmus*) wie eine Wallfahrtsfahne vor sich hertragen.

Das signifikante Charakteristikum der Aneignung des Aktes des Tönens, es bzw. ihn zu einem eigenen zu machen und sich in ihm zu bekunden, ist auch hier der beständige Wechsel der Kompositionsfaktur, der Weise des Singens. Dabei verleiht Monteverdi jedem Abschnitt eine ausgearbeitet Gestalt im Sinn einer Physiognomie; und diese steht in Korrelation mit der Kadenz: absichtsvolles Handeln ist zielgerichtetes Handeln und dieses ist eben gerade auch mit einem musikalischen Ziel einer Tonika im weitesten Sinn verbunden.

(In der rechten Hand des B. gen. lässt Monteverdi die Oberstimme mitspielen; sie ist hier weggelassen.)

Doch sehen wir, dass die besondere „Gestalt" eine solche einer Aktivität ist, eines Vorgehens. Die lineare Bewegung des Generalbasses besteht im immer wieder erneuten Anzielen eines funktionalen Klang(grund)tones; die Bewegung ist ein beständiges „Hin", wie auf ein immer wieder noch nicht erreichtes Ziel zu. Gemäß der Vorgänglichkeit der musikalischen Gestalt bedeutet das letztliche „Ziel" eine Tonika G, die hier gleichzeitig einen neuen Beginn markiert. Wir haben das Ende der Bassbewegung oben als ein „Stehenbleiben", als ein „jetzt sind wir da" angemerkt.

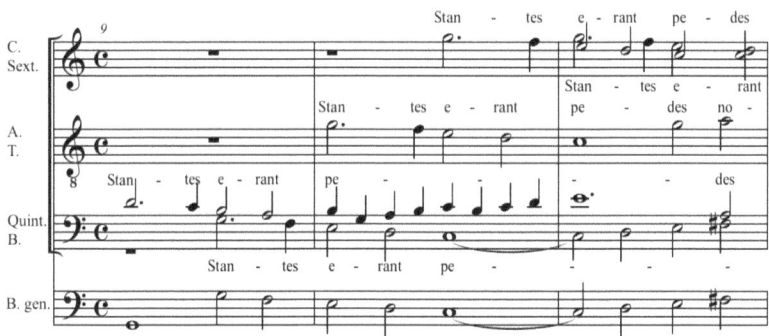

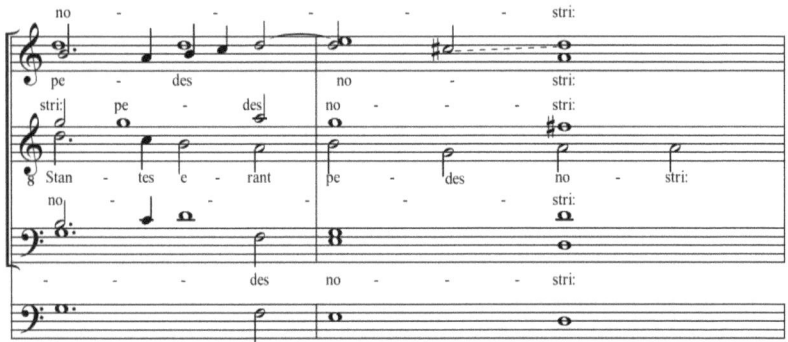

(In der rechten Hand des B. gen. lässt Monteverdi eine Auswahl der Oberstimmen mitspielen; sie sind hier weggelassen.)

Das Erreichen des harmonischen Ziels als ein quasi körperlicher Vorgang erscheint gekoppelt mit einem solchen psychischer Natur; der Wechsel zu G-*dur* signalisiert (als ein Hellwerden) die menschliche Einsicht. Aus ihr erstellt Monteverdi einen die obejektive Bedeutsamkeit in Aktivität umwandelnden neuen Abschnitt. Aus der Motivgleichheit der versetzt und sich im „Eingehen" imitierenden Stimmen entsteht ein kompakter Satz, in welchem jeder Stimme eine individuelle musikalische Vollendung gestattet ist, einzelne aber gleichzeitig wesentliche Worte des Sprachzusammenhangs hervorheben; die einen „pedes", die anderen „nostri". Wir können dies als ein Bemerken des objektiv im „Wort" Gegebenen ansehen.

Auch dieser Abschnitt ruht einerseits (durch das „Ausweichen" in die „tiefe" Subdominante C) als kadenzielle Gestalt in sich; sein Ziel ist der D-dur-Akkord als Dominante von G. Dem schließt sich aber nun das „in atriis tuis" mit einem Wechsel in die B/g-Tonalität an.

Zwar gestaltet Monteverdi die Stimmen aus einer ähnlich absteigenden Motivik (des „Einziehens"). Doch erscheint diese über das „Fehlen" der Punktierung (im Vergleich zum vorhergehenden Abschnitt) und über die tonartliche Rückung wiederum als psychischer Vorgang angelegt: als beruhigtes Bemerken dessen, wo man jetzt wirklich „steht", „in atriis suis…" Dieser Vorgang ist nun noch weitergehend bewusst gestaltet; und hierin hat der chromatische Schritt im Alt (im Übergang von Takt 13 zu Takt 14) eine wesentliche Funktion: als nun eine „Schwelle" überschreitendes „Hinein". Die Stimmen erweitern ihren Gang (wiederum im Gegensatz zum latenten Quintambitus im vorhergehenden Abschnitt) bis zum Grundton (g). Gleichzeitig flicht Monteverdi mit der synkopischen Gestaltung erst nur des Tenors, in der nochmaligen Aufnahme (Takt 17 ff.) auch anderer Stimmen, ein betont emphatisches Moment ein, wie ein »ja!, wir sind ja schon in den Vorhöfen…" Schließlich markiert der Bass eine (mit dem einführenden Bassgang verwandte) „feststehende" Bassfigur, möglicherweise als Hinweis auf ein „Feststehendes", das aus dem Tätigkeitszusammenhang auf ein Bewusstsein der Singenden von einem „festen Standort Jerusalem" weist.[107]

Das Absetzen und doch Verbinden hin zu einer zusammenhängenden Gestalt geschieht durch einen tonartlichen Schritt nach quasi B/g von einem D-dur-Akkord (Takt 13) aus, deutlich als Schritt von *fis'* nach *f'* im Alt. Auch hier sorgt die Motivgleichheit für die prägnante Gestalt-ung (quasi „des Einziehens"); und auch hier heben

---

107 Vgl. Anmerkung, o., S. 47.

vier der sechs Stimmen das „in atriis" auch noch gegenläufig hervor, wie um nochmals die folgende stimmliche Bewegung des Einziehens zu durchleben.

Was nun folgt, das ist (vom Generalbass her) nicht eigentlich ein Neubeginn, sondern ein Anknüpfen im Sinn eines Wiederaufnehmens des Beginns. Gleichwohl entfaltet sich über der Bewegung eine neue Weise des Singens:

(In der rechten Hand des B. gen. lässt Monteverdi die beiden Oberstimmen mitspielen; sie sind hier weggelassen.)

Zwei Tenorstimmen heben über dem die innere Bewegung erneut zeichnenden Bassgang zum Lobpreis Jerusalems an. Es ist eine Art preisendes Ausrufen: „O Jerusalem, Jerusalem", das die zielbezogenen Gänge das Basses für seine je in sich geschlossene Gestalt nutzt. Gleichzeitig wird das „quae aedificatur" geschickt angegliedert und in der Endsilbe prolongiert, um im Rückgriff des Basses auf die Dominante von B das „ut civitas" als eine eigene, fast visuell erfasste Gestalt anzugliedern. Auch hier gehen Absetzen in der „eigenen" Gestalt und Angliedern für den Vorgang des engagierten Sich-Äußerns eine Verbindung ein, die sich nun im Besonderen im dem kadenziellen Streben des Basses aufgesetzten und rhythmisch emphatisch verschobenen Nebensatz zum Schließen zu g hin bewährt.

Dieser Nebensatz, „cuius participatio eius in idipsum [est]" wird in den Übersetzungen sehr unterschiedlich aufgefasst, meist der „Stadt" als „fest in sich gefügt" adjektivisch hinzugefügt. Die mir als Handexemplar vorliegende Bibelausgabe (nach dem „1912 vom Deutschen Evangelischen Kirchenausschuss genehmigten Text") lässt diesen ganz weg. Versteht man aber das „in idipsum" als „zugleich" und bezieht man das „eius" auf die „domus Domini" vom Beginn, dann lässt sich nicht nur ein besonderer Sinn in diesem Satzteil entdecken, sondern auch Monteverdis synkopisch verschobener und damit besonders emphatischer Einsatz des Singens (Takt 25) einsehen: möglicherweise als ein erstauntes Bemerken der *Identität* eines irdischen und eines himmlischen Jerusalem. Dies stellte dann aber ein ganz wesentliches, den sozusagen „körperlichen" (→ Beenden der Bewegung im Bass; absteigendes Beenden des Singens zum Grundton hin), aber eben auch den psychischen Vorgang (→ zuletzt: *erstauntes* Entdecken der Identität) beschließendes *Ergebnis* dar. Die entworfene Aktivität ist nicht nur eine des Singens, sondern über eine szenische Vorstellung auch eine des *inneren Erlebens*, die gleichzeitig zu einem *gestalthaften Ganzen* sich rundet. Damit ist gewissermaßen eine erste „Gestalt-ung" abgeschlossen; Stimmen und Generalbass enden im Einklang unter der Fermate.

Doch wie ein plötzlicher Einfall – und dieser resultiert gemäß Monteverdis Entwurf ja möglicherweise aus dem eben angesprochenen „Ergebnis" – setzt nun das „Illuc enim" ein:

(Die rechte Hand des B. gen. spielt die beiden Oberstimmen mit. Sie ist hier nicht mitnotiert.)

Wie in einem überbordenden Schwärmen – und dies ist ja auch ein innerer Vorgang des Erlebens – nehmen die beiden Sopranstimmen gestenreich das „Illuc enim" und den mit ihm verbundenen objektiven Gedanken auf: „dorthin nämlich wandern…" Dieser erscheint gleichsam als Zitat eines „Gesetzesverkündigens": statuarisch näm-

lich grundieren Alt und Bass in langgezogener Eintondeklamation
die einfallende und hinweisende Lebendigkeit der beiden Soprane
und der in gleicher Weise hinzukommenden Tenöre (der nicht im
Beispiel wiedergegebenen Takte 34 ff.). Da könnte man schon darüber spekulieren, ob die Folge Soprane → Tenöre sukzessiv Sphären
des Menschlichen einbezieht.

Aus dem Schwärmen heraus fügen sich die gestenreichen Stimmen (37-42) schließlich zur wesentlich auf das „Gesetz" hinweisen-
den Feststellung: „Dorthin nämlich zogen die Stämme hinauf, die
Stämme des Herrn, wie es Israel geboten ist", sich sozusagen unter
das Gesetz des *cantus firmus* in gemeinschaftlicher Homophonie
einordnend.

Der B. gen. übernimmt im oberen System Tenor und Sextus bzw. Cantus (hier nicht mitnotiert).

Doch fügen sie dem nun (43-50) alle, einzeln, aber in motivgleicher Weise, die objektive Begründung und das Ziel des Gesagten in eigener „Überzeugung" hinzu: „ad confitendum...", „um den Namen des Herrn zu feiern".

(Das obere System des B. gen., das drei bzw. zwei der Oberstimmen übernimmt, ist hier nicht wiedergegeben).

Die motivisch „eigene" und sowohl auf das „Einziehen" wie auf ein Schließen hin bis zu oktavumspannend abwärts gerichtete Weise des „Aussprechens" – die Stimmen nehmen die Weise des Basses aus dem vorhergehenden Abschnitt (Takte 40 ff.) auf – schließt in sich weiterhin den *cantus firmus* mit ein.

Was wir anzudeuten versuchen: auch hier erscheint das Gestalten von Gliedern mittels je unterscheidbaren Kopfmotiven und Figurenketten (nicht nur) einer je quasi körperlichen Aktivität zu dienen, sondern einer spezifischen psychischen: Schwärmen, Sich-einem-

Gesetz-zuordnen, Überzeugtsein, das sind Momente eines (Sich-) Erlebens. Auch dem nun zäsurlosen Anschluss des „Quia illic sederunt" (50) eignet eine unbedingte psychische Qualität als unmittelbares Aufmerksamwerden auf das wesentliche Merkmal der wahrgenommenen Identität, der „Stühle des Gerichts", d. h. des Gerichts „über das Haus David". Scheinbar wie der Beginn, – doch es ist alles anders: Jeder sprachliche Abschnitt besitzt eine eigene Gestalt des Singens innerhalb einer fast übereinstimmenden formalen und harmonischen Folge. Es ist der Bassgang vom Beginn, hier vom textierten Singbass mitvollzogen, der über das Zwischenziel B die beiden motivverschiedenen Abschnitte zusammenbindet, je in den beiden Sopranen per imitatorischem Einsatz das persönliche In-den-Sinn-Kommen ebenso unterstreichend, wie je folgend die terzgezeugte Übereinkunft, die beide Male im Einklang des Übereinstimmens endet.

Wir müssen hier nicht mehr Monteverdis Vorgehen im Einzelnen weiter verfolgen; wir haben dies oben angedeutet. Hinzuweisen war nur auf *das Bilden größerer syntaktischer Einheiten* mittels musikalischer Gestaltung. Darüber, dass Monteverdi die Singenden die Glieder sub specie ihres tendenziell persönlichen intentionalen Sprachhandelns zueinanderordnen lässt, haben wir oben gesprochen. Hinzuweisen wäre nochmals darauf, dass nach dem „Propter"-Zwischenabschnitt der Vers 9 nicht (wie vorher mit dem „Quia...") unmittelbar anschließt, sondern dass die Singenden ihn als eigenen Gedanken ein wenig absetzen. Nacheinander in z. T. betont eigenwilliger Motivik einstimmend, versammeln sich die Singenden im Übergang zu G-dur; trotz Fermate spüren wir, dass sie nun im „Gloria Patri" das einlösen, was sie mit dem Vers 9 meinten: mittels der Doxologie Jerusalem „Glück zu erflehen". Dass Monteverdi vorübergehend nochmals in den Falsobordone-Satz verfällt, um, von ihm wieder ablassend, die Singenden mit der Wendung zur Subdominante von B (Takt 113) das „nunc" hervorkehren zu lassen, sei am Rande angemerkt. Auch hierin macht sich *Emphase* geltend.

Halten wir fest: Jeder sprachliche Abschnitt wird zu einem solchen eigener musikalischer Aktivität, hinter der die durch Sprache vermittelten objektiven Sachverhalte aufgenommen und in ein je eigenes musikalisches Tätigsein umgesetzt werden. Dabei erscheint die immer wieder neue Kompositionsfaktur auch deshalb wichtig, damit solches als je eigenes und tendenziell *persönliches* auch mit-vollzogen werden kann. Doch – so unsere Einschätzung – geht es letztlich nicht darum, das sprachlich Gegebene nur in je eigene sozusagen körperliche Handlungen umzusetzen, sondern darum, den Singenden und Mit-Singenden je besondere *Erlebnismomente* zu eröffnen. Erst aus diesen konstituieren Gliedergestaltung und Verknüpfung (→ Verzahnung, zeitliches und tonartliches Absetzen, Verknüpfen, Anbinden durch Wiederaufnahme usf.) eine musikalische Fügung, eine Art *musikalische Syntax,* die dem Ganzen eine Handlungs*gestalt* verleiht und die *Befriedigung* eröffnet, *ein getanes Werk* zu erleben, in das man gleichsam vollkommen erfüllt einbezogen war. Solche Befriedigung leisten im Besonderen die mit einem Abwärtsduktus der Stimmen einhergehenden und auf ein harmonisches Ziel zustrebenden kadenziellen Partien, die aber im stimmlichen Verband oft so synkopisch verschoben sind, dass den Stimmen ein tendenziell „sich bemerkendes" Singen eröffnet wird.[108]

2. Gestaltung als ein Akt generativer musikalischer Semantik (Schütz) – Zur Predigtmotette in den »Musikalischen Exequien«

Eine parallele Tendenz zur Gestalt können wir auch bei Schütz verfolgen; wir haben sie am Quasi-Kyrie hervorgehoben. Im folgenden exemplifizieren wir sie an der PREDIGTMOTETTE der *Musikalischen Exequien.*

Das Umgehen mit dem figurhaften Aussprechen des „Wortes", in welchem die emanzipatorische Kraft des Entwurfs angelegt ist, schlägt sich musikalisch in „Gestaltung" bzw. Gestalthaftem nieder, das / die wir (heute) vorwiegend wahrnehmen. Deren Suggestivkraft nimmt uns gleichsam „musikalisch" mit. Die Tendenz zu einem substanziell oder eben gestalthaft erfüllten Singen, das sozusagen musikalisch für das Auszusprechende einsteht (das aber zeitgemäß durch das Mitvollziehen des Aussprechens in Andacht „aufgefasst" und wohl möglichst bewusst mitvollzogen werden soll) gilt im Besonderen für das Bilden im Größeren. Zwar knüpft Schütz auch hier an die Tradition an, indem er textliche Sinneinheiten mit musikalischen deckungsgleich sich vollziehen lässt; doch setzt er diese voneinander ab und miteinander in Beziehung; gleichzeitig formuliert er sie als gestalthafte Einheiten.

Der Text des zweiten Teils der *Musikalischen Exequien,* der achtstimmigen Motette zum Predigttext, lautet:

| Herr, wenn ich nur dich habe, | Erster Abschnitt als eine Art „Stollen" |

---

[108] Wir werden solchen Partien auch in der Messe begegnen; vgl. u., S. 126 ff.

so frage ich nichts nach Himmel und Erden.	Zweiter Abschnitt als eine Art „Gegenstollen"
Wenn mir gleich Leib und Seele verschmacht, so bist du doch, Gott, allezeit meines Herzens Trost und mein Teil.	Dritter und größter Abschnitt als eine Art „Abgesang", mehrfach gegliedert

Die (für das 17. Jahrhundert) typischen Elemente des motettischen Singens, die oftmalige interne Textwiederholung und die einheitlichen Motive der imitatorisch einsetzenden Stimmen, werden überdeckt durch die „aktive" Architektur der doppelchörigen Schreibweise, geteilt in ein Hinleiten und ein Einholen eines „Zieles" im „allezeit meines Herzens Trost…": das Hin und Her der Chöre, das als prononciertes Hinstellen der einen, als bestätigendes Aufnehmen der Anderen und schließlich als Bekräftigen aller umzusetzen ist, erscheint im „so frage ich nichts…" dramatisch erweitert.

Die *Aktivitätsstruktur* und gleichzeitig (und dadurch!) *Gestalthaftigkeit* des Schütz'schen Vorwurfs lässt sich systematisch mindestens in den folgenden drei Einerseits-anderseits-Komponenten fassen:

- Zum ersten in der *Konstruktion der (einzelnen) Stimme*, die einerseits den herkömmlichen Regeln entspricht, anderseits das Aussprechen in eine selbst-meinende Aktivität der Singenden und in Andacht Mit-Singenden umsetzt. Solches melodische Bilden der Aussageeinheiten können wir durchaus wahrnehmen:

Das lange „Herr", das seufzerartige Abtrennen durch Pause, das auftaktige Zielen auf das je höhergestellte „dich", verstärkt durch ein Hochsteigen, das gleichsam Zurückholen des betont langen „dich" zu sich nach dem Zenit, insgesamt also das Nützen von Länge und

Kürze, Betont und Unbetont der Stimmgebung sowie Heben und Senken der Stimme nicht nur zum musikalisch sinnvollen Bilden der Phrase („Bogen": Ausgang und Zurückkehren…), sondern gleichzeitig zum Eröffnen einer menschlichen Ausdrücklichkeit. Letztere erlaubt den Singenden hinaufstürmend auf „Himmel" und unmittelbar abstürzend auf „Erden" einzugehen.[109] Doch hat dies eben nicht nur „abbildende" Qualität, sondern, viel wichtiger, das Hinauf, das Herunter, das Abreissen dazwischen, sie fassen den emanzipatorisch selbst-ausdrücklichen Vollzug als Aktivität in eine in sich geschlossene Gestalt = Aktion.

- Zum zweiten sind da *die musikalischen Satzarten*, die Blöcke im einfachen Kontrapunkt („allezeit meines Herzens Trost"); das unabhängige Führen von Stimmgruppen (etwa in der erweiterten Schlusskadenz, Takte 46 ff.); die motivisch betont individuell geführten Stimmen („so bist du doch, Gott").

Sie sind einerseits an der Tradition des kontrapunktischen Satzes orientiert, verwandeln bzw. entwickeln diese aber zu Weisen eines spezifisch menschlichen Agierens. „Herr" reden die einen (im obigen Beispiel) Gott an, „Herr" zieht eine andere Stimme nach und initiiert das Hervorsprudeln des Anliegens „wenn ich nur dich", das die Singenden nun im wechselnden Sich-Hervortun in (harmonisch) Quartschritten anheben („steigern"), bevor sie artikulieren, worum es geht, nämlich „dich" zu „haben". Gelenkstelle des Umschaltens zum Abkadenzieren auf „habe" bildet dabei ein letztes, um den Taktstrich gesetztes „wenn | ich nur dich" der Altstimme, das das metrische Umschalten zur Abtaktigkeit einleitet und gleichzeitig eben ganz im Verborgenen das „ich" des/der Singenden betont ins Spiel bringt und unmittelbar mit dem „dich" der anderen Stimmen kommunizieren lässt. Die Stelle zeigt sozusagen im Kleinsten das Vorgehen Schützens: das Gesetzte so als Vorwurf vorzubereiten, dass das menschlich Sinnvolle u. d. h. ein persönlich meinendes Aussprechen Ermöglichende gleichzeitig (hier per metrischem Umschalten) zum musikalisch Sinnvollen wird.

Und auch im zweiten Abschnitt zwischen dem Emporsteigen zu „Himmel" und dem „Fall" zu „Erden" – vgl. das nächste Notenbeispiel – finden wir einen Singenden (Tenor) in der Sonderrolle, der gleichsam den Riss zwischen beiden überwindet bzw. kittet und „herunterkommt". Das musikalisch Notwendige (die Komposition

---

[109] Es fällt auf, dass Schütz die Oberstimme als „Bogen" zwischen den jeweiligen Grundtönen führt; dort aber, wo z. B. bei „Erden" der Ausdruck des „Tiefen" wesentlich werden soll, endet diese auf der Akkordquinte darunter.

nicht „zerfallen" zu lassen) erscheint auch hier mit einem menschlich
Handlungsmäßigen zur Deckung gebracht. Letzteres wird dadurch
verdeutlicht, dass eine Umspielungsfigur das menschlich Aktive am
Vollzug betont. Der Stimmführung kommt also einerseits auch eine
symbolische Funktion zu, anderseits realisiert sich in ihr Bewusstsein des/der Singenden.

- Zum Dritten gilt damit das Prinzip, das menschlich bzw. hand-
  lungsmäßig Sinnvolle mit dem musikalisch Sinnvollen zur Deckung zu bringen, auch für *die Anlage im Großen*.

Einerseits knüpft Schütz auch hier an eine Tradition, nämlich an die
der Motette an, einen Text abschnittsweise gem. den Sinneinheiten
des *Auszusprechenden* zu vertonen. Anderseits gestaltet er diese zu
menschlich *kommunikativen bzw. dialogischen Vorgängen des Aussprechens* aus. Beim ersten Abschnitt haben wir solches Hin und Her und
Zusammenkommen der Chöre bereits angesprochen. Auch im zweiten Abschnitt bemerken wir eine solche Struktur, wenn auch, dem
Text entsprechend, in eigener Weise angelegt.

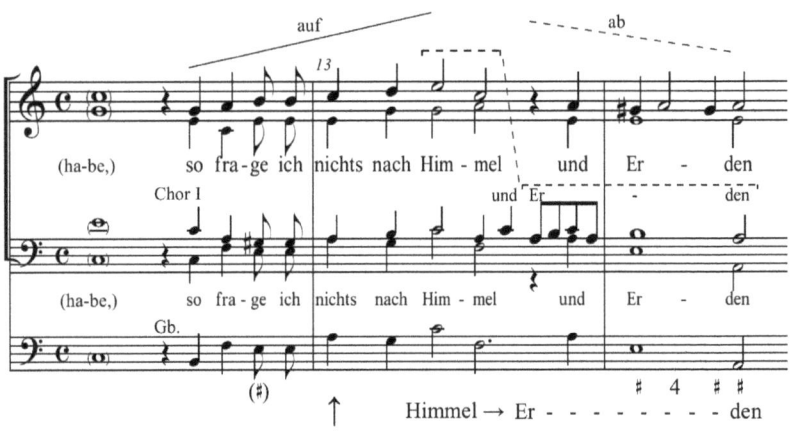

Dabei mündet das aktiv-kommunikative Fortschreiten der Chöre im
Zusammenkommen auf „so frage ich nichts" und „nach Himmel
und Erden" in eine den Abschluss der *beiden* Stollen (= eines ersten
Teils) heraushebende erweiterte Kadenz, die gleichzeitig wie ein
einzelnes Nachbedenken der Stimmen über die „tiefe" Entfernung
zu „Himmel" entworfen scheint.

Von besonderer kommunikativer Phantasie zeugt der dritte (und
längste) Abschnitt der Motette. Schütz gliedert den Text in vier Sinneinheiten, für die er relativ feste Gestaltungen erfindet.

Textabschnitt	musikalische Gestalt
(a) »Wenn mir gleich Leib und Seele verschmacht,«	erscheint als harmonischer Gang von A zu C, der auch musikalisch offen bleibt als Herausforderung für den eigentlich Satzinhalt.
(b) »so bist du doch, Gott,«	ruht in sich in langen Werten und in der über den Sextakkord zu Linearität variierten Kadenz in A; jede Stimme bezeichnet als selbständige ein „eigenes" Verhältnis zum Auszusprechenden, als wollte sie singen: „so bist und bleibst du doch *der/mein* Gott!".
(c) »allezeit meines Herzens Trost«	demonstriert bewegte Gewissheit aller in kurzen Werten (frottolaartig), 8-st., im einfachen Kontrapunkt, was gewissermaßen Einigkeit aller dokumentiert.
(d) »und mein Teil«	Die Sicherheit in der Kadenz in langen Werten fängt den Überschwang der vorhergehenden Sinneinheit auf; die Stimmverläufe erscheinen hier, im Gegensatz zur Sinneinheit (b), formal regelgerecht.

Während die erste Sinneinheit, die einen möglichen Gegengrund anführt (‚auch wenn mir Leib und Seele verschmachtet'), nur am Beginn zweimal im Hin und Her der Chöre ausgesprochen wird, erfüllt der eigentliche Sachverhalt des übergeordneten Satzes (‚du, Gott, bleibst immer meines Herzens Trost und mein Teil') in umso reicheren Kombinationen (und durchaus dem trostbedürftigen Anlass entsprechend) das Singen. Dazu nützt Schütz die *musikalische Gestaltidentität* der Sinneinheiten zu einer Architektur des Intensivierens, ja Beschwörens des Auszusprechenden.

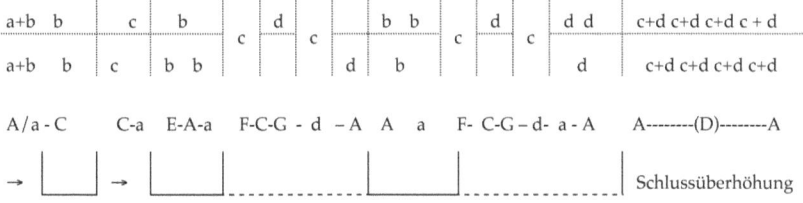

So wird das „so bist du doch, Gott" (b) schon in der einleitend imitierenden Hinführung dreimal zusammengefasst und gleichsam singend beschworen, bevor der Text (c) wiederum sich nachahmend ergänzt. Daraus erwächst die Sicherheit, die Überzeugung, ja der innere Überschwang in der Glaubensgewissheit: zweimal (bestätigend) nun die dreimalige Beschwörung (b), gefolgt je von der gleichsam fröhlichen Übereinstimmung aller in „meines Herzens Trost" (c) und den von den Chören je für sich „einzeln" nachgereichten Versicherung „und mein Teil" (d), mit jeweils identischem harmonischen Verlauf. Dass dabei die Reihenfolge systematisch wechselt, schafft ein gleichberechtigtes Zueinander der Singenden, eint also die Gemeinde, ohne die Artikulation der Einzelnen zu verhindern. Schütz baut mit den Sinneinheiten und mit den unterschiedlichen Satzarten Glieder, denen selbst wiederum eine kommunikative Struktur zukommt und die sich in ihrer Reihung sukzessiv aufschaukeln zu einem in der Schlussüberhöhung aufscheinenden Ziel: das musikalisch verdichtete Beenden durch Sich-Aufschaukeln der Chöre ermöglicht den Singenden gleichzeitig den Ausdruck verdichteter Glaubensgewissheit in der Hin-und-her-Kumulierung der verkürzten Texte c und d. Das dadurch zum musikalisch überzeugenden Abschluss gebrachte musikalisch Ganze ermöglicht gleichzeitig den Ausdruck einer *Selbstüberzeugung* der Singenden und Mit-Singenden.

Das sollten wir festhalten: dass „unser" Singen tendenziell *gestalthaft* gefüllt erscheint, weil es jeweils im Besonderen nicht nur auf das meinende Aussprechen eingeht, sondern *dieses mittels einer musikalischen Bedeutungsgebung (= mittels einer Art musikalischer Semantik) in einen auf ein Ziel gerichteten kommunikativen Vorgang* fasst, den wir als Singende wie als Mit-Singende (= Hörende) gleichsam im doppelten Sinne wahrnehmen: als ein Interesse an *Selbstausdrücklichkeit* und als ein *Mitgenommenwerden* vom *musikalisch substantiell gestalteten Vorgang* selbst.

Die als konsequenter Vorgang entworfene Glaubensaktivität strebt aus einer zu erweisenden menschlichen Absichtlichkeit zur musikalischen Gestalt(ung); und in dieser zur vollendeten (Glaubens-)Einsicht (→ Schütz) bzw. zum erfüllten Glaubensengagement (→ Monteverdi) der Singenden. Das Vollzogenhaben befriedigt die Singenden wie Mit-Singenden, auch wenn wir solches heute nur noch musikalisch und kaum mehr inhaltlich wahrzunehmen vermögen.

Der Entwurf des Singens ermöglicht den Singenden und Mit-
Singenden eine Positionierung im konfessionellen, sozialen und
nationalen Umfeld.

Sowohl Schütz als auch Monteverdi eröffnen den Singenden und
Mit-Singenden mit ihren Entwürfen die Möglichkeit, den Sinn ihres
jeweiligen Tätigseins selbst zu generieren. Wir haben solchen als
„Sich-selbst-Vergewissern-im-Glauben" bzw. als „Sich-selbst-Profi-
lieren-im-Beten" angesprochen. Dahinter steht aber letztlich ein
„Sich-zur-Geltung-Bringen-als" – als spezifisch protestantischer bzw.
katholischer Christ, wobei solche Selbstbestimmung aus den (durchaus auch sozialen und nationalen) Milieus und den Konventionen
resultieren, in denen die Komponisten je ihre Kompositionen ent-
warfen bzw. die Singenden und Mit-Singenden je in der entworfenen Weise tätig wurden.

Wir können versuchen, solchen Sinn der tendenziellen
Selbstbestimmung im Glauben durch eine spezifisch eigene Aktivität
im Besonderen nicht nur in Schützens Geleitmotette, sondern auch
in Monteverdis Messe „In illo tempore" zu entdecken. Doch bleiben
wir jetzt wiederum zuerst bei Schütz.

1. Schützens Entwurf einer „Geleitung" zu einer gemeindlichen und spezi-
fisch deutschen Glaubensposition – Zur Parentationsmotette in den »Musi-
kalischen Exequien«

Die besondere Aktivitätsstruktur, die Schütz dem Singen im dritten
Teil der *Musikalischen Exequien* u. d. h. in der MOTETTE ZUR
GRABGELEITUNG des Sarges verleiht, ist von Schütz im Vorwort
angedeutet und in den Stimmen des zweiten Chores bezeichnet,
indem Sopran und Alt mit „Seraphim" I und II und dem Bass mit
„Beata anima cum Seraphinis" Rollen zugemessen sind. Doch
müssen wir dies als äußere, darstellende Seite verstehen, der eine
der gemeinten inneren Aktivität der Singenden und vor allem der
Mit-Singenden entspricht. Diese haben wir interpretierend
anzudeuten. Denn der fünfstimmige Chorus I, der steht für das Aussprechen der Gemeinde, die das Tragen eines der Ihren in die Gruft
mit dem Wort der Hl. Schrift begleitet. Dies soll sie nach Schütz
zuerst „fortiter" (also mit starker Stimme) tun, während die
unmittelbare Wiederholung der jeweiligen Sinneinheiten „submisse"
(also mit bescheidener, sozusagen gesenkter Stimme) zu geschehen
habe, – eine typische Reihenfolge einer vom Leid überwältigten
menschlichen Artikulation. Gehen wir davon aus, dass es Schütz im
Besonderen darum geht, „uns", den Singenden und in Andacht Mit-

Singenden und in Andacht Mit-Singenden, den selbst-meinenden Mitvollzug des Textes zu eröffnen, dann wird diese besondere Intensivierung *nach innen* sinnvoll: denn in das Ende der zurückgenommenen Wiederholung setzt der Chorus II mit seiner tröstenden Gegenrede ein, „Selig sind die Toten", was „wir" (= die christliche Gemeinde) als „unsere" nun wirklich *innere Stimme* und Gewissheit artikulieren.

Wie die folgende Aufstellung der (jeweils in musikalisch relativer Gestaltidentität gefassten) Sinneinheiten zeigt, wechselt das Singen vorübergehend in einen gleichsam tänzerischen Dreiertakt:

Chorus I		Chorus II
Intonatio: Herr, nun lässest du deinen Diener		
4/4	in Friede fahren,	Selig sind die Toten, die in dem Herren sterben,
	wie du gesagt hast.	Selig sind die Toten, die in dem Herren sterben,
	Denn meine Augen haben deinen Heiland gesehen,	Selig sind die Toten, die in dem Herren sterben,
	welchen du bereitet hast für allen Völkern,	sie ruhen von ihrer Arbeit und ihre Werke folgen ihnen nach.
3/2	ein Licht, zu erleuchten die Heiden	Sie sind in der Hand des Herren und keine Qual rühret sie.
4/4	ein Licht, zu erleuchten die Heiden und zum Preis deines Volks Israel.	Selig sind die Toten, die in dem Herren sterben.

„Ein Licht": als ob den Singenden eine zusätzliche wesentliche Idee aufginge! Dem schließt sich die „innere Stimme" mit der „aufscheinenden" Gewissheit an: „sie sind in der Hand des Herren". Das passt zu unserer tätigkeitsorientierten Interpretation. Und als der Chorus I mit dem gleichen Text (= mit der bleibenden Einsicht) in die reguläre Singweise zurückfindet, um die Motette abzuschließen, da repliziert der Chorus II mit dem Text vom Beginn („Selig sind..."), um genau diese innere Gewissheit aus der Erfahrung des vorhergehenden Wortes zu bestätigen.

Also auch hier – wenn wir das richtig sehen – ein Tätigkeits-*Vorgang*, der sowohl musikalisch als auch von der Aussprechens*aktivität* her auf ein Ziel hin *gestaltet* entworfen erscheint. Dieses Singen – und das sollten wir uns klarmachen – macht besonderen Sinn, wenn wir uns die Situation vergegenwärtigen: Die Grabgeleitung fand *in* der Kirche statt; sie vollzog sich als das Verbringen des Sarges in eine entsprechende Gruft innerhalb der Johanniskirche in Gera![110] Es fand kein Ortswechsel statt. Erst aus einer solchartigen Grabgeleitung konnte die Schlussmotette tatsächlich als begleitende Äußerung der Gemeinde ihren Sinn entfalten. Schütz entwirft also eigentlich kein szenisches Geschehen; dieses vollzieht sich ja selbst in der Kirche. Doch wird dieses durch das zweichörige Singen mit einer konkreten inneren Vorstellung der Singenden und Mit-Singenden ausgestattet.

Halten wir für die *beiden* Motetten der *Musikalischen Exequien* von Heinrich Schütz fest: Die musikalische Gestaltung erhält Sinn aus dem Aussprechen, ja im Aussprechen als vernünftige (inhaltliche) Teilhabe am Text. Dadurch ist sie legitimiert, gleichzeitig als Vorgänglichkeit, an der „ich" als Mit-Singender originär beteiligt bin, prägend für „mein" Mit-Singen (= Hören). Schütz erschafft gerade durch sein „Verfügen über sich als" musikalisch sinnvolle Möglichkeiten eines tendenziell persönlichen Aussprechens und damit ein je eigenartiges Gestalthaftes, das, durch das sinnkonstituierende Tätigsein legitimiert, eben auch ein Hören als Sich-im-Mit-Singen-an-diesem-Orientieren (aus-)bildet. Dieses musikalisch Gestalthafte und darin auf ein Ziel des Gesagt- und Angeeignet-Habens dynamisierte sowie das durch das Mit-Aussprechen gebildete Mitvollziehen eben dieses musikalisch Gestalthaften sind geschichtlich gesehen ein Entscheidendes. Einerseits wohnt ihm eine die Singenden und Mit-Singenden emanzipierende Kraft der (hier insbesondere religiösen) Selbstbestimmung inne; es bestätigt sie als selbst-meinend. Anderseits bildet es, musikalisch gesehen, eine wesentliche Vorstufe dessen, was wir im 18. Jahrhundert als musikalischen Gedankengang ansehen werden (den wir im Hören als einen gleichsam eigenen mitvollziehen).[111]

Ob der Edle von Reuß das Wort Spalatins, das wir oben als Überschrift für das Kapitel II benützten, gekannt hat, ist nicht zu sagen. Doch die situationschaffende Verbindung von Wort-„Aussprechen" und Glaubenslied, die Schütz (trotz engster Anbindung an die

---

[110] Vgl. Henning, a. a. O., S. 45.

[111] Die Musikalischen Exequien sind inzwischen zu einem bewährten Programmpunkt der „dritten" Rundfunkprogramme am Volkstrauertag oder am Totensonntag geworden. Da fallen Aufnahmen auf, die sozusagen (wie perfekt auch immer) gleichsam nur den Notentext umsetzen, gegenüber solchen, die (wie z. B. der Dresdner Kammerchor unter Christoph Rademann) die implizierte Aktivität des Mit-Vollziehens auf den Hörer überspringen lassen.

Reuß'sche Vorlage) kompositorisch vor allem im *Quasi-Gloria* in einen den Glaubenden zum aktiven inneren Prozess eigener Glaubensversicherung ermächtigend umsetzt, und dies ausgerechnet in einer Begräbnismusik, die jenes „Zum-Himmel-Tragen" (Spalatins) in der Schlussmotette selbst thematisiert, das ist schon eine exemplarische Übereinstimmung innerhalb einer evangelischen Position.

2. Monteverdis Entwurf der „Feier" einer höfisch-kirchlichen, katholischen und italienischen Glaubensposition – Zur Messe »In illo tempore«

Blicken wir nochmals hinüber zu Monteverdi und zum Selbstverständnis des von ihm entworfenen Singens. Können wir vielleicht gerade in der MESSE „IN ILLO TEMPORE" eine vergleichsweise katholische Position bestätigt finden?

Die 1610 zusammen mit der sog. *Marienvesper* in Venedig veröffentlichte Messe wird sehr unterschiedlich beurteilt. Im Allgemeinen gilt sie aber als betont und absichtsvoll „rückwärts" gewandtes „Werk" Monteverdis, mit dem dieser u. a. seine Fähigkeit zum Komponieren in der „prima prattica" hätte beweisen wollen. Doch weist schon der Hörakt darauf, dass in diesem Singen durchaus der „zeitgenössische" Monteverdi am Werk ist. Der Rückgriff auf die Motette „In illo tempore" Gomberts – Monteverdi verwendet nach eigenen Worten die Vertonung der Verse 27-28 aus dem 11. Kapitel des Lukasevangeliums von Nicolas Gombert sozusagen als Parodievorlage, indem er „zehn Motive der streng polyphonen Motette von Gombert entzieht", um sie als thematisches Material für ein unabhängiges musikalisches Werk zu verwenden, welches die stilistischen Begrenzungen des Modells weit hinter sich lässt", so Redlich[112] – der Rückgriff auf die Motette also, der erweist sich hier insofern als ein ganz besonderer, als Monteverdi diesen Rückgriff auch im Innentitel der Messe anmerkt. Im Stimmbuch des Basso continuo des Erstdrucks heißt es vor dem Kyrie:

V. C. Messa Composta sopra il Motetto in Illo Tempore Del Gomberti. Le fughe del quale sono queste.

Die (fast) gleiche Notiz findet sich in der Vatikanischen Abschrift der Messe, die wohl dem von Monteverdi handschriftlich nach Rom

---

[112] Eigentlich dient die Motette nicht als klassische Parodievorlage. Redlich betont im Vorwort zur Partitur (Edition Eulenburg 991), die Messe arbeite „mit einer ganz eigentümlichen Parodietechnik".

mitgenommenen Exemplar entspricht.[113] Und in beiden Fällen dient sie als Überschrift für eine Tabelle, in der Monteverdi die 10 Motive auflistet. Die entsprechende Tabelle (aus dem Druck von 1610) gibt Redlich im Vorwort (seiner Partituredition) wieder.[114] (Wir kommen später auf sie zurück.)

Über Monteverdis Rückgriff auf Gomberts Motette, der durchaus etwas weitergeht, als es die Zitate selbst ausweisen, kann man trefflich spekulieren. Denn Gombert gilt in der Musikgeschichtsbetrachtung als jemand, der das vermeintliche Josquinsche Eingehen auf das Auszusprechende im Singen offensichtlich zugunsten eines „fast pausenlos fließenden und permanent durchimitierenden »Klangstroms«" ignoriert.[115] Gemäß Handbuch liegt die Vermutung nahe, dass Gombert damit eine eher katholische Position einnimmt: „Sein Anliegen ist nicht ein musikalisches Äquivalent für Begriffe und Textinhalte, sondern die klangschöne Ausgewogenheit und handwerkliche Ordnung des Satzbildes."[116] Der durchgehende Klangstrom trägt den per se bedeutsamen Text in einer Weise, die uns (noch) an die mittelalterliche Vorstellung eines *Engelsgesanges* erinnert. *Es ist keine Frage, dass Monteverdi in dieser Messe genau diesen „Klangstrom" Gomberts aufnimmt*, in einer zusätzlich imitatorisch verdichtenden Weise freilich, die das Realisieren dieser Messe heute zu einer professionellen Aufgabe macht. Solche Verdichtung aber dient nicht zuletzt der *Ausstattung des Singens mit dem motivischen Material* aus Gomberts Motette. Gemäß dem bisher an der sog. *Marienvesper* Erarbeiteten liegt die Vermutung nahe, dass Monteverdi ganz bewusst an einen Vorgänger anknüpft, bei dem die Konstruktion stimmlichen Tönens im Dienste der Glaubenshandlung im Vordergrund steht.

Da den 10 Motiven offensichtlich eine besondere (einmalige!) Bedeutung innerhalb des Singens in diesem Entwurf zukommt, stellen sich zwei Fragen:

---

[113] Die römische Abschrift ist ausdrücklich als „MISSA DA CAPELLA" bezeichnet. Der im Erstdruck hinzugefügte Generalbass ist ein sog. *Basso sequente*, ein wohl aus praktischen Erwägungen eingefügtes instrumentales Mitgehen der Bassstimme.
[114] Der Innentitel zu Redlichs Edition (Ed. Eulenburg No. 991, London etc. [1962]) lautet: „MISSA „IN ILLO TEMPORE" a 6 by Claudio Monteverdi (1610) / MOTET »In illo tempore Iesu loquente« a 6 by Nicolaus[sic!] Gombert (1558), transcribed from the original sources[…] by H. F. Redlich". Redlich edierte also die Motette Gomberts (als Anhang) mit.
[115] Vgl. Ludwig Finscher (Hrsg.), *Die Musik des 15. und 16. Jahrhunderts (Teil 2)* (= Neues Handbuch der Musikwissenschaft…, Band 3,2) Laaber 1990, S. 351.
[116] Vgl. ebenda.

- Gibt es einen Zusammenhang der Motive gemäß den von ihnen getragenen Texten in der Vorlage?
- Und: gibt es einen *musikalischen* Zusammenhang der Zitate als eine von Monteverdi zusammengestellte „Melodie" (im Sinne eines *cantus firmus*)?

Wohl ließe sich die letzte der Fragen zumindest aus den ersten drei Zitaten positiv beantworten:

Die ersten drei Motive nach der Tabelle im Erstdruck der Messe von 1610 (ed. Redlich, S. VIII)

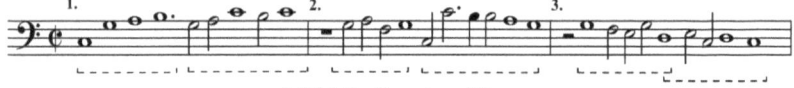

drei Melodiezeilen zu je zwei Phrasen:

Auch die anderen Zitate ließen sich in partielle Wiederaufnahmen aus dem Beginn sinnvoll einbauen. Doch die von Monteverdi beabsichtigte Reihenfolge ist (für uns) nur schwer zu rekonstruieren: Offensichtlich weicht diese in einer Abschrift im Vatikan von der im Druck ab. Da aber Monteverdi keinen durchgehenden *cantus firmus* konstruiert, die Motive auch nicht alle musikalisch singulär sich erweisen – Motiv 5 in der üblicherweise wiedergegebenen Reihenfolge stellt z. B. die zweite Hälfte von Motiv 1 dar –, muss wohl ein anderer, über die *musikalische Textur hinausgehender* Zusammenhang zwischen ihnen bestehen.

Und dies bringt uns zur ersten der obigen Fragen: denn der Zusammenhang könnte in jenen den Motiven zugehörigen *Texten* gem. der Motette Gomberts liegen. Es liegt nahe, sich dazu den Text der Motette, das „Wort über Jesu Mutter", zu vergegenwärtigen; dabei sollten wir eine möglichst wörtliche Übersetzung anstreben:

[27]In illo tempore loquente Jesu ad turbas ex tollens vocem quendam mulier de turba dixit illi: Beatus venter qui te portavit et ubera quae suxisti.

[27]Zu jener Zeit, als Jesus zum Volk redete, da sagte eine Frau aus dem Volk mit voller Stimme zu ihm: Selig (ist) der Leib, der dich getragen (hat), und die Brüste, an denen du gesogen (hast).

[28]At ille dixit: quinimo beati, qui audiunt verbum Dei et custodiunt illud.

[28]Er aber sprach: Selig (sind) vor allem die, die das Wort Gottes hören und bewahren.

Zieht man jene Texte zu einer ungefähren Aussage zusammen, die Gomberts Motive in dessen Motette je tragen – wir bedienen uns der Identifizierung Redlichs im TP-Vorwort, S. IX, und versuchen gleichzeitig eine Rekonstruktion gem. der Vatikanabschrift[117] – dann ergibt sich aus den Motiven gerade der ersten drei Zitate eine Seligpreisung der Maria durch Jesus selbst: „In illo tempore / loquente Jesu ad turbas[:] / Beatus venter qui te portavit". Die weiteren Zitate, deren Reihenfolge nicht ganz klar ist, lassen sich als die Kernaussage verdichtende Zusätze interpretieren, die das „(qui te) portavit" unterstreichen. Dazu sollten wir Redlichs Zuordnung von Motiv 7 zum Bass der Takte 21/22 korrigieren. Da es in Redlichs Tabelle das einzige ist, das er zum Nachweis (im Vergleich zu Monteverdis eigener Tabelle!) transponieren zu müssen glaubte, scheint mir Gomberts Formulierung im Quintus des Taktes 27 näher zu liegen[118]; und dieses trägt den Text „quae suxisti". In gleicher Weise korrekturbedürftig ist Redlichs Zuordnung von Motiv 5, dem er zwei Töne vorausschickt; es bezieht sich wohl eher auf die Takte 41/42 im Sextus zu den Worten „verbum Deum". Auf diese Weise ergibt sich für die Motive 4 bis 10 (in der möglichen Folge der Vatikanabschrift) ein wirklicher Sinn: „[...] quinimo / et ubera /quae suxisti[;] / ex tollens vocem / de turba dixit / verbum Dei / et custodiunt".

Monteverdi entnimmt also seine Zitate aus Gomberts Motette so, dass er de facto den Inhalt des Lukas-Textes (11, 27-28) in Kurzform zusammenfasst.[119]

1	*In illo tempore*	Bassus 2-4	
2	*loquente Jesu ad turbas*	Bassus 9-10	
3	*Beatus venter qui te portavit*	Bassus 18-19	

---

[117] Redlich: „Ein Vergleich der Motivtabellen in den beiden Primärquellen zeigt, dass nur Nr. 1, 2, 3 und 8 in beiden Quellen identisch sind; dass Nr. 4, 5, 6, 7, 9 und 10 Platz gewechselt haben [sic!], und schließlich dass E. D. [= Erstdruck] 4 (V. H. [= Vatikanhandschrift] 10) sogar Varianten in der musikalischen Rechtschreibung aufweist." Im folgenden ordne ich die Motive: 1, 2, 3, 10, 9, 7, 6, 8, 5, 4.
[118] Eine genaue Entsprechung gem. der Tabelle des Erstdrucks(!) ist mir nicht auffindbar.
[119] Die (vor allem rhythmische) Form der Notate in der Tabelle folgt Redlichs Edition der Gombert-Motette a. a. O., nicht Monteverdis Tabelle; zu letzterer vgl. Redlichs TP-Ausgabe der Messe, S. VIII.

10	*quinimo*	Bassus 31/32
9	*et ubera*	Bassus 25/26 – Sextus 23
7	*quae suxi-sti*	Quintus 27

(Redlich: Bassus T. 21)   Quintus T. 27

6	*ex tollens vocem*	Sextus 11/12
8	*de turba dixit*	Sextus 16/17
5	*At ille dixit verbum Dei*	Cantus 28/29 Sextus 41/42

Cantus T. 28/29   Sextus T. 41/42

| 4 | *et custodi-unt* | Bassus 41/42 |

Und gerade weil Motiv 5 möglicherweise auf „verbum Dei" weist, scheint die Zitatenreihe den Hinweis auf Maria in den Fokus zu holen. Möglicherweise ist genau diese demonstrative Funktion der Zweck der Motivtafel. Denn die (sozusagen dritte) Frage, mit welchen Teilen des *Ordinarium Missae* Monteverdi im Besonderen die Zitate verbindet, führt (mich) ins relativ Vage, was weitergehende Spekulationen verbietet. Offensichtlich orientiert er sich dabei an der Gesamtaussage resp. an anderen Gesichtspunkten, die wir im Einzelnen nur ausnahmsweise verfolgen können.

Dass Monteverdi Motiv 1 vor allem für den Satzbeginn gebraucht, das liegt in der Struktur dieses Motivs, das ja auch bei Gombert das

Singen eröffnet. Monteverdi lässt mit ihm nicht nur das *Kyrie* I, sondern auch das „Et in terra" und das „Patrem omnipotentem" und schließlich das 7-stimmige (= zweite) *Agnus Dei* eröffnen. Gleichzeitig dient es den Singenden auch im *Gloria* (→ „Domine Deus Rex coelestis") und im *Credo* gleich an mehreren Stellen, u. a. im „Crucifixus". Auffallend auch die gleichzeitige Verwendung zusammen mit seiner Umkehrung im zweiten *Agnus* (→ „qui tollis"). Sozusagen *recte* und *verso*, oft auch als *vertikale Spiegelung*, verwendet Monteverdi auch andere Motive. Es gibt keinen Abschnitt ohne direkten oder abgeleiteten motivischen Zusammenhang mit Gomberts Motette, mit Ausnahme jener Abschnitte, in denen Monteverdi aus der Haupttonart des Ionischen und seiner „akzentuierten harmonischen Konstituanten G (1 Kreuz) und F (1 Be)"[120] nach E/e ausweicht: so im „Et incarnatus" und im „Benedictus".

Doch scheint uns das *isolierte* Suchen nach Motiven der wohl falsche Ansatz. Versuchen wir einige Überlegungen zu Monteverdis Selbstverständnis im Umgang mit dem Motivmaterial, das dem Ziel dient, ein Singen *des Messtextes* zu entwerfen! Wir bemerken z. B. am Beginn des *Kyrie* (I), dass Monteverdi alle Stimmen aus dem Motiv 1 heraus entwickelt, dass er aber einzelne Stimmen signifikant erweitert: dem aufstrebenden Gestus des Anrufens wird ein absteigender des Bittens angehängt, der den Verlauf des Satzes mitprägt.

---

[120] So Redlich, a. a. O., S. X.

Gehen wir den Satz durch, dann finden wir, dass dem einleitenden Anrufen (etwa in Takt 7 f.) ein sich bis in vier Stimmen verdichtendes „Bitten" folgt, stets „begleitet" von auseinandergezogenem Anheben mittels des Beginns von Motiv 1, und dass der Satz mit dem Austausch dieser Rollen endet: in der sich klärenden Schlussgestaltung (Takte 12 ff.) krönt der Sextus das Singen innerhalb einer erweiterten Kadenz über der auseinander gelegten Bassfolge (c-f-g-a-g-c).

Auch im *Christe* bildet das Motiv 4 nicht als es selbst die Grundlage, sondern als Impuls zum „Singen", sprich zur erweiternden Fortsetzung, einschließlich seiner gleichzeitigen Spiegelung. Obwohl Spiegelung unterschiedlicher Motive

im Laufe der Messe oft begegnet, könnte solches hier, ganz programmatisch an den Anfang gestellt, auf die Doppelcharakteristik Christi (→ „wahr'r Mensch und Gott", wie es in einem Glaubenslied heißt) weisen; doch läge auch hier eine geteilte Affektbildung vielleicht näher. Gleichzeitig scheint (mir) das an dem Satz nicht das Entscheidende zu sein. Monteverdis Bevorzugung synkopischer Einsätze bringen je im Stimmverbund und als Resultat der Motivgestaltung ein implizites Dreiermetrum hervor, das (fast) das ganze Singen bestimmt.

Singt man nur die einzelne Stimme (= als einzelner), dann nimmt man höchstens eine Art schwebendes Metrum wahr; erst der Zusammenhang (wenigstens) zweier oder mehrerer Singender versetzt diese in einen an der heiligen Zahl gemessenen, verwandelten Zustand sozusagen freudiger Erregung. Wir können diesen Satz auch als „Realisation" des Christuswortes (aus Matthäus 18, 20) – „Denn wo zwei oder drei versammelt sind in meinem Namen, da bin ich mitten unter ihnen" – sehen: die Singenden stellen (als singend Handelnde!) sozusagen die Gegenwart Christi durch ihr Verhältnis zueinander und durch ihr der 3-Zahl verpflichtetes Anrufen des Namens Christi selbst her.

Dem schließt sich als *Kyrie* (II) ein ungeheuer dicht gearbeitetes Zusammenspiel der Singenden an, in welchem die das Motiv 2 erweiternden Sequenzketten abwärts den Ausdruck bestimmen.

Der charakteristische Oktavsprung in der Mitte des Motivs fungiert als hochemotionale Anrufung, die sich in den figürlichen Seufzerwendungen der Sequenzketten auslebt. Vielleicht können wir den Zweck eines solchen Entwurfs dahingehend verstehen, dass der dichte kontrapunktische Satz jeder der Stimmen die Möglichkeit eines tendenziell gleichberechtigten figürlichen und emotional engagierten Aussprechens eröffnet. Und dieses erweist sich als eher zeitgenössisch und kaum rückwärts gewandt.

Vertiefen wir diesen Eindruck wenigstens noch durch einige Bemerkungen zum *Gloria*! Das Singen beginnt gleichsam zögerlich; erst nach und nach konstituiert sich der Klang mittels Motiv 1, ganz analog dem *Kyrie* (I); auch knüpfen einzelne Stimmen mit ihrem „(Et in terra pax) hominibus" deutlich an die figürliche Erweiterung in jenem Satz an.

Doch verändert sich das Bild sofort; mit „bonae voluntatis" führt Monteverdi Motiv 6 ein, um darüber hinaus erst einmal mit Motiv 2 zu arbeiten…

Singt oder hört man sich den Satz durch, dann erfüllt das Singen
über weite Strecken eine der wesentlichen Forderungen des Trienter
Konzils *nicht*: die Forderung nämlich nach Textverständlichkeit.
Doch stattdessen eröffnet der Satz jeder Stimme eine spezifische
(„motivische") Ausdrücklichkeit; und dies mit einiger Absicht im
Sich-Ergänzen. Wenn beispielshalber Bass und Tenor (in Takt 6) ihr
„bonae voluntatis" aussprechen, dann scheint die untere Stimme
dies in einer Art bestätigender Gewissheit zu sprechen, während die
obere, dieses Motiv gleichzeitig spiegelnd, eine Art erfreuten Ausruf
daraus macht, und andere (wie Sextus und Altus) dieses Motiv in
eine Art Jubel verlängern. Monteverdi bemüht sich, jeder Stimme
das Aussprechen des (gesamten) Textes zu ermöglichen. Und in der
pausendurchsetzten Reihung der proskynetischen Anreden, „Laudamus te" usw., einerseits aus inhaltlichen (→ „loquente (Jesu)"),
mehr aber aus handlungseigenen Gründen aus Motiv 2 gewonnen,
erlaubt er den Singenden, sich per Imitation gegenseitig zu bestätigen. Doch im folgenden „Gratias agimus…"

setzen die Stimmen, die es mit dem Motiv 5 „aussprechen", mit dessen Spiegelung ihr „propter magnam…" fort, während die anderen,
die das „Gratias…" ausgelassen haben, „propter magnam" in diesem Motiv kontrapunktieren. Da Motiv 5 bei Gombert möglicherweise mit „verbum Dei" verbunden ist, käme hier wiederum ein
inhaltlicher Bezug zum Tragen.

Ähnlich verhält es sich im weiteren, erst einmal aus Motiv 1 hervorgehenden Verlauf, in welchem auf „Domine fili unigenite" Monteverdi das Singen mittels Motiv 3 (→ „Beatus venter qui te portavit") entwirft, um die Singenden die Worte „Jesu Christe" mit einer Rückung nach B(-dur) gemeinschaftlich hervorheben und dann in krebsgängigen Teilmotiven von 3 in Sequenzen bis „Filius Patris" absteigen zu lassen[121]. Nehmen wir noch zur Kenntnis, dass Monteverdi mit dem folgenden „Qui tollis" primär die Umkehrung (und damit eine Negierung des aufstrebenden Charakters) des Motivs 1 in den Vordergrund rückt und diese aber mit dessen richtiger („optimistischer") Gestalt kontrapunktieren lässt, dem „miserere" öfters gleichsam leidend bittend Motiv 8 zuordnet und dem „Qui sedes…" mittels Motiv 7 eine selbstverständliche Sicherheit vermittelt, dann treten wiederum eher „ausdrückliche", also handlungsorientierte Gründe für den einzelnen Motivgebrauch hervor. Auch im „Quoniam tu solus" können die Singenden in der Variante der Spiegelung von Motiv 3 das „solus" besonders hervortreten lassen, um dann in Motiv 9 überzugehen, das solche Hervorhebung von sich aus leistet.

In diese Sätze ist offensichtlich ungeheuer viel an Handlungsvorstellung investiert, vorzugsweise aber in die einzelnen Stimmen. Vergegenwärtigen wir uns etwa den Beginn der Stimmen im Credo,

---

[121] Auch die zweite Nennung des Namens, Takte 62 f., verwendet diese Rückung.

dann finden wir nicht nur die Omnipotenz Gottes in der Erweiterung des Motivs 1 gleichsam ausgesungen und sich vorgestellt, sondern auch das durch Motiv 8 bestimmte „factorem caeli"[122],

mit dessen melismatischer Erweiterung auf „et" die Singenden sich den Abstand und in einigen Stimmen auch den Niveauunterschied zwischen „Himmel" und „Erde" verdeutlichen.

---

[122] Redlich schreibt durchgehend „caeli"; das Schwanken in der Schreibung zwischen „coeli" und „caeli" rührt daher, dass die Umlaute früher oft mit einem gleichen abgewandelten e-Zeichen geschrieben wurden.

Dass Monteverdi (im obigen Beispiel) das „visibilium" einige Stimmen synkopisch ansetzen lässt, auch das lässt die Singenden und Mit-Singenden ein plötzliches In-den-Blick-Kommen nachvollziehen, während dem ab- bzw. volltaktig einsetzenden „Unterstimmen" eröffnet ist, gerade das „invisibilium", das uns Unsichtbare an Gottes Schöpfung ganz im Sinne solistischen Singens hervorzuheben.

Und unmerklich setzen hierbei nacheinander alle Stimmen

mit dem „Et in unum Dominum Jesum Christum, Filium Dei unigenitum" ein, vielleicht nicht zufällig mittels des auf den gesegneten Leib Mariens weisenden Motivs 3. Auch hier stoßen wir wiederum auf die „andere Seite" der möglichen interpretatorischen Verbindung zum Lukastext, obwohl Monteverdi zusätzlich eine symbolische Ebene einbaut, indem er (in einem von Redlich als 5/4-Takt geschriebenes Ausscheren aus dem metrischen Verlauf) das „unigenitum" des Basses vom „Jesum Christum" tragenden Quintus gleichsam in rhythmischer Einigkeit spiegeln lässt.

Wir wollen diesen Satz nicht auch noch in zu vielen Einzelheiten durchgehen; aber hinweisen sollten wir auf die aus Motiv 3 abgeleitete Sequenzenkette auf „descendit de caelis", auf die permanente kontrapunktische Spiegelung von Motiv 1 im nur vierstimmigen (und in halbierten Takten verlaufenden) „Crucifixus" – wo der absteigenden Spiegelung in der jeweils oberen Stimme die auf das „resurrexit" vorausweisende und schon gleichsam vorauswissend einsetzende Originalfassung des Motivs zum Enden im Einklang hin kontrapunktiert – und auf die aus Motiv 2 abgeleiteten dramatischen Sequenzketten des „Et iterum venturus est" und die plötzliche madrigalische Lichtheit des Satzes im „cujus regni non erit finis". Besonders die Sequenzketten und die reiche Ausstattung des Singens mit (auch im folgenden) durch die Stimmen wandernden charakterisierenden Figuren (→ Takte 133 ff. und 166 ff.) weisen auf den kontemporären Komponisten; gleichzeitig nimmt Monteverdi in dieses Singen die über Motive und Stimmbeziehungen funktionierende kontrapunktische Verweistechnik auf. Er eröffnet den Singenden und Mit-Singenden ein von sich als diesen Text „Aussprechende" erfülltes Singen, versetzt sie gleichzeitig in einen über sich hinausweisenden Nachklang einer Art „Engelsgesang". Motivische Strenge, wie die Arbeit mit dem antworthaft umgedrehten und gespiegelten Motiv 4 im *Agnus* (I), gekoppelt mit dem auf den „Menschen" Jesus weisenden Motiv 3 des „miserere", oder die kunstvolle Kombination von Original und Krebs (→ „qui tollis...") von Motiv 1 im *Agnus a 7*, gekoppelt mit Motiv 6 als „Aussprechen" (sozusagen „ex tollens vocem") des „dona nobis..." eröffnen gleichwohl dem Einzelnen ein tendenziell persönliches „Aussprechen".

Indem Monteverdi die von Gombert übernommenen Motive in Richtung eines gleichsam *singenden Handelns* gebraucht und ausbaut, erzielt er unter dem Gebrauch eines kontrapunktisch konstruierten Satzes eine Art gemeinschaftliches Singen, das die Interessen der einzelnen Singenden durchaus berücksichtigt. Da ist nicht ein dem „vereinten" Aussprechen verpflichtetes Ensemble (im Sinne Palestrinas) am Werk; aber da ist auch kein solistisches Singen per se entworfen. *Der Zusammenschluss gelingt eben vorzugsweise über den durchgehenden Strom*, in welchem er sich an seinem „Vorgänger" Gombert orientiert. Doch kommt in ihm der einzelnen Stimme eine besondere Qualität zu, die die Artikulation des Wortes eindeutiger *in den Dienst eines persönlichen Tönens* stellt, welches aber per se durch seine Konstruktion mittels Gomberts Motiven den Singenden erlaubt, ihr Handeln mit einer besonderen Intention im Bezug zur Gottesmutter zu erfüllen. Denn wir können davon ausgehen, dass die Motive aus der Gombert-Motette durchaus deren Text aus dem Lukasevangelium repräsentieren. Die Motive in eine vermutet gemeinte Reihenfolge gebracht, vertreten den Text im Ganzen; gleichzeitig konzentriert sich die kompositorische Arbeit eher auf die ersten drei Motive, auf jenen Abschnitt also, der Maria (jetzt durch den Mund Jesu!) als „Beata" preist. Zusätzlich wird (wenn wir von der rekonstruierten Reihenfolge der Motive ausgehen) das „quinimo" (ja, sehr) auf die Muttergottes rückbezogen eingeordnet. Es liegt nahe, dass der ausgewählte Text den Lobpreis der Maria tendenziell als „Wort Gottes" interpretiert und die Adressaten auffordert, diesen Lobpreis als „Wort" des Herrn zu „bewahren" (→ „custodiunt "). Von daher erscheint es angebracht, von einer aus spezifisch katholischer Haltung entworfenen Musik zu sprechen. Auch verknüpft sich diese Messe dadurch eng mit dem Inhalt der sog. *Marienvesper*.

Warum Monteverdi diese Messe entwarf, dies wird uns verborgen bleiben; kindisch, zu glauben, er hätte sie komponiert, um der Welt zu zeigen, dass er auch „prima prattica" könne. Die Messe ist ein Entwurf für höchste Ansprüche, zwar für solche kirchlicher Vorgaben, doch im Besonderen für solche des (höfischen) Menschen. Sie ist „Engelsgesang" und (noch verborgen) irdisches Marienlob in einem. Einerseits sind „wir" es, die im Singen der Messe (durch die Kompositionstechnik Monteverdis) engagiert handelnd präsent sind; „wir" benützen letztlich „Gottes Wort" (→ Lukas), um „unsere" Teilhabe an der Hl. Messe als eine herausgehobene Handlung zu qualifizieren. Anderseits ermöglicht „uns" Monteverdi (über seine besondere Technik des Zitierens) darin und dadurch ein Marienlob anzustimmen. Es ist eben die Bekanntgabe der Motive (mit Hinweis sogar im Innentitel!), die es „uns" ermöglicht, genau jenen Sinn möglicherweise auch bewusst zu vollziehen: nicht (mehr) eine gleichsam verborgene Struktur des Singens (wie im Mittelalter) leistet dies – obwohl wir auch diese angedeutet haben! –, sondern „wir", die „wir" die Motette Gomberts kennen(!), sind in der Lage, in der so besonders qualifizierten Teilhabe am Ordinariumszyklus gleichzeitig ein Marienlob anzustimmen, eine Seligpreisung also jener Gestalt, die im Besonderen „uns" zur Gottheit hin vermittelt: Und genau dies wird ja das „Thema" der (im Druck folgenden) sog. *Marienvesper* sein. So gesehen ermöglicht Monteverdis Messe einen (dem Interesse der Kirche gerecht werdenden) Schritt zur Selbstbehauptung des Menschen gegenüber dem Anspruch der Liturgie; sie ermöglicht dem Menschen einen Schritt zu einer eigenen Initiative in der Realisation „seiner" Existenz als *katholischer* Christ.[123]

---

[123] Im Übrigen kann der Umgang Monteverdis mit der Motette Gomberts als exemplarisches Beispiel für ein „Verfügen über sich als" angesehen werden, als mit dem Singen-Besitz Gomberts *etwas* (= sich „ausdrückend") Anfangender.

Das Entwerfen Religiöser Musik und ihre Realisation als implizit politisches Handeln – eine Zwischenbilanz

Die Intention (und entscheidende kompositorische Leistung) Monteverdis, Menschen diesen Text „aussprechen" zu machen in einer gleichsam sich selbst behauptenden Aktivität primär des stimmlichen Tönens, impliziert untrennbar jene, Text in seinen inneren Szenen „meinen", ihn als Szene vorstellen (= sich vorstellen und vorstellbar) zu machen. Hierzu gehört wohl auch die auf einen Zweck gerichtete „Szenenfolge", die das Einverständnis (und nicht das „Gegenüber") mit den Mit-Singenden realisiert. Diese können wir als den Willen steuernde innere Vorstellung ansehen, die dem Komponieren (und Hören) Sinn, erneuerten Sinn verleiht und die letztlich für die Ordnung des Drucks von 1610 verantwortlich ist.

Dem könnten wir noch so etwas wie eine (und wohl kaum selbst verantwortete, aber angeeignete und) notwendige Konventionalität hinzufügen: sich als spezifisch katholischer Christ zu realisieren, sub specie der Überzeugung von der Wirkung spezifisch eigener Aktivität über dieses Leben hinaus. Vielleicht ist dies der Antrieb für den Druck des Marienzyklus überhaupt und dessen Widmung an den Papst. (Und vielleicht liegt in solcher „Realisation als" eben die Parallele zu Schütz!) Entsprechend vorgelagert: das christlich-katholische Milieu, mit seinen selbstverständlichen Verhaltenszügen, seinen Texten und seinen eben auch musikalischen Traditionen. Monteverdi ordnet sich in dieses Milieu als Handelnder ein. Und er kommt auf es, als seinem Zielpunkt, zurück.

Nehmen wir an, dass Monteverdi (möglicherweise) hier Entwürfe zum Druck ordnete, die nicht (alle) für einen gemeinsamen Anlass entstanden waren resp. sind (und dass also die sog. »Marienvesper«, wie wir sie interpretiert haben, nie als inszenierte Festivität ausgeführt wurde), dann können wir trotzdem eine gewollte, einer Vorstellung gehorchende Ordnung sowie eine gestufte Intentionalität unterstellen, die (schon) fortgeschritten aus einer gelebten „Selbstbehauptung als" resultiert.[124] Und hier wäre der

---

[124] Abschließend sei nochmals an Dantes *Commedia* erinnert, einerseits an „Bilder", wie sie die Gesänge 23 oder 31/32 des dritten Teils vermitteln, andererseits via Fürbittprozession an die Vorstellung, dass (nach katholischer Auffassung) alle auf Erden Wandelnden den Seelen im Purgatorium durch ihre Fürbitten Hilfe bringen können; schließlich an die beherrschende Zahl 9: diese Zahl spielt in den drei Teilen der *Commedia* je eine wesentliche inhaltliche Rolle. Nehmen wir zur Kenntnis, dass innerhalb des Rahmens von Monteverdis sog. *Marienvesper* 3x3=9 Teile die drei „Bilder" (wie wir sagten) konstituieren, dass im inneren Abschnitt der *Sonata* 9 Anrufungen statt-

Begriff der „Religiosität" als Bezeichnung für ein tendenziell persönliches (privates) Verhalten am Platz, das sich von einem solchen kirchlicher Art abzusondern bzw. dieses zu unterwandern beginnt. Die sog. »Marienvesper« dokumentiert ja genau das: das Ausscheren aus dem kirchlich Gebotenen mittels des kirchlich Tradierten, in einer Weise, die deren Bestandteile dem kirchlichen Gebrauch noch verfügbar hält. Die meisten Aufführungen wollen den Entwurf Monteverdis rückverwandeln in eine Kirchenmusik. Aber unserer Auffassung nach könnte der Entwurf ja genau das sein: ein Entwurf für das Er-leben einer persönlichen Religionsausübung im tendenziell und partiell privaten Bereich; vormittags oder einerseits im Rahmen eines feierlichen Hochamts die »Messe« „In illo tempore" mit besonderem Marienbezug des Ordinariums; am Nachmittag oder anderseits eine höfisch-geistliche »Rappresentazione« mit der sog. »Marienvesper« als einer Art „Festspiel" (abgeschlossen nicht schon mit dem Hymnus „Ave maris stella", sondern, im dargestellten möglichen Selbstverständnis, mit dem 7-stimmigen »Magnificat«); und am frühen Abend eine Vesper (regulär in Psalmodie und mit Antiphonen) mit dem feierlichen »Magnificat« ohne Instrumente (vor Gebet und Schlussversikel), wie als Nachklang dieses sozusagen m a r i a n i s c h e n T a g e s in gleichsam zurückgenommener Form.[125]

Stellen wir unsere Einsichten zu Schütz daneben, so finden wir – jetzt einmal absichtsvoll parallel formuliert – dessen Intention (und entscheidende kompositorische Leistung) darin, Menschen Schriftverse und Liedstrophen „aussprechen" zu machen in einer sich selbst versichernden Aktivität eines sprachlichen Artikulierens und i n h a l t l i c h e n M e i n e n s; und diese impliziert jene, Text in seiner inhaltlichen Bedeutsamkeit für sich selbst vorstellbar zu machen. Hierzu gehört eine Art K o n s e q u e n z d e r E i n s i c h t, die ein Einverständnis (und auch hier nicht ein „Gegenüber") mit den Mit-Singenden realisiert. Diese können wir als den Willen steuernde innere Vorstellung dafür ansehen, die dem Komponieren (und Hören) Sinn verleiht und die letztlich für die hier „eigene" liturgische Einordnung der Texte (→ ihre Bestimmung als »Kyrie« und »Gloria«) verantwortlich ist.

---

finden (und dass die *Sonata* selbst etwa 9 x 33 Perfektionen umfasst), dann rückt ein Zusammenhang nahe. Schließlich wäre noch auf die Widmung des Drucks von 1610 zu verweisen, auf die (jedenfalls mir) auffällige Formulierung, der Widmungsträger sei derjenige unter den Sterblichen, der am nächsten zu Gott sei; ein an die Danteschen „Kreise" erinnernder Gedanke! (Doch wäre dies eine Untersuchung für eine spezialisierte Musikwissenschaft, nicht für uns Musikpädagogen.)
[125] Damit entfiele auch die *unbedingte* zugunsten einer *offenen* Zuschreibung zu einem der Marienfeste, wie sie vor allem zum 25. März (Fest Mariä Verkündigung) oder zum 15. August (Fest Mariä Himmelfahrt) vorgenommen werden.

Und auch bei Schütz müssen wir so etwas wie eine Konventionalität hinzufügen: sich als spezifisch evangelischer Christ zu realisieren, sub specie des Glaubens an eine Wirkung spezifisch eigener vernünftiger Einsicht in die „Wahrheit" des „Wortes". Und auch dies sollte hier ein Grund für die Veröffentlichung als Druck sein. Entsprechend vorgelagert auch hier das evangelisch-lutherische Milieu, mit seinen selbstverständlichen Verhaltenszügen, seinen Texten — denken wir nur an die Strophen der Glaubenslieder — und eben auch musikalischen Traditionen. Logischerweise dient Schützens Komposition eben auch außerhalb liturgischen Rahmens dem adäquaten Handeln eines lutherischen Christen. Beziehen wir auch dieses Singen in den Bereich der Religiösen Musik ein, dann verweist dies deutlich darauf, dass im lutherischen Bereich kirchliches Singen von sich aus die Tendenz zu einem persönlichen (privaten) Glaubensverhalten in sich selbst entwickelte.[126]

Die bereits deutliche emanzipatorische Tendenz in den Entwürfen des Singens im 17. Jahrhundert verweist damit auf eine wesentliche Implikation. Statt alles Menschenmögliche zu unternehmen, um sich im Glauben dem Göttlichen gegenüber (mittels Sich-Ausstatten im weitesten Sinn) zu bewähren, benützt der Mensch nun den realen und „eigenen" Ausdruck seines Glaubens, um sich als Mensch zu realisieren. Der Mensch der Frühen Neuzeit ist aus sich herausgetreten und hat schon lange begonnen, mit sich in eigener Vorstellung „etwas" anzufangen.[127] Bilanzieren wir vorläufig!

1. Gibt es eine katholische, eine evangelische Musik?
„Eigentlich" sicher nicht. Aber es gibt katholische und evangelische Menschen, die das Interesse haben, sich (wachsend als „sie" und damit auch) als konfessionell Geprägte zur Geltung bringen zu können. Und es gibt Komponisten wie Monteverdi oder Schütz, denen mit der wachsenden Verfügung über sich („als") und damit über ihre Vorstellung vom Einsatz ihrer (eigentlich unkonfessionellen) Mittel es immer weitergehend gelingt, jenes

---

[126] Vgl. auch die Ausführungen zu einer Motette und einer Kantate J. S. Bachs im Teilband »D. S., *Seinen Glauben selber singen* (Norderstedt 2017)«, anderseits jene zur Entlastung durch Schematisierung kirchlichen Singens, wie sie hier für den Band SINGEN vorgesehen ist. Schließlich werden wir aber auch im Bereich katholischer Kirchenmusik vor allem in den Ordinariumsvertonungen, aber ebenso in musikalischen Entwürfen zur Vesper, der Tendenz zu einer Privatisierung des Singens im Rahmen der o. a. *Selbstbehauptung* nachzugehen haben.
[127] Von hier wäre vielleicht auch die oft beklagte Verweltlichung des Papsttums lediglich als vorübergehende und extreme Form einer allgemeinen Umorientierung des Menschen zu betrachten.

Tätigsein zu entwerfen, mit denen die Adressaten dieses ihr Interesse (einer sich entwickelnden Persönlichkeit) befriedigen können.

In der Darstellung der beiden exemplarischen Vorwürfe für ein entsprechendes Tätigsein – vor allem in der sog. »Marienvesper« Monteverdis und in der »Quasi-Messe« Schützens – haben wir herausgearbeitet, in welcher Weise sie den Interessen ihrer jeweiligen Adressaten entsprechen. Diese haben wir eingangs mit S e l b s t b e h a u p t u n g bzw. mit Selbstbestimmung oder mit S e l b s t v e r s i c h e r u n g als Glaubende angedeutet.

- *Die S e l b s t b e h a u p t u n g liegt in der wachsenden Fähigkeit, sich selbst ein „Bild“ von jenen Texten („Geschichten“) zu machen, die „uns“ als katholische Christen erfüllen und im Glauben stärken; gleichzeitig in der Möglichkeit, das eigene Vergegenwärtigen (Aussprechen) über eine gleichsam s z e n i s c h e V o r s t e l l u n g mit e i g e - n e r E m p f i n d u n g aufzuladen, was sich im Besonderen im Tönen der Stimme niederschlägt.*
- *Die S e l b s t v e r s i c h e r u n g liegt in der wachsenden Fähigkeit, selbst den „Wert“ zu eruieren von jenen „Schrift“-Texten, die „uns“ als evangelisch-lutherischen Christen als Leitlinie dienen; gleichzeitig die Möglichkeit, das eigene Vergegenwärtigen (Aussprechen) im Besonderen über eine gleichsam f i g ü r l i c h e („m a l e r i s c h e“) V o r s t e l - l u n g mit e i g e n e r E i n s i c h t aufzuladen, was sich im Besonderen in der wörtlichen Artikulation der Stimme niederschlägt.*

2. In beiden Fällen geht es um ein Aussprechen des Textes,
um ihn s i c h mitzuteilen, mit der weitergehenden Intention, über das „Aussprechen“ (= Singen) hier der O p t i m i e r u n g d e r G l a u b e n s - h a n d l u n g, dort der V e r t i e f u n g d e r G l a u b e n s v e r g e w i s s e r u n g. Das kann in beiden Fällen naheliegend als kommunikatives Sich-Sagen formuliert sein, um sich gegenseitig aufzufordern; doch bleibt die Differenz in der darüber hinausgehenden Intention: bei Monteverdi die Glaubenshandlung vollbracht zu haben und dies aus einer eigenen Aktivität, in der sich der Mensch selbst als empfindend und Göttlichkeit (in sich) erlebend behauptet; bei Schütz die Glaubensgewissheit „wieder“ erreicht zu haben und dies in einer eigenen Aktivität, in der sich der Mensch als selbst einsehend bestimmt. In Monteverdis „Laudate Pueri“ geht es kaum um die Bedeutsamkeit des Textes für „mich“, sondern um die Mitteilung (persönlicher Art) eines gleichsam übergeordneten Inhalts und um die Aufforderung, dies aus einer vorauszusetzenden inneren Bewegung heraus zu tun. Schützens „Herr, wenn ich nur dich habe…“ dagegen erscheint als ein Tätigsein entworfen, das in der Aktivität aus einer vorauszusetzenden Überzeugung heraus das einholt, was der Singende mit dem Text meint.

Beide Entwürfe erscheinen verwandt im „Sich-Sagen", im kommunikativen Singen; in der z. B. aus der Doppelchörigkeit entwickelten Gestaltgebung scheinen beide gleichartig, doch eben nur scheinbar: Bei Monteverdi dient diese(s) als durch die Struktur des Singens vermittelter Ausdruck sprachlichen Handelns; bei Schütz als Ausdruck der gemeinschaftlich vermittelten Aneignung des Auszusprechenden. Die Glaubenshandlung, je durch das So-„Aussprechen" als zeitliches Dasein tiefer religiöser Empfindung bzw. Einsicht entworfen, mündet in beiden Fällen in eine Genugtuung der Singenden bzw. Mit-Singenden.

3. Bei Schütz wie bei Monteverdi d ü r f e n bzw. k ö n n e n oder m ü s s e n die Singenden bzw. Mit-Singenden den Sinn (ihres Handelns) gleichsam selbst stiften, –

entweder über ihre bildliche, ja quasi szenische Vorstellung oder über ihr sprachliches Insistieren, hervorgerufen nicht zuletzt durch ihre Empfindung bzw. durch ihre rationale Interpretation des Textes. Monteverdi wie Schütz ermöglichen ihnen die Verwandlung ihres Aussprechens im Zuge des „Aussprechens" zu einem intentionalen hin, wobei Intention auf den Aussprechenden, nicht auf den Text, bezogen ist; dieser stellt nur das wesentliche Mittel hierzu dar.

Weil bei Monteverdi diese Intention primär im Tönen der Stimme sich kundtut, haben wir bei ihm von einem singenden Handeln gesprochen. Weil bei Schütz die Handlung primär in der Artikulation des Wortes konzentriert ist, sprechen wir bei ihm von einem handelnden Singen. Salopp gesagt: während dem einen (Schütz) das Tönen der Stimme dem Aussprechen des Wortes dient, fungiert bei dem andern solches Aussprechen, um das Tönen der Stimme zu gestalten. Doch wollen wir damit keiner Ausschließlichkeit das Wort reden; die analytischen Durchgänge haben deutlich gemacht, dass bei Schütz z. B. so etwas wie eine Jesus-Empfindung ebenso Eingang finden kann, wie bei Monteverdi die Bedeutsamkeit des „Wortes".

Was Monteverdi auch hier (wenn auch gegenüber seinen Mantuaner Opern sehr zurückgenommen) realisiert, hat Eggebrecht im Zusammenhang seines Schützbuches (und unter dem Horizont einer kunstwerklich orientierten „Konfrontations"-Anschauung) einmal so gefasst: „Die Sprache selbst tritt zurück. Sie affiziert einen Zustand der Seele, und dieser ist es, der sich mitteilen will. Die Vokalmusik wird zum Medium einer Art von Mitteilung, die der Worte immer weniger bedarf, um verstanden zu werden (und daher immer mehr auch in der reinen Instrumentalmusik möglich wird)." Eggebrecht definiert diese „Musik", angelehnt an zeitgenössische theoretische Äußerungen, als „theatralisch": „...*denn sie braucht das Ge-genüber, dem sie sich mitteilt, sie ist auf den Hörer angewiesen...*"[128]

Aber ist das bei Schütz anders? Übersetzen und korrigieren wir Egge-brechts Aussage in unsere Anschauung der parallelen Vollzüge des Singens und Mit-Singens (Hörens), in der eben nicht „die Musik" sich mitteilt, sondern der/die Singende ein So-„Aussprechen" eines Textes benützt, um den Adressaten zu einem So-Mit-„Aussprechen" zu bewegen, dann können wir sagen: Singen ist (bei beiden!) intentional gerichtet auf ein Ziel, das über den Akt hinausreicht, siehe oben... Dabei mögen die rein musikali-schen Mittel ähnlich sein; doch liegt auch diesen (z. T.) ein unterschiedli-ches Selbstverständnis zugrunde. Bei Monteverdi ein bereits fortgeschritte-nes akkordisches Denken, demgegenüber sich der stimmliche Laut eher als emotionaler Ausdruck absetzen kann; bei Schütz ein Denken in Stimmen, aus dem heraus sich das Aussprechen als eher vernünftige Einsicht in das Wort entfalten kann.

Beide Komponisten entwerfen Singen als eine tendenziell persönliche Glaubensaktivität. Und bei beiden steht die Aneignung von Spra-che im Mittelpunkt. Dies bezeichnet einen viel weiterführenden Prozess als wir uns das im ersten Moment vorstellen: dass Menschen sozusagen „heili-ge" Texte sich zu eigenen machen, um in und mit ihnen sich als bewusst selbst empfindende bzw. einsichtige Menschen zu artikulieren. Dies ver-deutlicht an diesem historischen Punkt den bereits weit fortgeschrittenen Wandel des Verhältnisses der Menschen zu dem, was sie tun, wenn sie musikalisch tätig sind.

Wenn wir heute diese Musik hören oder selbst (mit-)singen, dann halten wir es für selbstverständlich, unserem Hören bzw. Singen je einen persönli-chen Sinn zuzumessen, der in der Regel nicht mit jenem von Monteverdi bzw. Schütz intendierten noch übereinstimmt, weil wir nicht mehr mit jener zentralen Aufmerksamkeit für einen geistlichen bzw. religiösen Text, sondern von einer solchen für die „Musik", für das Ertönen per se ausgehen. Aber im Grunde handeln wir mit einer heute betont eigenen Sinngebung unseres musikalischen Tätigseins in Fortset-zung dessen, was hier in der Frühen Neuzeit als Schritte zur Emanzipation des Subjekts auf den Weg gebracht wurde, auch wenn diese sich hier noch im Rahmen einer als selbstverständlich erachteten Glaubensaktivität voll-zogen.

Den Singenden wie Mit-Singenden die Möglichkeit eigener Sinnstiftung zu eröffnen, dies können wir auf Seiten des Komponisten als ein politi-

---

[128] Vgl. Hans Heinrich Eggebrecht, *Heinrich Schütz. Musicus poeticus*, Göttingen 1959, S. 37.

s c h e s *Handeln* bezeichnen. *Verstehen wir (lexikalisch) unter Politik die Durchsetzung von Vorstellungen, die auf die Verwirklichung von Zielen und Werten gerichtet sind, dann handeln sowohl Schütz im Bezug zur sog. Gemeinde als auch Monteverdi im Bezug zur höfischen Gesellschaft hiermit eben (auch) politisch. Und als ebenso „politisch" können wir das Bemühen um eine persönliche (private) Sinnstiftung ihres Tätigseins durch die Singenden und Mit-Singenden auf der anderen Seite ansehen.*[129] *Zu der einen der Voraussetzungen dafür, der Macht durch das sog. „Amt" – dieses soll im Band zu den Werdegängen ausführlich angesprochen werden*[130] *– kommt die besondere Gestaltungsfähigkeit und das Streben nach Verwirklichung eines besonderen Wertes, welchen wir in der spezifisch eigenen Intention jeweiliger Glaubensaktivität (im Rahmen einer persönlichen Religiosität) festmachen. Die besondere Wertschätzung, die sowohl Monteverdis als auch Schützens Komponieren in den ihnen je zugeordneten Gemeinwesen erfahren haben, zeigt, dass sie mit ihrem „politischen" Handeln auch erfolgreich waren, sprich: dass sie an und in den Adressaten resp. dass die Adressaten selbst mit diesen Entwürfen ihre Ziele auch verwirklichen konnten. Sie haben sie resp. sich in deren resp. ihrer (je religiösen) Selbstbehauptung bzw. Selbstbestimmung einen Schritt weiter gebracht.*

Erscheint uns der Begriff des Politischen in Bezug zu den beiden bisher angesprochenen Zyklen und Komponisten auch ungewöhnlich – er korrespondiert eben mit unserer tätigkeitsorientierten Auffassung von Musik –, so kann er vielleicht im Zusammenhang der französischen und gleichzeitig im Besonderen religiösen Musik noch deutlicher werden. Zum einen war die Musik im besonders zentralistischen und absolutistischen Staatsgebilde Frankreichs mehr und mehr auf jene höfische Gesellschaft bezogen, die sich selbst als Repräsentant des Staates verstand; zum andern tat sich Frankreich in besonderer Weise als Bewahrer einer bewussten Katholizität hervor.

---

[129] Die Sinnstiftung geht eben über das musikalische Tätigsein und bezieht sich auf eine „eigene" religiöse Praxis.
[130] Das Arbeitsvorhaben zur Musik der Frühen Neuzeit ist in fünf Hauptbänden entworfen, je einer zu ausgesuchten Werdegängen (1), zur Entwicklung des Singens (2), des instrumentalen Spielens (3) und des Hörens (4), und möglicherweise einer zum „Finale" der Zeit, zur zweiten Hälfte des 18. jahrhunderts (5).

IV

»SALVUM FAC POPULUM TUUM, DOMINE«

Zu Jean-Baptiste Lullys *Te Deum* von 1677

Der hervortretende Komponist des französischen Staates im 17. Jahrhundert war Jean-Baptiste Lully. Bei ihm tritt die politische Dimension seiner Musik auf der Grundlage einer kaum mehr übertroffenen Machtposition, einer zielbewussten und konzentrierten Gestaltungsaktivität und schließlich einer besonderen Intentionalität hervor. Denn Lullys Entwürfe des Singens und Spielens eröffneten der höfischen Gesellschaft als Adressaten (= als Mit-Singende, aber auch als im umfassenderen Sinn Mit-Spielende) die Möglichkeit, sich in *dem* einen gewaltigen Schritt voranzubringen, in dem sie selbst sich zur Geltung zu bringen gedachten. Nennen wir diese Intention *Selbstrepräsentation* (im Bezug zur tendenziellen Selbst-Identität mit dem Staat) in einer eben auch gleichsam aufrechten Katholizität.

Dem, wie solche sich (als Singen!) realisieren konnte, wollen wir ein Stück weit an Lullys *Te Deum* nachgehen. Das *Te Deum*, 1677 von Lully zur Taufe seines ersten Sohnes Louis entworfen, zählt zu den sog. *Grand Motets,* unter denen es im Werk Lullys sozusagen isoliert „in der Mitte" steht.[131] Für die ungewöhnliche Art und Weise dieser Komposition mag mit ausschlaggebend gewesen sein, dass der König selbst die Patenschaft für den Täufling übernommen hatte, ein Zeichen auch für die hohe Wertschätzung, die Lully am Hofe genoss. Im Allgemeinen diente das *Te Deum* im Laufe der Frühen Neuzeit als ein Dank- und Bittgebet bei hohen Geburtstagen, Siegen der Armee, Friedensschlüssen oder bei Gesundung eines kranken Herrschers. Dass Lully es aus seinen eigenen Lebensumständen entworfen hat, das gilt ebenso als Alleinstellungsmerkmal, wie die Tatsache, das bei

---

[131] Vgl. Vorwort zur GA: John Hajdu Heyer (Hrsg.): Jean-Baptiste Lully: *Jubilate Deo (Motet) / Te Deum (Motet)*, Georg Olms Verlag, Hildesheim / Zürich / New York 2009, ISBN 978-3-487-11534-4, S. XXII–XXV.

Weitem „largest and grandest of Lully's Latin works" zu sein, wie J. H. Heyer im Vorwort der Gesamtausgabe bemerkt.

Tatsächlich ist Lullys *Te Deum* außergewöhnlich groß angelegt. Gleichzeitig aber ist es als ein durchgehender Prozess entworfen, ohne eigentliche „Doppelstriche" bzw. Einteilung in einzelne Sätze, wie etwa Marc-Antoine Charpentiers Komposition von 1692. Schon dies vermittelt hier gewissermaßen Bescheidenheit, gepaart mit „Größe" in einem spezifischen Sinn. Natürlich gliedert auch Lully seinen Entwurf. Wir werden darzustellen haben, in welcher Weise und mit welchem Selbstverständnis. Denn der Prozess des Singens, des „Aussprechens" als eines persönlichen Aussprechens, auch er ist hier auf ein Ziel gerichtet, auch er wird von einer Intentionalität getragen, die sozusagen mit dem Singen zu einem Ergebnis kommt, indem er spezifische Phasen durchläuft. Wir werden auch solche Glieder als Phasen eines zu durchlaufenden Prozesses zu identifizieren haben.

Das *Te Deum* ist ein relativ umfangreicher Text. Heutige Übersetzer gliedern die 29 Verse (wenigstens) in vier Abschnitte. Doch hilft solche Übersicht kaum, um Lullys Komposition irgendwie zu überblicken. Seine Folge von Soli, vierstimmigem Soloensemble bzw. „petit choeur" und fünfstimmigem „grand choeur", wird zwar durchgehend unterstützt und z. T. (mit welcher Absicht?) gegliedert durch ein sozusagen kleines und ein großes Instrumentalensemble, wobei ersteres durch die *violons* gebildet, letzteres durch die *trompettes* und *timbales* (G und c) verstärkt wird. Doch ist der Ablauf kaum in ein einsichtig geregeltes System zu bringen. Der Vorgang des Hörens gleicht eher dem Verfolgen eines Prosatextes. Anderseits beobachten wir durchaus, dass Lully Textabschnitte (einfach gesprochen) als ein zwischen Soli und Tutti mittels partieller Textwiederholungen sich steigerndes Korrespondieren anlegt, das gleichsam in einer bestätigenden Zusammenfassung (durch alle musikalischen Kräfte) kulminiert. Zwar leitet sich daraus (unserem Hören) per se keine geregelte Folge von Teilen ab, doch drängt sich dem, der Lullys *Te Deum* öfters und genauer durchhört, der Eindruck einer quasi-szenischen Handlung auf, die sich in vier oder fünf „Bildern" darstellt. Im folgenden werden wir von fünf solchen „Bildern" zu je drei „Szenen" in den ersten vier und zwei solchen in dem letzten „Bild" ausgehen.

Versuchen wir also erst einmal, Lullys *Te Deum* in Abschnitten durchzuhören!

Ein erste „Bild" – Feierliches Versammeln und Einstimmen in das Gotteslob als Tableau

Es bietet sich an, das Singen hier von einem ersten und von uns so-genannten „Bild" an als ein Tableau zu betrachten, verstanden als eine wirkungsvoll gruppierte „Szene" bzw. sowohl als ein Zusam-menkommen „Aller" (= einer „Gesellschaft") wie auch als eine Zusammenstellung von einzelnen „Szenen", die zusammen einen übergeordneten Vorgang ergeben.

Lully beginnt dieses *Te Deum* mit einer *Symphonie*, in der General-bassstimme mit „Prélude" bezeichnet[132], 61 Takte lang und direkt in den Gesang mündend. Beim Hören haben wir das Gefühl des Unre-gelmäßigen: in relativ einfachen Harmonien wird ein oberstimmen-bezogenes musikalisches Geschehen entworfen, das quasi akkor-disch-körperlich voranschreitet. Dieses scheint zwar immer wieder auf ein Kadenzieren zuzusteuern, dann darüber hinauszugehen, um dann doch in eine Kadenz zu münden und um sofort mit neuem Schwung, unterstützt hier durch den Instrumentenwechsel, fortzu-setzen. Der Wechsel vom bläsergestützten Tutti zur reinen Streicher-besetzung bzw. zum 3-stimmigen Streichersatz (von Lully mit „A 3" bezeichnet) erlaubt ein harmonisch ambitioniertes Fortfahren, um dann mit einer Wiederkehr des Bläserteils abzurunden und schein-bar endgültiger abzuschließen.

Die Abschnitte, wie gleich der erste bis Takt 22, sind von periodi-scher Unregelmäßigkeit geprägt. Diese verleiht dem Vorangehen stets neue Kraft. Einerseits kann man die ersten 6 Takte als Verkür-zung von 8 (= 4 + 2) verstehen, anderseits als Verlängerung der er-sten vier um 2 Takte. Die zweite Möglichkeit verleiht tendenziell Großartigkeit, die erste überraschenden Schwung (eine Art Über-hang) zum Fortfahren.

Die *Symphonie* erscheint in ihren Tutti-Abschnitten mit tendenziell je taktbestimmenden Harmonien wie ein heroldisches Ankündigen und Ausrufen, während die Abschnitte allein der Violons mit ihren tendenziell halbtaktigen Harmoniewechseln und ihrer größeren melodischen Beweglichkeit den Aspekt eines „Gehens" und damit Zusammenkommens derer repräsentieren, die das Gotteslob an-stimmen werden.

Dem entspricht der unmittelbare Einsatz des Singens: Tatsächlich gibt sich uns beim Hören die Eingangs*symphonie* rückwirkend kaum

---

[132] J. H. Heyer in der GA: „The indication „Prélude" appears ohnly in the *basse conti-nue* part in the 1684 Ballard printed partsbooks of the *Te Deum*."

nur als ein Stück *vor* dem „Beginn", als eine Art Ouvertüre, sondern bereits als Beginn dessen, was die Singenden (zusammen mit den Spielenden eben) sozusagen „darstellen"; die Einleitungs*symphonie* ist bereits „szenischer" Bestandteil des Tableaus.

Mit einer solistischen *Récit* hebt nun das „Aussprechen" an:

Te Deum laudamus, te Dominum confitemur – Dich, Gott, loben wir, dich, Herr, erkennen wir an. (61-107)

An ihm fällt uns als erstes das feste rhythmische Gerüst auf: Wir beobachten die entschlusshafte Punktierung, den (wie in unterschiedliche Richtung gesprochenen) korrespondenzartigen Aufbau; hier ergreift ein aus der sich versammelnden Gruppe Heraustretender oder ihr Gegenübertretender – es ist die als „Alt" fungierende hohe Tenorstimme des *petit choeur* – (für alle) das Wort im Sinne eines durch die Einleitungs*symphonie* offensichtlich bereits Selbstverständlichen mittels einer quasi bildhaften Äußerungsfigur. Dieser Akt der Artikulation bekommt eine persönliche gleichsam szenisch „auftretende" Note durch die Verlängerung als Entsprechung zur sich zur Dominante neigenden Anfangskorrespondenz. Ihr folgt das durch Vorenthalten der Tonika unterstreichende Einstimmen eines Zweiten (= des Basses) im Terzabstand, mit einer Ausdehnung der Lobensfigur und einem überraschenden Einmünden in die Subdominante (Takt 71), von der aus die beiden Singenden sequenzartig zu einer Art ausdrücklicher (weil durch einen harmonisch nicht notwendigen Takt gesteigerter) Emphase am Schluss hochsteigen:

Dies die Ausgangsformulierung des singenden Subjekts, die nun von Lully noch einmal (und wieder über das Vorenthalten der Tonika, Takt 75) durch chorisches Aufnehmen der Artikulationsfigur gesteigert, „erhoben" wird: zuerst über eine Realisation des Steigerungsaktes (*petit choeur → grand choeur*) bei gleichzeitigem tonlichen „Anheben", dann als Korrespondenz innerhalb der Chöre.[133]

Einige Takte später (85) lässt Lully die Chöre als sich ergänzende nochmals anheben. Aber: nun mischt sich das „te Deum confitemur" ein, erst nur im *grand choeur*, dann von beiden Chören als Abschluss dieses Abschnitts in die Kadenz zur Tonika mündend. Aus dem Aussprechen heraus lässt Lully die „Aussprechenden" einen Akt gestalten, einerseits einen Akt des Benennens dessen, was sie tun (nämlich ein Lob Gottes anzustimmen), andererseits einen Akt eines quasi subjektiv-willentlichen Entäußerung des Anstimmens, Zustimmens und Übereinstimmens im „Dominum confitemur".

Aus diesem resultiert nun die besondere Anrufung:

Te aeternum Patrem omnis terra veneratur. – Dir, dem ewigen Vater, huldigt die ganze Welt. (108-147)

Wie ein oberpriesterliches Anrufen und doch gleichzeitig wie eine Verkündigung setzt mit dem Solobass (*Récit*) in feierlicher Eintondeklamation auf der Oktave des Tonikagrundtons das „Te aeternum Patrem" ein, dem „aeternum" eine besondere Artikulationsfigur mit über die Taktgrenzen reichender Längung zumessend;

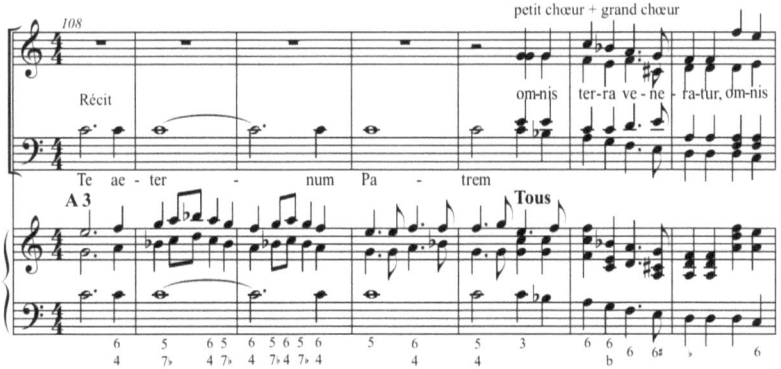

---

[133] Die Abkürzungen in den Notenbeispielen beziehen sich auf die französischen Stimmbezeichnungen: u. a. »D« für *Dessus* (= Sopran), »HC« für *Haute-contre* (= Alt) »T« für *Taille* (= Tenor); »Pch« und »Gch" stehen für *Petit choeur* und *Grand choeur*.

„omnis terra veneratur" ergänzen die beiden Chöre in quasi bejahender Weise, in einer mehrfach wiederholten, rhythmisch festen und melodisch analogen Artikulation, die selbst aber harmonisch zum Fortschreiten genutzt wird.

Nochmals und (Takt 133) ein drittes Mal hebt der Bass[134] seine posaunenhafte „Feststellung" des „Te aeternum…" an; und beide Male ergänzen die Allen[135] mit dem in der Kontur bestätigenden „omnis terra veneratur", beim zweiten Mal, um zur Dominante, und danach, um zur Grundtonart (C) zurück zu modulieren.

Solches Abkadenzieren in der Tonika bildet auch hier eine Art Zwischenzäsur. Zwar erscheint sie als eine solche des Textes: erst ,loben wir den Herrn', dann tut dies ,alle Welt'; und nun: ,der Himmel'. Doch auch Lully eröffnet nun mit

Tibi omnes Angeli, tibi caeli et universae potestates. Tibi cherubim et seraphim incessabili voce proclamant. Sanctus, Sanctus, Sanctus Dominus Deus Sabaoth. – Dir rufen alle Engel, dir rufen die Himmel und sämtliche Mächte, dir rufen die Cherubim und Seraphim mit nie ermüdender Stimme zu: Heilig, heilig, heilig der Herr, der Gott der Heerscharen. (148-208)

sozusagen einen dritten Anlauf oder „Auftritt", eine dritte Szene in diesem Akt. Mit den drei Oberstimmen des *petit choeur* – der *Dessus* (Sopran) ist hier geteilt – heben die Singenden mit „Tibi omnes Angeli" das Gotteslob des Himmels an,

---

[134] Beim dritten Mal als Bass des *grand choeur* notiert.
[135] Die Bezeichnung „die Allen" entspricht dem lullyschen „Tous", mit dem (vor allem in der Generalbassstimme) das Singen und/oder Spielen eines bzw. des ganzen Ensembles angezeigt wird.

154

und die Allen ergänzen mit „tibi caeli et…" Das liegt vom Textinhalt her per se nahe, obwohl Lully hier ja quasi nur ein Korrespondenzrezept umsetzt. Wesentlicher erscheint das vom Artikulationsrhythmus der Singenden Mitgenommen-Werden. Denn in gleicher Weise u. d. h. in fester rhythmisch-homophoner Motivik und unregelmäßiger, aber quasi-korrespondierender Abschnittsbildung deklamieren die Singenden auch die nächste Verszeile, mit der sie über das zentrale Verbum „proclamant" in das feierliche „Sanctus" münden, beim zweiten Mal harmonisch geschärft und (gegenüber den Takten 160-171) in ein demonstrativ sequenzielles Anheben konzentriert, um dann in eine mit *Lentement* bezeichnete *Sanctus*-Kadenz aufzulaufen. Dem schließen die Allen, im Wechsel nun mit dem durch Trompeten verstärkten Instrumentalensemble das „Dominus Deus Sabaoth" an. Mit einem sechstaktigen instrumentalen Nachklingen, das mit seiner Bläserverstärkung an die Einleitungssymphonie anknüpft, kadenziert auch dieser Abschnitt nach C-dur ab, um nun unmittelbar in A-moll mit dem vollchörigen „Pleni sunt caeli…" anzuheben.

Ein zweites „Bild" – Das Gotteslob der umfassenden Kirche

Fast unmittelbar angeschlossen wird hiermit wohl ein neues, ein zweites „Bild", auf jeden Fall ein Übergang in eine neue Feierlichkeit des Lobens!

Pleni sunt caeli et terra majestatis gloriae tuae. – Voll sind Himmel und Erde von deiner hohen Herrlichkeit. (209-232)

Der Taktwechsel, vom *alla breve* zu einem 2-er-Takt, meint nicht nur Beruhigung; er fasst die Takte je zur gegliederten Einheit, eher im Sinne eines Adagios oder Graves, was das Singen in eine breite Feierlichkeit hebt. Es sind ja die gleichen Singenden, wie im ersten „Bild". Können wir ihre neue Rolle aus einem Erfülltsein von dem deuten, was sich ihnen nun (textlich) erschließt? Lully lässt die Singenden auch hier mittels partieller Textwiederholungen bzw. Längung des vorletzten Kadenztaktes ungeradtaktige Phrasen erstellen – wir werden darauf noch eingehen –, deren personale Ausdrücklichkeit er durch Nachziehen je des zweiten der Chöre verstärkt.

Solches – wie wir sagen können – mit dem Aussprechen Sich-in-eine-neue-Haltung-Bringen[136] der Singenden demonstriert im Besonderen das zuerst nur solistische (und dann chorische) „majestatis gloriae tuae":

Sicher, man kann das durch die langen Notenwerte und den festen Quartschritt zu ihnen bestimmte „majestatis" als darstellenden „Ausdruck" göttlicher Majestät ansehen; und die Fortführung in der aufstrebend melismatischen Figur schmückt dieses „gloriae" im gleichen Sinn aus. Aber da ist eben der Nur-Sextakkord im Takt 219 bzw. 223, der das Bestimmende des Phrasenbeginns relativiert und das Fortschreiten der Singenden initiiert. Und da ist dieses melismatische Ausgestalten des „gloriae", in dem der Singende gleichsam über sich hinausgeht und *sich* als das Gotteslob selbst verkündend und weisend *darstellt.* Und da ist schließlich das harmonische Fortschreiten, das auch hier in ein gleichsam *willentliches* überzugehen scheint.

Tatsächlich fungiert dieses „Pleni…", das Lully ja (entgegen einem aus dem Messzyklus stammenden Selbstverständnis) von dem dreimaligen „Sanctus" deutlich abtrennt, einerseits als „Ankündigung" dessen, was folgt, andererseits als Emporsteigen der Singenden und Mit-Singenden in eine neue Sphäre des „Gotteslobes", das nun die Singenden in das der himmlischen Chöre einfallen lässt.

---

[136] Der Begriff der „Haltung" wird hier als ein durch eine bewusste Maßnahme bzw. durch Selbstreflex geregeltes Verhalten gebraucht, das die „materiellen" Verhaltensweisen einer Person übergeordnet bestimmt. Haltung erscheint als deren zusätzliche Potenz bzw. als Ausweis der „Verfügung über sich als" Sich-Verhaltender. Vgl. hierzu u., Ss. 164 und 188 f.

Denn konsequent wechselt der Takt nun in eine 3-er-Proportion; in ihr verbinden sich die Allen gleichsam mit dem Lob der himmlischen Chöre, in das der Apostel, der Propheten und der Märtyrer:

> Te gloriosus Apostolorum chorus. Te prophetarum laudabilis numerus. Te Martyrum candidatus laudat exercitus. – Dich preist der ruhmreiche Chor der Apostel, dich der Propheten lobenswerte Zahl, dich der Märtyrer glänzendes Heer. (232-341)

Dies geschieht, wie angesprochen, im gleichsam jubilierenden 3-er-Takt, je das verbale Loben („laudare", „laudabilis") melismatisch darin einschließend. Der Lobpreis der Chöre gibt sich in fast militärischer Schlagkraft und rhythmischer Festigkeit:

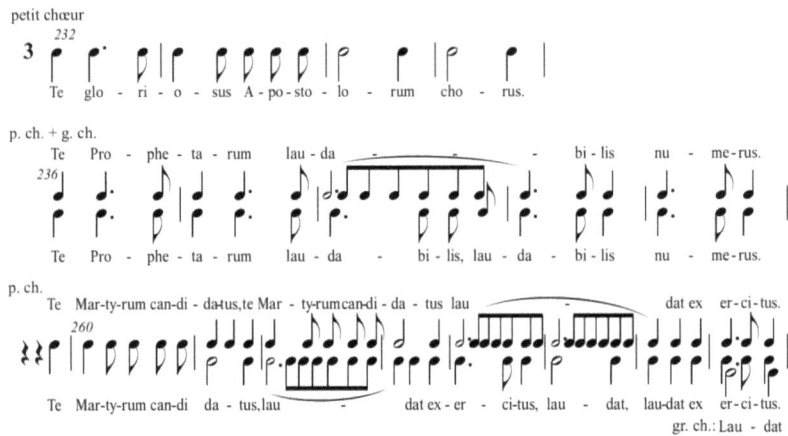

Die je in Terzen und sequenzartig verlaufenden Lobensfiguren werden zusätzlich im Zusammenhang der Märtyrerzeile solistisch herausgestellt, wie, um die Singenden deren „Seligkeit" rollenmäßig aufnehmen zu lassen und in der Ausdehnung (von über 80 Takten!) sie gleichsam kein Ende finden zu lassen.

Und doch: dieses sich fortzeugende Lob läuft, in den *Alla-Breve*-Takt vom Beginn wechselnd, in eine Art Proklamation auf –

> Te per orbem terrarum sancta confitetur Ecclesia. – Dich preist die heilige Kirche über den ganzen Erdball. (342-360)

–, in ein auch musikalisches Resultat, in dem das „Te", mit Pause abgetrennt, wie Gott persönlich ansprechend erscheint.[137]

---

[137] Die mir vorliegende CD-Einspielung durch Le Poème Harmonique & Capella Cracoviensis von 2013 unter Vincent Dumestre (Alpha Productions) verkürzt aller-

Im geraden Takt gewinnt nun eine Art Vergemeinschaftung der Singenden und Mit-Singenden mit den bisher (im Text) Genannten im Rahmen der „Kirche" endgültige Gestalt, dies in der Verdoppelung der Aussage versichernd. Dabei ist der quasi resultierende und alles bestimmende Bezug zu „Te" in besonderer Weise herausgestellt.

Ein "drittes „Bild" – Schau und Verherrlichung der Trinität; Gewissheit über die Wiederkehr des Herren

Wir können davon ausgehen, dass Lully hier mit der großen Kadenz nach C-dur (352-360) der ersten Phase des Gotteslobes in einem ersten „Akt" oder tatsächlich in einem ersten und einem zweiten „Bild" mit je drei „Auftritten" resp. Szenen eine Art Abschluss setzt. Und doch, im Instrumentalbass unmittelbar angebunden, leitet die 27-taktige *Symphonie* (nach A-moll wechselnd) nur über, gleich einem feierlichen *Eintreten* in eine neue Phase. Als quasi französische Ouvertüre bereitet sie hier das (über die Rollen der Singenden fungierende) sprachliche In-Erscheinung-Bringen der Dreifaltigkeit als neuen Akt (in der Vorstellung) vor. Entsprechend erscheint der angeschlagene Typus des Spielens als ein Hinübergehen der Singenden und Mit-Singenden in eine neue Phase der Gottesverehrung, ja in ein *Tableau der Gottesschau*. Dies ist deshalb erstaunlich, weil die folgenden drei Zeilen sprachlich zum Preisen der Kirche gehören und kein eigenes Verbum besitzen.[138]

---

dings dieses „Te" unstatthaft zum Staccato-Ausruf, was dem resultierenden Zuwendungscharakter dieses „Te" sicher widerspricht.
[138] Die gängigen Übersetzungen des *Te Deum* weisen diese drei Zeilen selbstverständlich den vorhergehenden zu, denn sie haben kein eigenes Subjekt, vor allem aber – für das Lateinische doppelt wichtig – kein Prädikat. Lully aber „trennt" hier bzw.: er leitet

Patrem immensae majestatis. Venerandum tuum verum, et unicum Filium. Sanctum quoque Paraclitum Spiritum [confitetur sancta Ecclesia]. –
Dich, den Vater unmessbarer Majestät, deinen ehrwürdigen, wahren und einzigen Sohn, dazu den Tröster, den Heiligen Geist [preist die heilige Kirche] (388-496)

Das durch den Bass des *petit choeur* anhebende Singen geschieht im 2-er-Metrum, ganz analog dem obigen „majestatis gloriae tuae" (Takte 218 ff.). Doch ist der Part hier ausgeweitet. Dem „Patrem immensae majestatis" schließt die gleichsam für die Allen sprechende Bassstimme das vom absteigenden Gestus geprägte „venerandum tuum... Filium" an, das dann seinerseits mit der Nennung des Heiligen Geistes im 3-er-Metrum verbunden erscheint.

All dies (einschließlich der vorbereitenden *Symphonie*) geschieht im gewichtigen und feierlichen A-moll. Vor allem beim zweiten „venerandum..." fällt die durch den Generalbass von der Singstimme hervorkehrend aufgenommene absteigende Linie auf:

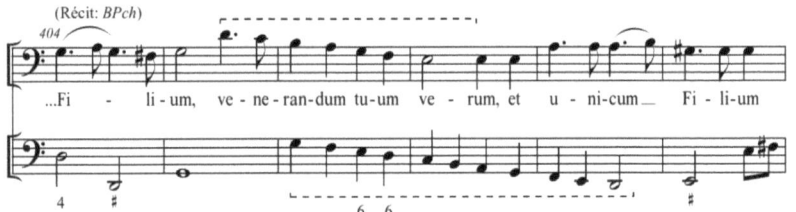

Das Singen ermöglicht die Betonung einer Aussage*geste*, die das Auszusprechende als ein Selbstverständliches artikuliert, für das der „Aussprechende" in seiner Person einsteht.

Der Übergang zur Proportio tripla hat dann etwas betont Tänzerisches, so, als sollte hier (ganz im Sinne des Pfingstgedankens) die Herabkunft des Geistes auf die Danksagenden, gleichsam überfließend, gefeiert werden. Tatsächlich leitet eine kurze sequenzierend absteigende instrumentale Taktgruppe über zu einem chorischen Aufnehmen dieser drei der Verehrung der göttlichen Trinität gewidmeten Zeilen. Zwar beginnt es im geraden Takt, doch breitet es seinerseits nun die dreizeitige Metrik extensiv aus (452-490): immer wieder, unterbrochen durch betont „sanfte" („*doux*") instrumentale *Ritornelle*-Takte im dreistimmigen Instrumentalsatz, wird eine quasi

---

zu dieser Nennung der Dreifaltigkeit als zu einem besonderen Abschnitt bzw. eben einem besonderen Tätigsein des Singens über, das diese Zeilen mit dem folgenden verbindet.

verinnerlichte Verehrung des Heiligen Geistes beschworen, gerade am Schluss den Gestus des Absinkens hervorhebend.

Die Frage nach dem Sinn solchen „Beschwörens" beantwortet sich möglicherweise mit dem unmittelbaren Übergang zum nächsten „Auftritt", dem solistischen „Tu Rex gloriae, Christe":

> *Tu Rex gloriae, Christe. Tu Patris sempiternus es Filius. Tu ad liberandum suscepturus hominem, non horuisti Virginis uterum. Tu devicto mortis aculeo aperuisti credentibus regna caelorum. – Du, der König der Ehren, Christus, du, bist des Vaters ewiger Sohn; du, der du es auf dich genommen, hast, den Menschen zu befreien, hast der Jungfrau Schoß nicht verschmäht; du, der du des Todes Stachel besiegt hast, hast den Glaubenden die Reiche des Himmels eröffnet. (496-591)*

Aus dem Erfülltsein mit dem Geist Gottes resultiert nun eine Art sich artikulierende Schau, die wahre Christusverehrung, jedes einzelnen Singenden und Mit-Singenden: logischerweise weitgehend als solistisches Singen. Das unmittelbare Ansprechen Christi als „König der Ehren" nimmt der solistische Altus (nun wieder im geraden *Alla breve*) auf, dem der Bass das „Tu Patris sempiternus filius" ergänzt. Auch hier zwei kennzeichnende Vorgehensweisen: zum einen die mehrmals wiederholte und dabei musikalisch je „fortschreitend" gehandhabte Realisation; zum andern die im Grunde feste rhythmische Wendung, die „Aussprechensfigur", die dem

Auszusprechenden eine einmal u. d. h. gleichsam durch den Singenden verursachte Gestalt verleiht.

Beides sind (wie bereits oben angemerkt) Kennzeichen einer (stattgehabten) Aneignung eines Textes, die sich in einem relativ strengen taktweisen harmonischen Fortschreiten realisiert und von diesem abhebt. Da ist erst einmal arienhaftes Singen, ohne Arie im formalen Sinn zu sein, Singen in festen melodischen und auf einen harmonischen Zielpunkt hinstrebenden Wendungen. Dadurch, dass Lully dann (ab Takt 511) das „Tu Rex gloriae Christe" zwei Tenorstimmen (= Altus und Tenor) in fast extatisch sich verschwisternder Weise anvertraut, gewinnt das Singen an Intensität. Und, in einen 4/4-Takt wechselnd, kippt es gleichsam in das nun eher rezitativisch er-

scheinende „Tu ad liberandum…" um, wie einer plötzlichen Einge-
bung folgend

und vor dem Taktstrich wie geradezu „unglaublich" einsetzend:
‚und duuu, der du doch des Vaters alleiwiger Sohn bist, du bist
Mensch geworden, um den Menschen zu befreien?!'. Dieser nun
vom Tenor aufgenommene lange Vers erscheint mit Leidenschaftlichkeit und innerem Engagement gesungen, mit einem wohl auf das
Leiden Christi weisenden chromatischen Abgang unter dem „ad
liberandum" (Takte 532/33). Und der Bass beschwört, sozusagen im
gleichen Ton, wenn auch vom Wechsel ins *Alla breve* ausgehend, das
„Tu devicto mortis…", um aber nun mit bewegter Kontur in eine Art
Arioso des „aperuisti… regna caelorum" überzugehen. Eine Phrase,
wie die folgende

ist sicher keine „Figur", die das „caelorum" vorstellig machen soll, sondern Ausdruck einer hochachtlichen Verehrung, mit der sich der „Aussprechende" selbst *in eine von seinem Reden überzeugte Haltung bringt.*

Im Bezug eben auf solche *Haltung* erscheint die fein nuancierte Charakteristik der solistisch gesungenen Verse bemerkenswert. In gleichsam liebvoller Zuwendung wird das „Tu Rex gloriae" „ausgesprochen" und schließlich in terzenseliger Doppelstimmigkeit umschrieben, während das „Tu Patris…" in seiner konstanten Antwort das immerwährend Feststehende sozusagen in obligater Gelassenheit dagegensetzt. Dann das „Tu ad liberandum…", in welchem gleichsam ein Menschliches zum Zuge kommt: ein in akklamativen Phrasen leidenschaftlich Überfließendes. Und schließlich das „Tu devicto mortis…", das wir als aus einer Statur der Überzeugung ausgesprochen ansehen können.

Es erscheint bemerkenswert, dass dieses für den Gesamttext sozusagen zentrale Ansprechen der Göttlichkeit Solisten realisieren, in der Mitte gar mit rezitativischem Singen: als ob dieses eben das menschlich Unmittelbarste wäre, doch stets, trotz der scheinbaren Spontaneität, in Phrasen der kadenziellen Ordnung sich vollziehend.

Dem fügen nun, durch einige als *Symphonie* bezeichnete Instrumentaltakte abgesetzt (592-96), die Chöre die Akklamation des „Tu ad dexteram…" an, die Lully offensichtlich mit dem „Iudex… esse" in einem Zusammenhang sieht:

Tu ad dexteram Dei sedes, in gloria Patris. Iudex crederis esse venturus. Du, der du zur Rechten Gottes sitzt, in der Herrlichkeit des Vaters: als Richter, so hast du uns anvertraut, kehrst du einst zurück. (597-656)

Nachdem die Instrumentaltakte in die Haupttonart C-dur zurückgeführt haben, nimmt nun zuerst der *grand choeur* den Duktus auf (vgl. das Notenbeispiel auf der nächsten Seite). Während wir auch hier und in der fortfahrenden Wiederaufnahme des Textes durch abwechselndes und gemeinsames Agieren beider Chöre in der festen, auf das sich ausbreitende „sedes" hinzielenden Deklamation die auf die „Aussprechenden" zurückstrahlende Verehrung wahrnehmen, lässt Lully stets zwei der Stimmen das „in gloria" in melismatischen Achtelgängen variativ umschreiben. Die sich daraus ergebende musikalische Korrespondenz von These und Beantwortung überführt Lully durch Überschneiden der Einsätze bzw. Verkürzung der „Beantwortung" in ein wie willentliches Fortschreiten der Singenden.

Das sich auffüllende Ansingen Christi mündet denn auch in die gleichsam verzückte Vorausschau: in das Dreiermetrum wechselnd und vom Bass angestoßen, berauschen sich die Singenden in der Gewissheit des „Iudex crederis esse venturus", von der Gewissheit einer Wiederkehr des Herren.

Ein viertes „Bild" – Die Besinnung auf sich aus der Erfülltheit durch die Gottesschau

Wie oben (Takt 361) lässt nun auch hier Lully die Singenden gleichsam unmittelbar in eine ausgedehntere *Symphonie* einmünden und übergehen, wie, um nun als gekennzeichnete *Konsequenz* (in einem dreistimmigen Streichersatz) eine neue Haltung der Singenden und damit ein neues „Bild" vorzubereiten. Und auch hier (wie oben) bildet solcher Instrumentaleinschub also Abschnittsgliederung und gleichzeitig gedankliches Anbinden und Fortschreiten in einem, Fortschreiten in eine neue Haltung, gekennzeichnet durch die Proportio dupla („2"). Gleichzeitig wechselt die *Symphonie* sofort in die Tonart der Dominante (G-dur), in der auch das Singen anhebt.[139]

> *Te ergo, quaesumus famulis tuis subveni, quos pretioso sanguine redemisti. Aeterna fac cum sanctis tuis in gloria numerari.* – Dich also bitten wir, komm deinen Dienern zu Hilfe, die du mit kostbarem Blut erlöst hast. Zähle sie in der ewigen Herrlichkeit deinen Heiligen zu. (679-750)

Die Singenden eignen sich hier ganz real den Text als Rollentext an: Im Ton wie nach einer Beweisaufnahme zu einer Entschließung kommend, beginnt der Tenor des *petit choeur* mit seinem „Te ergo",

---

[139] Wortfolge (und Kommasetzung vor *quaesumus*) im folgenden Textzitat gem. Notentext Lullys (Klavierauszug der GA, S. 130).

um dann im bewegten Rezitativ mit den für Lullys Opern typischen Taktwechseln seine Folgerung darzulegen: ‚Dich aber' bricht es aus ihm heraus, ‚dich aber bitten wir…'; – ‚denn', so meinen er und nach und nach jeder von ihnen/uns, ‚du hast uns doch mit deinem Blut erlöst'. Und der daraus folgenden Generalbitte „Aeterna fac" des Tenors fallen die Allen mit ‚ja, in der Herrlichkeit zähle uns zu deinen Heiligen!' ein. Solches Bitten verfestigt sich im zweiten Anlauf sozusagen in eine aufrechte Haltung hinein: Lully erweitert es mit einigen *Symphonie*-Takten im Stil der französischen Ouvertüre und beendet im strikt homophonen und vereinheitlichenden „in gloria numerari".

Vielleicht ist dieser Beginn eines quasi vierten „Aktes" die Stelle, an der die Singenden und Mit-Singenden am deutlichsten und erkennbar angenommene Rollen wahrnehmen. Gehen wir davon aus, dass das „Zusammenkommen", das wir dem Beginn unterstellt haben, genau den Ort einer/der Kirche meint, in der die Singenden und Mit-Singenden agieren, dann geschieht das an einem Ort, an dem (Gott durch) Christus gleichsam körperlich anwesend ist. Die Gläubigen bzw. die Gesellschaft, die da (bildlich) in das Gotteshaus strömt, lobt, aufgefordert von priesterlichen Figuren (Soli) den Herrn; und sie schaut und erlebt ihn, vermittelt eben charakteristisch durch die je die „Bilder" eröffnenden Soli derselben, als Gegenwart. Und nun, erfüllt und ver-sichert von solcher Gottesgegenwart, bringen sie dem, der – so endete das von uns so genannte dritte „Bild" – als Richter dereinst kommen wird, ihre Bitten vor. Und wieder tun dies am Beginn die quasi priesterlichen Vermittler, die im „quaesumus" für sie sprechen. Und dies aufnehmend und „verstehend" fallen die anderen Solisten in die Rechtfertigung (→ „quos… sanguine redemisti") ein. Hier, mit dem Beginn eines (angenommen:) vierten „Aktes", wird besonders deutlich, dass Lully fast ein (inneres) Bühnengeschehen entwirft.

Wiederum geschieht eine Art Szenenwechsel: mittels 13 bis 14 *Symphonie*takten im Zweiermetrum und mit auffallenden Aufwärtsbewegungen in den Instrumentaltakten entsteht nun eine Art Feierlichkeit, die sich als gemeinschaftliche Gewissheit in der Bitte der Singenden des „Salvum fac…" realisiert:

Salvum fac populum tuum, Domine, et benedic hereditati tuae. Et rege eos, et extolle illos usque in aeternum. – Rette dein Volk, Herr; und segne deine Erbschaft. Und leite diese, und ermutige/erhebe jene bis in Ewigkeit. (765-873)

Das ist feierliche Beschwörung (765-69), gepaart mit Inbrunst des Einzelnen in den solistischen Übergängen (770 ff.),

mit flehentlichem Bitten in süßen Terzen, sozusagen (unter Einschluss der Instrumentaltakte) mit einem Erheben der Herzen und einem sich anfeuernd korrespondierenden Fordern: das ist große entworfene Szene. Die Textwiederholungen sind nicht als sie selbst, sondern als Mittel persönlich ausdrücklich-aktiver Äußerung zu verstehen: *Nicht die Artikulationsfigur selbst, sondern der Umgang mit ihr, gebiert die entscheidende Ausdrücklichkeit.* Dreimal streben die Stimmen im je neu konstruierten Wechsel dem „…aeternum" zu, bis der Satz in einer großen (5-taktigen) Kadenz feierlich schließt.

Doch *löst* er gleichzeitig mit dem Wechsel in das Dreiermetrum *etwas aus*:

> Per singulos dies benedicimus te. Et laudamus nomen tuum in saeculum,
> et in saeculum saeculi. – Täglich lobpreisen wir dich. Und wir loben dei-
> nen Namen in Ewigkeit, ja in ewiger Ewigkeit. (874-1015)

Was er auslöst, das ist ein *Versprechen* der Singenden, erst jedes
einzelnen, imitierend sich folgend, dann kompakt im Chor.

Auch dies geschieht gleichsam hochgemut, wie ausgelassen, mit
eingestreuten trompetenbestückten Instrumentaltakten, sieghaft
herrschaftlich. Als ob sie sich in ihrer „Ausgelassenheit" in die nun
vollkommene Erfülltheit des Gotteslobes führten, gliedern die Chöre
gemeinsam (nun im geraden Takt) ihr „Et laudamus nomen tuum" an. In je aufsteigenden Sequenzen steigern sie ihr Loben, dabei auf
den musikalischen „Wortschatz" des Beginns (des *Te Deums*) zu-

rückgreifend. In mehreren Wellen streben sie je das im Dreiertakt finalisierte „et in saeculum saeculi" an.

Ein fünftes „Bild" – ein Epilog

Was nun, von einer 14-taktigen *Symphonie* der Violons übergeleitet, folgt, das erscheint wie eine Art Epilog: nach dem ins quasi Übermenschliche gesteigerten Gotteslob, einem wie ausdrücklich gestalteten Finale, nun das Nachgebet, ein Zurückschauen auf sich selbst in der gleichsam bescheidenen Bitte um Beistand im Jetzt und Heute.

> *Dignare, Domine, die isto sine peccato nos custodire. Miserere nostri, Domine, miserere nostri. Fiat misericordia tua, Domine, super nos, quemadmodum speravimus in te. – Herr, du wollest uns an diesem Tag vor Sünde bewahren. Erbarme dich unser, Herr, erbarme dich unser. Es geschehe dein Erbarmen über uns, ebenso, wie wir auf dich gehofft haben. (1030-1097)*

Bescheiden setzt denn auch die Bass-*Récit* mit dem „Dignare Domine…" an.

Dieser schließen sich andere Stimmen sukzessive und dann die Allen mit ihrem „Miserere nostri" an. Die Punktierungen verleihen Feierlichkeit. Doch Lully ermöglicht auch hier den Singenden, sich szenisch zu gebärden. Wie nach einem gleichsam himmlischen Zuspruch, ja einer Zusicherung des „Fiat misericordia tua", abwechselnd und gemeinsam von hoher und tiefer Männerstimme solistisch in lebendigem rezitativischem Singen aufgenommen, gibt schließlich die eine Stimme (*Altus*) im festen *Alla breve* die Losung als eine erreichte und doch (erst einmal) wie befreiende Gewissheit vor:

In te, Domine, speravi; non confundar in aeternum. Auf dich, Herr, habe ich meine Hoffnung gesetzt; nicht werde ich zuschanden werden in Ewigkeit. (1098-1233)

Und nach dieser solistischen Emanation und sechs Instrumentaltakten nehmen diese Losung die Allen auf: mit trompetenverstärkten Instrumentaltakten wechselnd, realisieren sie im „Aussprechen", gleichsam angefeuert vom priesterlichen Bass-Solo eine u. d. h. *ihre* Überzeugung des „non confundar", z. T. in einzelnen Stimmen das „aeternum" sich besonders herausstellend. Hier meint die Kompaktheit des Singens Versicherung und Überzeugung in einem.

Verstehen wir diesen Schluss als ein betont gemeinschaftlich szenisches und darin eben doch persönliches Geschehen, so registrieren wir (im Vergleich etwa mit Schützens Predigtmotette aus den *Exequien*) zwar eine Verwandtschaft im Zweck des „Aussprechens". Dem gemeinsamen „Sich-als…" zur Geltung zu bringen steht aber der gewichtige Unterschied dieses „als wer" gegenüber: dort als ein die persönliche Einsicht in die Glaubenssicherheit aus der „Frage" (= Positionsmarkierung resp. „These" des ersten Satzes) im Rahmen gemeindlichen „Aussprechens" jeweils Suchende(r) und Sich-Bestätigender, hier *das kollektive Selbstverständnis vom Besitz des rechten Glaubens,* aus dem der Einzelne sich emanativ äußern kann und das sich niederschlägt in einer quasi fraglosen Haltung der Sicherheit eines göttlichen Erbarmens.

V

DIE »ARBEIT« *MIT* DER MUSIKALISCHEN ARTIKULATION

Das Gotteslob als konstruktiver Umgang mit dem „eigenen Gott-Loben" in Lullys *Te Deum*

„Sich-Realisieren als", als Gott aus diesem Besitz heraus Lobende(r), Schauende(r), Anrufende(r) und erfolgreich Bittende(r), – das ist wohl hier ein Zweck des Singens, wobei die Singenden und Mit-Singenden im Prozess jene Akte des Lobens, Schauens und Bittens durchspielen, die solcher Realisierung dienen. Sie *tun* es nicht einfach, sondern sie *sind* diese Besitzenden als quasi selbst Handelnde; sie versetzen sich in sie und nehmen deren Rolle aktiv an. Als solche können wir sie den Singenden bei Monteverdi und Schütz durchaus parallel sehen, konstatieren aber gleichzeitig, dass die Epoche inzwischen ein bis zwei Generationen fortgeschritten ist. Trotzdem wollen wir versuchen, am *Te Deum* Lullys einige *vergleichbare* Kennzeichen eines spezifisch französischen katholischen (und lateinischen) Singens zusammenfassend zu bestimmen.[140] Versuchen wir Selbstverständnis und Sinn des Singens in Lullys *Te Deum* systematisch zu fassen und zu vertiefen!

Singen ist Artikulation im Dienste einer Selbstrepräsentation; es gehorcht bzw. dient einem Voranschreiten als persönliche Aktion.

Auch bei Lully ist Singen in einer gleichsam vordergründigen Schicht Aussprechen, durchaus gewählt persönliches Aussprechen. Und auch in diesem *Te Deum* geht es um ein zur-akustischen-Wirklichkeit-Bringen eines wesentlichen kirchlichen Textes durch das Tätigsein der Singenden und Mit-Singenden für sich (= sie)

---

[140] Vgl. o., Kapitel III.

selbst. Und offensichtlich vollziehen diese das Selbst-Aussprechen des Textes *als gestalteten Akt*: ihm verleihen die Singenden und Mit-Singenden eine u. d. h. tendenziell *ihre* eigene *Gestalt*. Sie „sprechen" *mit* ihm bzw. *durch* diese, sie konstruieren darin ihre gleichsam eigene personale *Gestaltung in der Zeit*. Wie geschieht dies im Einzelnen?

a. Die Deklamation der einzelnen textlichen Aussageeinheit geschieht in einer festen rhythmischen Gestalt.
Die wesentlichen Merkmale des Lullyschen Umgangs mit der Sprache können wir gleich vom Beginn an beobachten: Schon im ersten Anheben der Solostimme (Takt 62 ff.)

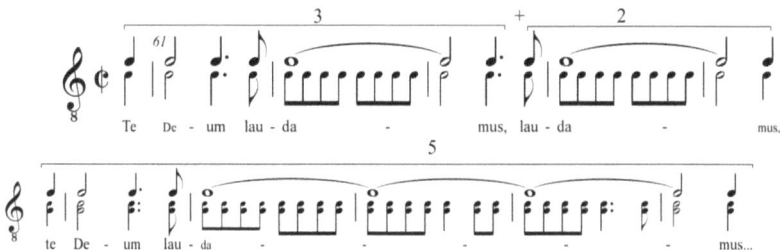

scheint *die sprachliche Sinneinheit* einerseits einer fast instrumentalen motivischen Gestaltung unterlegt, andererseits wiederum, besonders in der erweiterten melodischen Kontur, wie aus einer auf das „(lau-)da-(mus)" konzentrierten Artikulation gemeißelt, das Loben sozusagen auf der Mittelsilbe melismatisch aussingend und in der Text-wiederholung nochmals aufnehmend und schließlich (Takt 68 ff.) verlängernd. Die einmal angeschlagene rhythmische Gestalt hängt dem „Aussprechen" der Sinneinheit in allen (auch partiellen) Wiederholungen an, egal, wer sie aufgreift.
Am „laudamus" sehen wir aber auch, dass dem „Aussprechen" gleichzeitig eine gewisse Kontur eigen ist, die im Laufe des wiederholten „Aussprechens" mannigfach variiert werden kann, gleichzeitig aber über das Artikulieren der lateinischen Worte Elemente einer eine quasi körperliche Aktion der Singenden darstellende „Figur" enthalten kann. So, wie etwa die stimmliche Abwärtsbewegung des „veneratur",

die vielleicht auf ein verehrendes Beugen weist, auch später im „Venerandum tuum… Filium" (Takt 391 ff., besonders 405 ff.; auch im Chorsatz, 433 ff., vor allem in der Bassstimme) deutlich hervortritt, so erscheinen im ganzen *Te Deum* auch Formen des zentralen Wortes „laudare" stets melismatisch ausgeschmückt, besonders intensiv im „Te Martyrum candidatus laudat exercitus":

Im „Aussprechen" erscheint oft gleichsam jene *Aktivität* der Singenden (und Mit-Singenden) angelegt, *von* der sie sprechen.

b. Harmonisches Fortschreiten steht für das gleichsam körperliche Vorwärtsagieren der Singenden.
Sehen wir uns die Artikulationsgestalten der einzelnen Sinneinheiten im gesamten *Te Deum* durch, dann konvenieren diese je mit einem gleichsam formgebenden harmonischen Fortschreiten.

Das rhythmisch präzise Aussprechen, ein vom Subjekt gebrauchtes
Mittel zur Gestaltung des Aktes des „Aussprechens", korrespondiert
mit einem gemessenen harmonischen „Vorangehen", in das das
Aussprechen eingebracht erscheint oder das das artikulative Fortschreiten sozusagen trägt. Das konsekutive harmonische Verknüpfen bildet den mehr oder minder *geebneten Weg*, auf dem die „Aussprechenden" vorankommen. Das die ersten beiden Verse beschlie-
ßende „te Dominus confitemur" – vgl. das Beispiel auf der vorhergehenden Seite – demonstriert mit strikter homophoner Chordekla-
mation den einfachsten Fall solchen Vorangehens als ein taktweises.
Solches Fortschreiten hält sich in der Regel im Rahmen einer erweiterten Kadenz.

Wir beobachten ein beständiges Ausholen und vor allem Hinlenken
zur „nächsten" strukturell bedeutsamen harmonischen Stufe am
jeweils folgenden Taktbeginn. Stellen wir eine der Varianten
daneben, dann finden wir nicht nur den Beginn über die Sextakkorde für ein spezifisch fortschreitendes Vorangehen zusätzlich geeb-
net, sondern eine Verstärkung auch über die Einschaltung einer
Zwischendominante unterstützt (Takt 157).

Nicht selten strebt das Vorangehen an seinem Ende einem (im Vergleich zum Beginn) harmonisch abweichenden Schluss zu:

Auch im unmittelbar anschließenden nächsten Notenbeispiel (vgl. nächste Seite) dokumentiert sich ein solches Vorgehen. Auch hier finden wir (im Vergleich) das gleiche Anzielen der jeweils neuen harmonischen Stufe, wobei Oberstimme und vom Bass gesteuerter harmonischer Schritt miteinander konvenieren und den Singenden zu einer Art Dynamik verhelfen:

Auch wenn am Ende aller interner Textwiederholungen das schließliche Abkadenzieren steht, tritt gleichzeitig (auch bei Lully) in allen Abschnitten dieses zielgerichtete Voranschreiten der Singenden hervor. Wir könnten auch sagen: das Aussprechen in der Form der musikalischen Artikulationsgestalt ist das Mittel, *mit* dem nicht nur das harmonische Fortschreiten realisiert wird, sondern mit dem die Singenden sich als auf ein „Ausgesprochen-Haben" hin Fortschreitende verwirklichen. Es ist eben das beständige melodische Ausholen, das das Vorangehen zur nächsten Stufe wie zu einem *willentlichen* Akt unterstützt. Das erscheint uns deshalb so wesentlich, weil damit das eigene singende Vorangehen latent zum *Mittel* wird, um „etwas" zuwege zu bringen; dieses gerät mehr und mehr in eine kalkulierte bewusste Verfügung. Solche kann zusätzlich jene tätigkeitliche Kontur unterstützen, wie wir sie oben im Zusammenhang des Wortes „venerari" angesprochen haben:

Das Fortschreiten geschieht hier deutlich in eine Richtung, die gleichsam auf die Herabkunft des „Iudex" oder eben, näherliegend, auf ein Zusichziehen Christi weist.

178

Hört man sich Lullys *Te Deum* durch, so fällt auf, dass Lully selten Sequenzen verwendet; stattdessen registrieren wir ein stetes harmonisches Voranschreiten, durchaus mitunter auch als sekundweises Aufwärts- und Abwärts-Schreiten, in relativ naheliegenden Harmoniefolgen. Sequenzen im ausdrücklichen Sinn dienen einer Art ausdrücklicher Steigerung innerhalb einer melismatischen „Überhöhung" der eigenen Aktivität, z. B. im Zusammenhang „laudat exercitus" (Takt 280 ff.) oder in jenem des „et laudamus nomen tuum" (Takt 932 ff.) der Aktivität des Lobens selbst. Gleichzeitig beobachten wir die selbstverständliche „vermittelnde" Rolle der Sextakkorde als Durchgang oder Wechsel, denen eine wesentliche Funktion in der „Ebnung" des angesprochenen Weges zukommt. Häufig stehen sie auf unbetontem Taktteil, was uns auf die dritte Konstituente textlicher Artikulation verweist, auf den Takt.

c. Deklamation in der Weise der Artikulationsgestalt und harmonisches Voranschreiten sind auf den akzentlich gestuften Takt als Bewegungseinheit bezogen, ja angewiesen.

Bildet das harmonische Voranschreiten sozusagen die Materie des Vorangehens, des artikulativen Fortschreitens in der Zeit, so geschieht es doch relativ streng im Takt. Dieser bildet die strenge metrische Basis der rhythmischen Deklamation. Solches in festen, hier aber durch den einheitlichen Akzentstufentakt bestimmten Metren gefasstes Aussprechen entspricht einer französischen Tradition eines metrisch gebundenen „Aussprechens" schon in der Vokalmusik des ausgehenden 16. Jahrhunderts; es stellt eine enge Verknüpfung musikalischer Artikulation mit der körperlichen Bewegung (Tanz) dar. Von daher bildet der Takt ein spezifisch „menschliches" Maß des „Schreitens" oder der „Schrittfolge". Der Takt als „Bewegungseinheit" organisiert gleichsam ein quasi körperliches Sich-Bewegen der Singenden und Mit-Singenden und vermittelt der Artikulation gleichzeitig eine spezifische Ordnung.

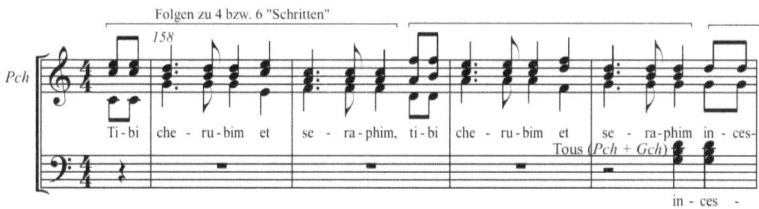

Voranschreiten im Takt – das obige Beispiel ist vereinfacht – als ein solches *im Maß des Menschen* erweist sich den Singenden und Mit-Singenden dort ex negativo, wo sie von der das menschliche Maß überschreitenden „Ewigkeit" sprechen:

Für das „Aussprechen" des „aeternum" (vgl. auch Takt 853 ff. oder 1176 ff., Bassstimme, u. ö.) oder auch des „sempiternus" entwirft Lully ein Tönen, das konsequent die Taktgrenze und damit dieses spezifisch menschliche Maß (in der Vorstellung der Singenden und Mit-Singenden) überschreitet. (Möglicherweise können wir auch das über die Taktgrenze reichende „Loben" des „Te Deum laudamus" als ein auf ein ewiges Lob weisendes Singen hier einreihen.)

d. Sprachliche Artikulation in der Form der musikalischen und der vor allem rhythmisch, aber auch oft konturmäßig bestimmten Artikulationsgestalt, harmonisches Fortschreiten in relativ klaren harmonischen Schritten als Repräsentant eines menschlichen Voranschreitens sowie der Takt als metrische Basis, menschliches Maß und als je charakteristische „Größe" solchen Voranschreitens bilden ein Bedingungsgefüge, in welchem die Sin-

genden und Mit-Singenden sich als menschlich Dies- und So-Aussprechende ganz real in Szene setzen bzw. realisieren.

In diesem Zusammenhang bedeutet ein Taktwechsel, wie der am Übergang zum (von uns so genannten) „zweiten Bild" (Takt 208),

auch einen Wechsel in der Haltung des Voranschreitens der Singenden und Mit-Singenden. Obwohl das „Tempo" (im neuzeitlichen Sinn) sich nicht ändert, verändert sich das Selbstverständnis der Singenden von dem, was sie hier tun. Genau dies ermöglicht ihnen Lullys Entwurf. Während die *Alla breve*-Vorschrift in der Regel ein in zwei Halbtakten gemessenes Vorangehen

und damit die das Singen hier im Gesamten bestimmende spezifisch würdige Haltung der Singenden und Mit-Singenden ermöglicht, scheint die *Proportio dupla* („2")

eher ein Innehalten in der Bewegung anzudeuten, gleichsam ein Stehen-Bleiben und Nach-„innen/oben"-Blicken; das gilt wohl auch für den Übergang zum „Pleni sunt caeli…" (Takt 208). Während demgegenüber die *Proprtio tripla* („**3**") die menschliche Bewegung in eine quasi körperliche Entäußerung im Sinne von Gelöstheit und Freude überführt,

bezeichnet der 4/4-Takt (**C**) ein eher aufgeregtes „Sich"-Äußern:

Gerade das letzte der Beispiele demonstriert, dass „Takt" als charakterisierende „Größe" menschlichen Voranschreitens den Singenden (und Mit-Singenden) vorschlägt, eine je dem Aussprechen adaequate Haltung einzunehmen. Taktarten kennzeichnen auch und im Weiteren neben dem und durch das Maß des Fortschreitens ein inhaltliches Verhältnis der Singenden zu dem, was sie als Singende i. S. einer Rolle *verkörpern*.

Das Zusammenspiel als nicht nur Repräsentant sondern als musikalische „Verkörperung" menschlicher Bewegung i. S. eines vor allem *Sich*-Bewegens, einer Haltung im ausgesprochenen Sinn, legt sich von Anfang an auch dem instrumentalen Spielen auf. Und konsequent bildet der Schlusstakt der Einleitungssymphonie gleichzeitig den ersten (Tonika-)Takt des vokalen Beginns, in den der Bass mit seinem Auftakt konkret sich einfädelt: als ob körperliche Bewegung regelrecht schließlich in die sprachliche Äußerung mündete.

Wir stellen fest: Das durch und für die sprachliche Artilulation in seine Wirksamkeit eingesetzte taktweise Fortschreiten vermittelt die Ruhe und gleichsam *Selbstdisziplin*, die zu einer Haltung im expliziten Sinn notwendig ist. Die Harmonik gestaltet „sich" als ein stetes zielbezogenes Vorangehen, besonders deutlich dort, wo innerhalb eines Taktes die neue Harmonie des nächsten Taktes zusätzlich vorbereitet wird; wir bemerken ein Streben hin, ein wie eigenbewegtes Fortschreiten. Dieses realisiert Bewegung, menschliche Bewegung (ganz im Sinne von Tanz, aber weit über ihm stehend). Im „Prélude" am Beginn beobachten wir sozusagen zwei Bewegungsarten: die „würdige" des schweren Schreitens in den Tutti-Abschnitten und in den Abschnitten der Violons (zusammen mit der zurückgenommenen Instrumentierung) ein quasi halbtaktiges „Gehen", eine Art von Leichtigkeit, fast im abgehobenen Sinn. Und das sprachliche und damit quasi körperliche Fortschreiten in der metrischen Ordnung der Taktes nützt Lully für die Singenden auch zum melismatischen (= „aktiven") Hinleiten zum nächsten Takt; in dieser Weise wird z. B. eine Figur für ein „laudamus" eingebracht.

In solcher Artikulation erscheint die Aneignung des Textes bereits von vornherein vollzogen, d. h. genauer im *Akt* der Artikulation, den man zwar einerseits (mittels Lullys Entwurf u. d. h.) mittels der Artikulationsfigur selbst realisiert und verantwortet, der die Singenden vor allem aber anderseits wie ein Sich-selbständig-musikalisch-Verhaltendes mitzunehmen scheint. Wir beobachten an Lullys vokalem Ensemblesatz eigentlich einen wesentlichen Schritt hin zur Instrumentalisierung des Singens, einen Schritt zum text-artikulierenden Spielen mit dem „Instrument" Stimme. Dort, wo Lully auf ein Singen zugreifen will, das den Menschen als geistige und affektive Einheit mitnimmt, verfällt er in die *Récit*, in ein rezitativähnliches oder arioses Singen eines Solisten. Doch bestätigt auch dieses – „Récit" ist eigentlich ein Begriff des „Erzählens" – sozusagen den Vorbesitz eines Textes in intensiverer Form. Singen ist bei Lully kein Aneignungsvorgang mehr, sondern Ausdruck eines (im Rahmen persönlicher Religiosität) tendenziell bereits Angeeigneten.

Gestaltung als ein Akt generativer musikalischer Pragmatik

Die Phrasen- und Szenenbildung geschieht fast grundsätzlich mittels (partieller) Textwiederholungen und dabei durch Arbeit mit dem musikalischen Motiv. Nehmen wir die erste Aussageeinheit im Ganzen in den Blick:

Wir bemerken, dass die horizontale und vertikale Gestalt des Text-
sprechens inform einer „Aussage" mittels der Artikulationsgestalt,
musikalisch gesehen, zum *Motiv* erhoben und dieses, melismatisch
ausgestaltet, gleich zur *Phrase* wird.

Entscheidend erscheint, dass Lully es nicht bei der einzelnen „Figur" belässt, sondern sie mit ihrer rhythmische Prägnanz zum *Motiv*
eines aufnehmenden Vorangehens *macht, mit* dem die Singenden ihr
Singen spezifisch fortschreitend gestalten. Wir können dies als einen
historisch entscheidenden Schritt hin zu einer nun wiederum weitergehenden „Verfügung über sich als" betrachten, sowohl auf Seiten des das musikalische Handwerk Beherrschenden ebenso wie auf
derjenigen der durch Singen und Mit-Singen sich (hier in noch zu
eruierenden Rollen) Verkörpernden.[141]

Wir sehen, dass Lully bzw. die Singenden mit der Phrase bzw.
dem *Artikulationsmotiv* im musikalischen Sinn „arbeiten": *mit* ihm
gehen die Singenden jeweils innerhalb eines „Abschnitts" um; und
dies wird von Anfang an hier an der „antworthaften" Erweiterung
(zur Dominante hin) deutlich. Die Phrase erweitert Lully zu einer
Art *Periode*, deren besonderes Kennzeichen – wir haben das im obigen Notenbeispiel eingezeichnet – eine ungeradtaktige Abschnittsbildung zu sein scheint: zwei fünftaktigen Bildungen folgt eine solche von 9 Takten, wobei Takt 69/2. Hälfte + Takt 70/1. Hälfte als

---

[141] Vgl. u., Abschnitt 4. in diesem Kapitel, S. 192 ff.

„Erweiterung" sowie Takt 73 als Einschub erscheinen (können). Zur Bildung des größeren Abschnitts im Sinne eines, szenisch gesprochen, „Auftritts", beobachten wir (am obigen Notenbeispiel) ein „Anheben": durch Erweitern als Verdoppeln der „laudamus"-Figuration, durch Hinzukommen einer zweiten Stimme, schließlich durch zusätzliches tonliches Anheben des „laudamus", das dieses nicht mehr als Figur des Lobens selbst, sondern als eine persönliche Versicherung (70-75) ausweist.

Dass es bei diesem nicht bleibt, sondern nun zuerst der *petit choeur* (als Chor und nicht mehr solistisch) wiederum über das vorenthaltende „Fortschreiten" zur Tonikaparallele und dann der *grand choeur* in das „Te Deum laudamus" einfallen und über ein zwischenzeitliches „Korrespondieren" auf die gemeinsame Finalität des „te Deum confitemur" hinstreben, haben wir oben angedeutet; mit der Schlusskadenz zur Haupttonart C-dur hin vollenden die Singenden und Mit-Singenden sozusagen ihre (1.) „Szene".

„Aussprechen" ist für die Singenden und Mit-Singenden also Artikulation *plus* tendenziell körperhafte Darstellung des eigenen Tuns (u. a. *mittels* der besonderen Figuration) *plus* willentlicher Ausdruck des Aussprechens durch die spezifische „Benützung" des Artikulationsmotivs in der Zeit in einem. Solche aktive „Gestaltung" der Singenden und Mit-Singenden realisiert ein Stehen hinter dem Akt des Aussprechens in der besonderen Form des Fortschreitens. Das Singen „verkörpert" sie sozusagen. Selbstverständlich ist dies subjektive Wahrnehmung; aber genau um diese geht es: die „Arbeit" mit dem Artikulationsmotiv im Fortschreiten in klarer Harmoniefolge innerhalb der erweiterten Kadenz (mit intensiver Nutzung des Sextakkordes als Durchgang oder „Wechsel") wird zum Ausweis sozusagen *willentlicher* Aktion des Subjekts.

Zu den Maßnahmen zur Bildung quasi unregelmäßiger Phrasen– und Periodengrößen als Ausweis eines *willentlichen* Vorgehens, die wir (fast) alle von Anfang an bereits beobachten können, gehört auch das Hineinspringen in die textliche Artikulation am Beginn, was wir uns an einem fiktiven Beispiel klarmachen können:

Statt die Einleitung quasi abzuschließen und das Singen mit einem auch die Tonart definierenden neuen Abschnitt zu beginnen[142], schreitet das Singen Lullys sofort in die Dominante und gelangt wieder über sie hinaus.

Dies ist kein Einzelfall; es hat offensichtlich Methode. Das Verkürzen, vor allem aber das durch zusätzliche interne partielle Textwiederholungen erzwungene Erweitern der Phrasen oder Perioden finden wir im ganzen *Te Deum*. So erscheint das „Tibi omnes angeli" erst als 7-taktige, dann als 5-taktige und schließlich als 9-taktige Phrase, wobei letztere „dann" schließlich zusätzlich zu 12 Takten ergänzt wird. In solchen Fällen, wie im „Dominus Deus Sabaoth" (187 ff.), im „Te Prophetarum" (231 ff.) oder im „laudat exercitus" (280 ff.) und in vielen anderen Phrasen, geht es um ein Einschalten zusätzlicher Takte bei gleichzeitigem „Anheben" des „Aussprechens" u. a. durch den zusätzlichen Einsatz eines sozusagen zweiten (z. B.) Chores.

Auch mit solchem (vor allem) Erweitern der Phrasen verdeutlichen die Singenden und Mit-Singenden ihre Aktion zu einer spezifisch *willentlichen* Ausdrücklichkeit hin, zu einem *„Sich-als-Aussprechende-im-Akt-Verkörpern"*. Auch ein Wechseln der Chöre in Korrespondenz dient dem Aufbau eines wie willentlichen „Hin und Her". Singen gestaltet Lully als bzw. aus einem spezifisches/n Stehen *hinter dem Akt* des Aussprechens (als einer Ich-Tätigkeit).[143] Der Akt selbst und die in ihm „verkörperte" Haltung der Singenden und Mit-Singenden sind es (und nicht deren „inhaltliche" Intention), die in den Vordergrund rücken und deren reale musikalische „Einfachheit" dafür konstitutiv erscheint. Der Akt ist es, der den Gebrauch

---

[142] Der „Dessus du petit choeur" demonstriert in der weiteren Fortführung (Takt 75 ff.) in etwa eine solche Möglichkeit.
[143] Dies ist zwar auch bei Schütz und Monteverdi der Fall, doch kaum als explizite kompositorisch entworfene Maßnahme; dort realisiert sich Aussprechen als Entäußerung einer „eigenen" Empfindung bzw. einer eigenen und intentional begründeten Ausdrücklichkeit.

der musikalischen Mittel bestimmt[144]; jede weitere Komplexität würde diesen auf eine „inhaltliche" Ebene verschieben und verunklaren.

Auch bei Lully bedarf Singen als auf Vollendung gerichtete Handlung also der besonderen musikalischen Gestaltung; diese gehorcht
sozusagen einer *Pragmatik.* Der Begriff „pragmatisch" meint hier: auf
den Akt des Handelns bezogen, dem Handeln unmittelbar praktisch
dienend. „Pragmatisch" deshalb, weil kompositorisches Entwerfen
hier in besonderer Weise auf den Verlauf des Singens selbst ausge-
richtet erscheint, auf das artikulative Handeln als ein *Vorgehen in der
Zeit.* Darin sehe ich einen besonderen, hier: sozusagen *französischen
Weg* des „Über-sich-Verfügens-als" realisiert, das die kompositorische Maßnahme nicht nur in selbstverständlicher Weise, sondern *in
erster Linie* auf den Akt des musikalischen Vollzuges bezieht. Die
äußere, quasi körperliche und darin sich rollenmäßig verkörpernde
Verrichtung der Singenden und Spielenden (und Mit-Singenden...)
ist deren primär angestrebter Zweck, u. d. h. nicht ein von vornherein über diesen Hinausgehendes oder mit ihm nur mittelbar Ange-
strebtes.

Der Zweck des Singens verwirklicht sich primär in einer (vorgestellt) realen Welt[145], nicht in einer imaginären Welt der Glaubenseinsicht oder der religiösen Empfindung. Lully komponiert eine
Praxis des Aktes, in der sich ein „*Ich will* das überhaupt, mir, uns und
so sagen" (eines bereits Angeeigneten) als ein gestaltetes Vorgehen
in der Zeit der/des Singenden realisiert. Eine Empfindung der Singenden ist ebenso höchstens nur implizit angestrebt wie eine vernünftige Einsicht kaum erst erzeugt, sondern höchstens bestätigt
wird. Vielmehr scheint der Sinn des Singens und Mit-Singens insbesondere darin zu liegen, *sich in einer (= seiner) Haltung* in spezifi-
schem Sinn zur Geltung zu bringen.

Der Begriff der „Haltung" geht (hier) über den rein ethischen Begriff vor allem darin hinaus, als er ein (mit der Frühen Neuzeit ent-
stehendes) Selbstkonzept meint. *„Haltung" bezeichnet uns eine aus*

---

[144] Möglicherweise können wir darin eine entscheidende Brücke zur Identifikation
(resp. Identität) des Subjekts mit dem, was es musikalisch tut, sehen: das singende
(spielende, mit-singende...) Subjekt tritt in dem, was sich musikalisch vollzieht, selbst
auf; es ist *in* ihm präsent. Dies wäre doch dann eine ganz wesentliche Brücke zu dem,
was sich im 18. Jahrhundert zur Klassik hin entwickelt: das „Auftreten" des spielenden resp. mit-spielenden (= hörenden) Menschen selbst in der Instrumentalmusik, der
sich in solchem Tätigsein des instrumentalen Spielens (der dafür Beauftragten) als
Mensch verkörpert findet.
[145] Diese ist eine sozusagen des Theaters, in der das Spielen eben real erscheint, auch
wenn es letztlich auf ein „Nur"-Vorgestelltes verweist.

einer Selbstaufmerksamkeit resultierende Formung der eigenen Persönlichkeit auf der Basis von (durch Lernen und Übung verinnerlichten) Werten und Einschätzungen, die das Subjekt an sich als einem sich selbst bedeutsamen Gegenüber vornimmt. Dies formt es in allem seinem Verhalten. Das Subjekt schreibt sich sozusagen eine umfassende Rolle zu und gibt aus ihr seinen Aktivitäten eine es charakterisierende Form. Die so verstandene „Haltung" realisiert sich im Besonderen in den körperlichen und sprachlichen und, zusammengefasst und überhöht, in den musikalischen Aktionen. Für sie bildet Lullys Vor-wurf ein Potential für ein die singenden und mit-singenden Subjekte einer ganzen Sozietät einnehmendes Bestreben nach Selbstprägung.[146]

Das von Lully entworfene Singen ist Ausdruck einer entwickelten Religiosität.

Lullys *Te Deum* können wir als einen Entwurf zur Selbstinszenierung einer spezifisch französisch-höfischen Glaubensposition ansehen und damit als gemeinschaftlichen Ausdruck einer durchaus persönlich wahrzunehmenden Religiosität. Wir müssen uns dabei darüber im Klaren sein, dass Lullys Entwurf des Singens von 1677 die anderen beiden hier angesprochenen Entwürfe von Monteverdi bzw. Schütz bereits um ein bis zwei Generationen hinter sich lässt. Bezeichnet Religiosität schon vom Begriff her tendenziell eine Eigenschaft des Menschen, die – und das ist für den Menschen der Frühen Neuzeit charakteristisch – ein sich entwickelndes(!) reflexives Verhältnis zu Religion voraussetzt, dann beinhaltet Lullys Singen einen bereits fortgeschrittenen Akt persönlicher Aneignung von Religion innerhalb der Entwicklung des Menschen zu einem modernen Kulturwesen. Ist Religiosität (gemäß Lundt[147]) so etwas wie eine unmittelbare „Verbindung des Ich mit der Transzendenz", die selbstverantwortlich „gelebte" Verbindung zu Inhalten einer Religion (die wir jetzt und hier nur als christliche verstanden wissen wollen),

---

[146] Zwar könnten (und müssen!) wir solches auch für Monteverdis und Schützens gesellschaftliche Wirkung geltend machen. Doch bildet allein bei Lully die *Actio* selbst die primäre Ebene der Gestaltung. Rückgreifend auf die in der Frühen Neuzeit sehr geläufigen Begriffe der Rhetorik würden wir Monteverdi eher die *Inventio* u. d. h. die Erfindung neuer Formen für den Ausdruck der als „eigen" zu entdeckenden Empfindungen als primäre Ebene der Gestaltung zuweisen. Bei Schütz wäre diese Ebene die der *Elocutio* u. d. h. die der Erfindung neuer und geeigneter Figuren für als bedeutsam zu entdeckende Wort-„Bilder" in den einzelnen Stimmentwürfen.

[147] Vgl. Bea Lundt, *Europas Aufbruch in die Neuzeit. 1500–1800. Eine Kultur- und Mentalitätsgeschichte*, Darmstadt 2009, S. 71; die Einschätzung „unmittelbar" steht nicht bei Lundt.

dann tritt sie im Laufe des 17. Jahrhunderts (und hier und jetzt vor allem) als ein wesentlicher Aspekt menschlichen Daseins hervor. Dies ist durchaus nicht auf einen privaten, außerkirchlichen Bereich beschränkt. Im Gegenteil, auch kirchliche Musik wird sozusagen schrittweise Ausdruck jener persönlichen Religiosität derer, die als eine Gemeinschaft an der gottesdienstlichen Handlung teilhaben.

Hervortretende musikalische Phrasen, wie die des „majestatis gloriae tuae" (218-31) oder des „Patrem immensae majestatis" (388 ff.) sagen eben etwas über die solches Singen entwerfenden wie auch realisierenden zeitgenössischen Menschen aus:

Das (etwas vereinfachte) Beispiel demonstriert einen Schritt zur Aneignung religiöser Ausdrücklichkeit, die hier ganz „heimlich" zu einer des Menschen selbst wird, – ein Stück religiöser Emanzipation. Wir können sozusagen zusehen, wie Religiosität zu einer Eigenschaft des sich äußernden Menschen *wird*. Mittels des „Aussprechens" bringt sich der Aussprechende über die Gestaltung seines Vollzuges (hier) in eine Haltung, mit der er den Inhalt des Auszusprechenden als ein ihm selbstverständlich *Maßgebendes* vergegenwärtigt. Dies, im Beisein des Königs: Es überrascht nicht, wenn dieser ein solches Singen noch öfters für eigene Zwecke reklamierte.

Das verkürzte Aufnehmen der Phrase durch den Tenor, das Einfallen der Allen in das „Aussprechen" des „majestatis" in ein über den Taktstrich reichendes melismatisches Vollenden mit dem mehrfachen „gloriae tuae" – dieses „majestatis...", es ist ja nur Satzteil der einen Zeile „Pleni sunt...". Lully entwirft das „Aussprechen" gleichsam gegen ein plakatives Darstellen.

Ch. 1:		Solo:		Ch. 1:
Pleni...	*Pleni... terra*	*majestatis...*		*majestatis...*
Ch. 2 versetzt:			Solo aufnehmend:	Ch. 2:
Pleni...	*Pleni... terra*		*majestatis...*	*majestatis...*

Statt auf ein vollständiges chorisches „majestatis" zu zielen, unterbricht er das chorische Himmelslob und stellt das „majestatis" solistisch als ein gleichsam anzukündigendes Aussprechen heraus. Dieses erscheint wie ein ausdrückliches Hinstellen (Vorstellen) der göttlichen Majestät selbst (durch einen „Majordomus"), wie ein Ankündigen eines tatsächlichen Auftretens vor dem geistigen Auge. Als ob die göttliche Majestät nun allen in ihrer Besonderheit sichtbar würde, übernehmen die Allen die textliche Phrase, wie um für die *eigene* Überzeugung *einzustehen*: ‚ja, davon, vom Ruhm *dieser* göttlichen Majestät, sind Himmel und Erde voll'.

Der Entwurf Lullys ist ein (vom Komponisten letztlich in Ausübung seines „Amtes" verantworteter) *Entwurf offiziösen religiösen Handelns* einer höfischen Gesellschaft, der er selbst angehört. Dabei ist nicht zu übersehen – und das trifft ja in gleicher Weise auf die Sozietät der Singenden und Mit-Singenden zu –, dass solche Ermächtigung zu einem tendenziell eigenständigen religiösen Handeln stets auch einen Akt der Kanalisierung darstellt, formuliert eben auch im impliziten Interesse einer Disziplinierung. Monteverdis eine großartige gemeinschaftliche Verehrung Mariens eröffnender Zyklus und Schützens Ermächtigung der Gemeinde zur sich bestätigenden Interpretation des „Wortes" unterstützen ebenso, wie Lullys selbstaktives Gotteslob einer durch es quasi erhobenen Gesellschaft, nicht nur Schritte einer „Befreiung", einer Emanzipation des Einzelnen in ihr, als die wir sie rückwirkend vor allem wahrnehmen, sondern sie bilden stets auch Vorschläge zur „ordentlichen" Formulierung emanzipatorischen Begehrens, Vorschläge zu deren „richtigem" (und dem Interesse einer Allgemeinheit und damit auch der Kirche entsprechendem) Ausleben.

Versuch einer interpretatorischen Annäherung an eine mögliche „Handlung" in Lullys »Te Deum«

Versuchen wir das Selbstverständnis dieses Singens abschließend etwas genauer zu formulieren! Dabei gehen wir davon aus, dass in Lullys *Te Deum* tatsächlich so etwas wie eine Handlung konkret impliziert ist, diese aber lediglich als Vorstellung wirklich und gleichzeitig ideell überhöht erscheint.

Lully entwirft die 29 Verse des *Te Deum*s als eine innere Handlung des (singenden und mit-singenden) Subjekts in gleichsam vier bis fünf Akten oder „Bildern", und diese je in einer Reihe von Szenen, „Auftritten", einer szenischen Handlung vergleichbar. Diese gehorchen in ihrem Aufbau einem „Anwachsen" und vor allem einem Korrespondieren zwischen Verschiedenen in unterschiedlichen Weisen, einerseits einem Abwechseln zwischen Solisten und Chor, anderseits einem Kooperieren zweier Ensembles. Solchem Korrelieren kommt eine zentrale Rolle zu, denn es ist ein wesentliches Merkmal eines (wenn auch nur vorgestellten) szenischen Agierens.

Die „Bilder" bestehen aus mehreren „Auftritten", die wir im Durchhören angedeutet haben. Letztere sind z. T. mittels Instrumentaltakten voreinander abgesetzt, gehen aber auch unmittelbar ineinander über, eben wie in einem echten szenischen Geschehen, in dem Akteure in ein Geschehen eingreifend auftreten und erstmals das Wort ergreifen.

Zur Frage nach dem Selbstverständnis solchen von Lully entworfenen Singens können wir das *Te Deum* Marc-Antoine Charpentiers (von 1692) zum Vergleich heranziehen, dessen *Prélude* aus den Sendungen der Eurovision Bekanntheit erlangt hat[148]; dabei wird im Unterschied des Singens deutlich: Charpentiers Singen orientiert sich eher an einem „Sich-Mitteilen" des Textes, durchaus in Aneignung und durchaus dramatisch, aber doch in einer „Erzählhaltung", deren „Wortlaut" aus einem Beeindrucktsein der Agierenden durch den angeeigneten Text herrührt. Auch gibt es kaum übergeordnete Korrespondenzen (zwischen den Singenden), eher Abwechslung, die aus unterschiedlichen Empfindungen stammt, aus denen heraus die

---

[148] Der Vergleich fällt uns umso leichter, als man beide Kompositionen heute auf einer CD vereint kaufen und vergleichend hören kann.

Singenden und Mit-Singenden die Verse des Textes „ausspre-chen".[149] Im Voranschreiten der Singenden und Spielenden fallen die metrisch regelmäßigen („quadratischen") Konstruktionen auf, die Lully scheinbar absichtsvoll meidet. (Wir erkennen in dem von Charpentier entworfenen Singen durchaus die Verwandtschaft zu einem italienischen Singen…)

Bei Lully dagegen sind die Singenden als Gruppe selbst-handelnder Menschen entworfen, in der die Mitglieder naheliegend Rollen einzunehmen scheinen. Singen gestalten sie sich-äußernd i. S. v. verkündend, von etwas affiziert, was gleichsam „hinter" dem angeeigneten Text sich abspielt, abspielt vom ersten Takt des „Prélude" an, das das, was die Singenden bewegt, bereits vorweg-zunehmen scheint. Konsequenterweise hängt sich die das „Te Deum laudamus" erstmals anstimmende Singstimme gleichsam in die Ver-längerung der *Symphonie* mit einem lapidaren Sekundschritt zum Vertreter einer Durchgangsdominante ein, statt dem Singen mittels typischem Auftakt zur Tonika hin ein betont eigenes Anheben zu ermöglichen, – wir haben darüber gesprochen.

Lullys Singende wollen nicht (sich) beeindrucken, sondern (sich) als vom ihnen Selbstverständlichen Überzeugte in einer diesem ent-sprechenden Situation realisieren. Sie artikulieren Text als Ausdruck eines selbstverständlichen (inneren) Handelns im Hintergrund: die Singenden durchleben etwas, Singen ist Ausdruck eines inneren Vollziehens- und daraus Artikulationsvorgangs, nach dessen Konse-quenz wir zu fragen haben. Dazu können wir, einmal die fünf oben angedeuteten „Bilder" jetzt heranziehend, in etwa so mutmaßen:

Indem wir (I.) Gott loben, erheben wir uns mit allen Heiligen und (II.) mit der ganzen Kirche zu einer (III.) würdigen Anschauung der göttli-chen Trinität und ihrer „Leistung" für uns, aus der wir (IV.) als auf-rechte Christen unsere Bitte an die Gottheit angemessen vorbringen und (V. = Epilog) in einem persönlichen Gebet, mit der Bitte um Erbarmen, die Gewissheit erlangen, dass solche erfüllt wird: „non confundar in ae-ternum".

Dies in etwa das den Singenden *situativ* „Selbstverständliche", aus dem heraus Lully die Singenden und Mit-Singenden im Wege ihres „Aussprechens" in entsprechende Rollen versetzt und sie den Text als Ausdruck eines vorgestellten szenischen Agierens in fünf Akten als eigenen Ausdruck benützen lässt. Mit Religiosität hat dies inso-

---

[149] Ob es in der Folge der Empfindungen so etwas wie eine Konsequenz gibt, wäre gesondert zu untersuchen.

fern etwas zu tun, als wir uns vorstellen können, dass die Singenden sich als ihre Religion Ausübende bzw. als aus der Aneignung eines zentralen liturgischen Geschehens selbst Äußernde darstellen. Sie haben sich nicht nur einen Text angeeignet, sondern sie geben seinem Aussprechen einen eigenen situativ aufgefassten Sinn aus ihrer katholischen Religiosität. Denn es bietet sich an, die Handlung als innerlich und persönlich vollzogene heilige Handlung (i. S. der Hl. Messe) zu verstehen. Vielleicht kommen wir dem gemeinten Vorgang noch näher, wenn wir als Hintergrund ein situatives Selbst-Verständnis im Sinne einer Eucharistiefeier zugrunde legen:

- I: Das *Te Deum laudamus* entspricht sozusagen dem *Sursum corda*; »verbunden mit dem Priester dürfen die mitfeiernd Gläubigen in die Gemeinschaft der anbetenden Engel eintreten und mit ihnen das dreimal Heilig singen…«[150]

- II: »…dann vereint er [= der Priester; aber hier eben auch der Singende und Mit-Singende] sich und sein Beten mit Maria und den Heiligen des Himmels. So mit der Kirche des Himmels und der Erde „in Gemeinschaft stehend", fleht er

- III: zu Gott, er möge die dargebrachten Gaben von Brot und Wein annehmen und sie wandeln in den Leib und das Blut Jesu Christi… Durch die Wandlungsworte „wird Christus im Zustand des Opfers auf dem Altar gegenwärtig"…« Ausschlaggebend für diesen Abschnitt vor allem die sozusagen geschaute Gegenwärtigkeit der Göttlichkeit.

- IV: »Indem die Gläubigen „ihre Gesinnungen des Lobes, der Bitte und Sühne mit der inneren Meinung des (zelebrierenden) Priesters, ja des Herrn selbst vereinen", bringen sie ihre heilige Opfergabe mit Christus selbst dar… Es folgt das Gebet für[…] die Bitte um die Gemeinschaft mit den Heiligen.«

- V: Das Opfermahl, mit dem *Vater unser* eingeleitet, endet, nach dem Empfang der Hl. Kommunion, in der privaten und persönlichen Danksagung und in der inneren Gewissheit des *non-confundar*.

Wir wollen hier nicht behaupten, so und nur so habe Lully den Text aufgefasst; uns geht es hier (in einer persönlichen und zugegeben) nur *möglichen* Interpretation um *eine* u. d. h. *unsere* Denkmöglichkeit, mit der wir den (zeitgenössischen) *Sinn des Singens* hier in

---

[150] Zitate (»«) stammen hier aus der Einführung in *Das vollständige Römische Meßbuch* (in der Ausgabe Freiburg, 1963) von Anselm Schott OSB, Ss. XIX-XXI, die Eucharistiefeier betreffend. Zitate in den Zitaten („") stammen aus der Enzyklika *Mediator Dei* des Papstes Pius XII. von 1947.

etwa nachvollziehen können und dem wir aber unterstellen, dass er den Zeitgenossen Lullys relativ selbstverständlich gewesen sein könnte.

Der Hinweis auf eine sozusagen musikalisch „eigenständig" vollzogene Heilige Handlung kann uns als Brücke dafür dienen, die „Rollen" der Singenden in einer möglichen Handlungssituation näher zu bestimmen. Es gibt Stellen im Part des *petit choeur*, die zwischen „Récit" und „Tous" unterscheiden. Eine solche Differenzierung, wie wir sie gleich am Beginn, T. 75, beobachten können, bestimmt beispielshalber das „Per singulos dies" (Takt 873 ff.), wo mehrmals (wie in Takt 918) die Anweisung „Tous" die vorherige *Récit* ablöst. Die Frage ist: was kann das – zumindest über einige Strecken – für ein Ensemble sein, das da sozusagen selbst singt? Zum einen scheint es sozusagen anführende oder priesterliche Stimmen in sich zu haben; anderseits weist gerade die angesprochene „Szene" (873 ff.) mit ihren Passagen im Terzengesang innerhalb der geteilten Oberstimme auf eine traditionelle Engelsvorstellung (u. a. 890 ff.). Wir beobachten solche Terzgänge bei „Tibi omnes Angeli" (148 ff.), „Sanctus" (172 ff.), „laudat exercitus" (280) bis zum „et benedic hereditati tuae" (804 ff.) und darüber hinaus. Und die Differenzierung beobachten wir auch in Instrumentalensemble, in welchem Lully den Violensatz zwischen einem fünfstimmigen und einem dreistimmigen wechseln lässt. Im Besonderen betrifft dies, was wir auch schon im „Prélude" beobachten können, jenen Abschnitt, den wir sozusagen als III. „Bild" angesprochen haben: ab Takt 421 gilt, mit Ausnahme jener Stellen, an denen beide Chöre zusammenkommen, die Anweisung „A 3", und damit ein äußerst „milder", „sanfter" Satz, öfters von Lully mit einem „doux" unterstrichen.

Verbinden wir diese Beobachtung mit unserem obigen Versuch, das Selbstverständnis des Singens hier zu interpretieren, dann könnte das bedeuten, dass im feierlichen Singen dieses Entwurfs nicht nur das Zusammenkommen von Menschen im konkreten kirchlichen Raum gemeint ist, sondern (in Fortsetzung einer mittelalterlichen und nicht zuletzt auch typisch französischen Vorstellung) *das Zusammenkommen irdischer und himmlischer „Chöre"* im Rahmen einer liturgischen Handlung.[151] Darin konkretisiert sich ein Handeln der Singenden, wenn auch nur als das Handeln leitende Vorstellung und ins Ideelle überhöht: denn dieses erscheint hier in Szene gesetzt,

---

[151] Vgl. D. S. *Ausgerechnet Mittelalter?!...*, das Bild auf dem Einband und die Hinweise dazu auf S. 307.

wobei der *petit choeur* eben eher die letzteren repräsentierte, unter Einschluss ihrer irdischen Vertreter. Dieses Zusammenkommen, das eben bereits die einleitende *Symphonie* gewissermaßen programmatisch macht, erscheint konkret im ihr folgenden Singen gefasst, das erst einmal in sukzessiver Weise die Singenden und Mit-Singenden *zu einer Gemeinschaft aufbaut*: 1-stimmig → 2-stimmig → 4-stimmig (solistisch) 4-stimmig Ensemble → + 5-stimmiger *grand choeur*, so die Besetzungsfolge. Auch Lully lässt (wie Schütz oder Monteverdi) die Stimmen und die Ensembles singend „handeln": in gegenseitigem Sich-Ergänzen wie in Einwürfen Einzelner schließen sie sich konkret zur Gott lobenden Einheit zusammen, deren himmlische Mitglieder sie als im Angesicht der göttlichen Majestät (Takt 218/19 ff.) im zweiten „Bild" real *sich* ins Bewusstsein heben.

Die angedeutete Interpretation würde anderen Passagen, wie etwa dem Beginn des von uns so genannten IV. „Bildes", Takt 679 ff., nicht widersprechen, an welchem das Einfallen der Solostimmen auch die himmlischen Kräfte in die Rolle derer verweist, die Gott bitten, die „famuli tui" in Gnaden aufzunehmen; der hier imitatorische Einsatz bekräftigt dies möglicherweise sogar. Und im von uns so genannten Epilog fänden wir in den „Fürbitten" der Himmlischen eine der Schütz'schen Parentationsmotette verwandte Vorstellung verwirklicht, gemäß der die Diesseitigen mit der Unterstützung der Himmlischen rechnen könnten.

Wer also singt hier? Wir können die Singenden und Spielenden (→ *Prélude*!) als eine imaginäre Gruppe identifizieren, als ein „Gott lobendes Volk", in welchem wir mit einigem Recht die höfische Gesellschaft repräsentiert sehen dürfen, in der liturgischen Handlung innerhalb des kirchlichen Raumes ideell vereint mit den himmlischen Chören. Im Singen und Mit-Singen verleiht Lully vor allem der Hofgesellschaft eine „Statur" i. S. einer selbst angenommenen Gestalt bzw. Haltung.[152] Es ist der Hof (Ludwigs XIV.) selbst, der sich hier inszeniert als eine Gott lobende, ja Gott gefällige Gemeinschaft, die – und das ist für die o. a. *politische* Funktion des Musikers Lully wichtig! – gerade (auch) in solchem Singen sich *konstituiert*. (Dies ist vielleicht bei Charpentier nicht im gleichen Maße intendiert.) Lully eröffnet dem Hof die Möglichkeit, sich in denen wieder-

---

[152] Haltung und Anspruch an sich selbst (→ „Salvum fac populum tuum, Domine") gehen ineinander. Zwar spricht man salopp von „Haltung *haben*"; doch meint „Haltung" in unserem Zusammenhang eher etwas, was man *ist* und was man (in der Frühen Neuzeit) durchaus aus einem Stück für Stück sich entwickelnden reflexiven Bewusstsein pflegt, – z. B. im Wege solchen Singens und Mit-Singens; vgl. o, S. 188 f.

zufinden, die das *so* singen und mit-singen (= hören) und die vorübergehende Gemeinschaft mit den himmlischen Chören bilden. Und:
*Dieser Gesellschaft mit dem König an der Spitze – de facto im absolutisti-
schen Frankreich auch das kirchliche Oberhaupt – definiert sich Lully mit
diesem Te Deum zugehörig.* Auf diese Weise wird die Tatsache stim-
mig, dass Lully dieses Singen aus einem persönlichen Anlass entworfen hat, einerseits zur Taufe seines Sohnes, anderseits zur entsprechenden kirchlichen Feier (in Fontainbleau) in Anwesenheit des
Königs als Taufpate.

- Lullys *Te Deum* definiert und konstituiert sozusagen die Hofgesellschaft als zusammengehörige Gruppe,
- definiert sie gleichzeitig als in ihrer katholischen Religiosität
  vereint mit den himmlischen Chören (→ „lauda*mus*"),
- realisiert den Autor des Entwurfs als dieser Gruppe zugehörig
  und
- vermittelt dieser Gruppe eine „Statur", die nicht nur dem Anspruch seines Anführers, des Souveräns, entspricht, sondern die
  auch insgesamt der Hofgesellschaft (als sozusagen „ausgewähl-
  tem Volk") in ihrer Rolle als Bewahrer der *una sancta* vorgeschlagen ist.

Ergänzendes Resümee:

Ergänzen wir abschließend unsere obige Zwischenbilanz (vgl. S. 142 ff.) mit entsprechenden Einsichten zu Lullys Vor-wurf!

Mit Lullys »Te Deum« haben wir einen dritten Entwurf für ein Singen als menschliche Glaubensäußerung im 17. Jahrhundert angesprochen: auch dieser reicht über ein Zur-akustischen-Wirklich-keit-Bringen eines Textes weit hinaus. In ihm geht es darum, sich durch die Artikulation des (geistlichen) Textes in einer Haltung zu bestätigen (resp. diese zu demonstrieren). Im sozusagen veredelt körperbetonten Singen und Spielen Frankreichs sowie ein bis zwei Generationen nach Monteverdi und Schütz ist die gegenseitige Funktionalisierung einer Artikulation des Wortes und eines Tönens der Stimme entweder selbstverständlich geworden oder von Anfang an nicht primär. Indem Lully weder das Tönen noch das „Wort" in den Vordergrund hebt, sondern mit der Einheit beider sozusagen „arbeitet", entwirft er ein (musikalisches) Spielen mit dem Tönen der Stimme durch die Artikulation der am Aussprechen entworfenen musikalischen Artikulationsgestalt. Die Frage ist hier nicht, wie hier der Aneignungsprozess (eines Textes) geschieht, sondern ob und wie die tendenziell vollzogene Aneignung im Rahmen einer Religiosität den Singenden und Mit-Singenden eine Positionierung im konfessionellen, sozialen und nationalen Umfeld ermöglicht. Bilanzieren wir deshalb auch hier, in bewusster Parallele zu den obigen Ausführungen (S. 144 ff.)!

1. Auch Lullys Te Deum lässt sich von der musikalischen Komposition her kaum als spezifisch katholisch bestimmen. Katholizität ist ihm von den Adressaten her selbstverständlich, aber nicht musikalisch programmatisch; sie hat eher politische als musikalische Funktion. Der Vor-wurf ermöglicht es einer Hofgesellschaft, sich in ihrer Katholizität darzustellen. Das Interesse dieser Gesellschaft ist, mehr noch als im Kontext der Vorwürfe von Monteverdi und Schütz, ein wesentlich fortgeschrittener politisches: die selbstverständliche Religiosität der die Sozietas konstituierenden Persönlichkeiten als ein kalkuliertes Mittel zur Konstitution eben dieser Sozietas einzusetzen. Der Entwurf Lullys für ein entsprechendes Tätigsein entspricht in besonderer Weise dem Interesse der Adressaten an einer Selbstrepräsentation. Diese besteht in der wachsenden Fähigkeit, sich selbst ein Bild von sich als einer gleichsam „auserwählten" Gemeinschaft zu machen, gleichzeitig in der Möglichkeit, das eigene Vergegenwärtigen (als Ausspre-

chen) der Zugehörigkeit im Besonderen mit einer eigenen Haltung aufzuladen, die sich im Voranschreiten des „Aussprechens" äußert.

2. *Auch bei Lully geht es um ein Aussprechen eines wesentlichen religiösen Textes, auch deutlich eben nicht nur, um ihn sich mitzuteilen. Vielmehr geht es um die Optimierung der Glaubenshandlung, zwar auch hier durch ein kommunikativ ausgearbeitetes Sich-Sagen, letztlich um sich in einer darüber hinausgehenden Intention zu bestätigen: sich in seiner* Haltung *durch die Glaubensäußerung manifestiert und bestätigt zu erleben. Solche stellt durch das So-„Aussprechen" ein in die Zeit gestaltetes Dasein aktiv erfüllter Glaubensemanation dar. Im kommunikativen Singen scheint Lully eher verwandt mit Monteverdi. Doch erscheint dieses in seiner implizierten szenischen Vorstellung weit eindeutiger auf eine Folge von Tableaus gehoben, in der die Singenden und Mit-Singenden sich als den Akt des Gotteslobes in einer ideellen Situation Vollziehende erleben und damit in eine Genugtuung münden können, die sich (hier) im Anfügen eines gleichsam ganz persönlichen kniefälligen Bittens (→ im von uns so genannten „Epilog") ausdrückt.*

3. *Auch im Zusammenhang des Singens und Mit-Singens dieses »Te Deums« müssen den Sinn ihres Handelns die Aktiven letztlich selbst stiften, und dies über ihr Mitvollziehen der quasi szenischen Vorstellung, in die sie sich als Handelnde selbst versetzen (können). Dabei stehen weder die Artikulation des „Wortes" noch das Tönen der Stimme im Vordergrund; wesentlich erschien uns die* musikalische Arbeit mit dem *(musikalischen) Artikulieren der sprachlichen Sinneinheit. Tendenziell geht es dabei nicht mehr um die Glaubensaktivität, sondern um deren Vollzug als ein Handeln aus persönlicher Selbstverständlichkeit, zugestandenermaßen aber um deren Funktion im politischen Kontext.*

*

Lullys »Te Deum« erscheint uns als eine Deklaration eines „allgemeinen" Glaubensbesitzes, die sich in quasi-szenischen Akten des Gotteslobes, der Gottesschau und der Gottesanrufung, schließlich in einer gnädigen Gottesgewissheit realisiert. Schützens (deutsche) Motette haben wir als Deklaration des (rechten) Weges zur Glaubenseinsicht und -sicherheit und Monteverdis italienisches Singen in lateinischer Sprache als Deklaration des persönlichen erfüllten Empfindens von Göttlichkeit und Heilstatsachen erkannt. Allen dreien aber ist gemeinsam, dass sie in der musikalischen Aktion eine theaterhafte Vorstellung verwirklichen, ein als Vorstellung *entworfenes quasi-szenisches Geschehen.*

Mit den drei Ansätzen haben wir auf Wege hingewiesen, über die eine gesellschaftlich bzw. europäisch kulturell bedingte Kompositionstechnik in eine bereits weitgehende persönliche Verfügung fortgeschritten ist und dabei durchaus unterschiedlich weiterentwickelt wurde. Und wir beobachteten damit gleichzeitig eine Entwicklung des Singens und Mit-Singens (= Hörens) zu nationaler Unterschiedenheit.[153] Auf die jeweiligen religiösen, sozialen und vor allem politischen Bedingungen bezogen, ordnen diese Entwürfe sich in die Ausbildung nationaler Kulturen in Mitteleuropa ein, die im Laufe der Frühen Neuzeit als solche durchaus wahrgenommen und in Akten (z. B.) einer „Réunion" bzw. partieller Übernahme im Rahmen von als „Vorbild" angenommenen kulturellen Kontexten zu mannigfachen Vermischungen Anlass gaben.[154]

Bei Lully auch erleben wir am deutlichsten, wie das entworfene Singen beginnt, den singenden Menschen und schließlich den hinter diesem Singen stehenden Menschen zu ver k ö r p e r n. Unsere drei exemplarischen Beispiele fungieren uns eben dadurch (auch), vor allem durch die in ihnen sichtbaren Schritte hin zu einer „Instrumentalisierung" des Singens u. d. h. zum Gebrauch der Stimme gleichsam als Instrument, als Plausibilitätsbrücke hin zur Instrumentalmusik.

- *Bei Monteverdi tritt das Tönen der Stimme als Ausdrucksträger hervor, die wir kaum ein Jahrhundert später bereits vollendet ersetzt sehen in der italienischen Violinmusik. Es ist kein Zufall, dass die große Zeit der Violine in Italien jetzt im 17. Jahrhundert beginnt.*
- *Bei Schütz finden wir die Artikulation des Wortes bedeutungstragend vor allem in der „Figur" repräsentiert, oft und gerade in den je stimmlich entworfenen sog. Figuren, die mit Spielfiguren parallel gehen.*

---

[153] Wollten wir die (aristotelischen) Begriffe der Rhetorik den unterschiedlichen Wegen der Emanzipation der Singenden und Mit-Singenden zuordnen, so würden wir innerhalb des allen gemeinsamen Bemühens um eine *dispositio* dem Schütz'schen Singen eher die *elocutio* als ein Formulieren in figurhaften Wendungen, dem Monteverdischen Singen die *inventio* als ein Finden der passenden Empfindungsargumente und dem Lully'schen Singen die *actio* als ein Bemühen um ein wirkungsvolles Vortragen zuordnen. In allen Fällen ginge es darum, sich in seinen eigenen und gemeinsamen Überzeugungen als *Herr seines Verhaltens* darzustellen und in die Gesellschaft einzubringen.

[154] Neben z. B. den deutschen „Lullisten" oder der Italienisierung deutscher und österreichischer Hofmusiken im ausgehenden 17. und vor allem im 18. Jahrhundert, neben einzelnen bewusst an französischer Musik orientierten Kompositionen Bachs oder Telemanns und schließlich neben den italienisch-englischen-deutschen Oratorien Händels denken wir hierbei nicht nur an Haydn und Mozart (die sich z. T. sehr bewusst um eine Zusammenführung („Mischung") der Stile bemühten, sondern zuletzt auch an Luigi Cherubini, von dessen *Demofon* H. J. Moser (*Musikgeschichte in hundert Lebensbildern*, Stuttgart 1958, S. 452) urteilt: „...hier zeigt sich erstmals jene Verschmelzung italienischer, französischer und deutscher Elemente, die ihn zum Exponenten eines klassischen Europäismus stempelte."

> Stimmiges figurales Spielen aber finden wir vor allem in der nord-
> mitteleuropäischen Orgelmusik verwirklicht, deren Grundlage der vor
> allem norddeutsche Orgelbau des 17. Jahrhunderts bildete.

- Und Lullys vergleichsweise pragmatischer Zugriff auf den sozusagen
  körperlichen Akt musikalischer Artikulation findet sich im Tanz und in
  der Folge stilisierter Tänze der Suite für das Ensemble, aber insbesondere in den „Stücken" für das Clavecin, in denen menschliche Haltun-
  gen (u. a. über entsprechende Titel, aber auch über die Verzierungs-
  techniken) in die Vorstellung gehoben erscheinen.

Vor allem mit Lully kündigt sich an, was van Dülmen[155] in Bezug zur
Aufklärung insgesamt dann für das 18. Jahrhundert resümiert: das Erklären der „eigenen Bestrebungen für christlich". Religion wird „insgesamt
für unverzichtbar" erklärt. Die Wandlung von einem quasi verordneter
kirchlich-religiöser Praxis gehorchenden Verhalten hin zu einem durch
angeeignete Inhalte einer Religion persönlich mitbestimmten Handeln im
Dienste selbst „eingesehenen" Nutzens seiner selbst und der Gesellschaft
vollzog sich in der Zeit zwischen 1500 und 1800 über Jahrhunderte. Religiöse Übung wurde sozusagen zum „Lebensstil". Und dieser schlug sich
eben nicht nur in einer vergleichsweise geistlichen Musik außerhalb kirchlicher Verrichtung nieder, sondern er durchdrang gleichsam zuerst die sog.
Kirchenmusik selbst. Auch in letzterer ging es darum, dem Einzelnen zu
ermöglichen, kirchliche Praxis zur Lebensdimension in seinem irdischen
Dasein und Singen in ihr zum gemeinschaftlichen Ausdruck je
persönlicher Religiosität zu erheben.[156]

---

[155] Vgl. Richard van Dülmen, *Kultur und Alltag in der Frühen Neuzeit, Dritter Band.
Religion, Magie, Aufklärung. 16. – 18. Jahrhundert*, München, ³2005, S. 138.
[156] Vgl. hierzu auch ebenda, S. 142.

Materialien

Der Arbeit an den musikalischen Entwürfen lagen u. a. die folgenden Notenvorlagen vor:

Claudio Monteverdi, *Vespro della Beata Vergine da concerto, composto sopra canti fermi, SV 206*, hrsg. v. Jerome Roche, Edition Eulenburg (No. 8024), London etc. 1994

Claudio Monteverdi, *Missa „In illo tempore" a 6*, hrsg. v. H. F. Redlich, TP Edition Eulenburg (No. 991), [1962]

Nicolas Gombert, *Motet „In illo tempore Iesu loquente" a 6*, ebenda

Heinrich Schütz, *Musikalische Exequien. SWV 279-281. für Solostimmen, Chor und Basso continuo*, hrsg. v. Friedrich Schöneich (= Heinrich Schütz, Neue Ausgabe sämtlicher Werke, Bd. 4), Kassel etc. 1968

Jean-Baptiste Lully: *Jubilate Deo (Motet) / Te Deum (Motet)*, hrsg. v. John Hajdu Heyer (= J.-B. Lully. Œures Complètes, Série IV. Motets, Volume 2), Georg Olms Verlag, Hildesheim etc. 2009

Dto., Réduction clavier-chant: Noam A. Krieger, ebenda 2011

Zur Hörkontrolle wurden u. a. die folgenden Einspielungen benutzt:

Monteverdi, Claudio, *Missa In illo tempore. Vespro della Beata Vergine. Magnificat (II) a 6 voci*, Bach Collegium Japan, dir. by Masaaki Suzuki, BIS Records AB, Åkersberga (1999 & 2001)

Heinrich Schütz (1585-1672), *Musikalische Exequien*, La Petite Bande. Sigiswald Kuijken, direction, ACCENT 2014/15

[J.-B. Lully:] TE DEUM, *Jean-Baptiste Lully – Marc-Antoine Charpentier*, Le Poème Harmonique. Capella Cracoviensis. [dir.:] Vincent Dumestre, Collection Versailles, Alpha Prod. 2013

Zum Autor

Dietmar Ströbel, geb. 1940 in Nordböhmen, aufgewachsen in Prag und (nach 1946) in Oberbayern und Franken; Schulbesuch in Jetzendorf, Bamberg und Haßfurt/Main; Studium der Historischen Musikwissenschaft in München und Freiburg/Br. und ein Jahr in Brno/ČSSR; daneben zeitweise Arbeit als Journalist, Chorleiter und als Musiklehrer. 1970 Promotion mit einer Arbeit über Leoš Janáček durch H. H. Eggebrecht an der Universität Freiburg; seit 1972 in der Musiklehrerausbildung tätig, von 1982 bis 2004 als Professor für Musikpädagogik an der Universität Osnabrück/Abt. Vechta bzw. an der Hochschule Vechta.

Dietmar Ströbel

Z w i s c h e n t e x t e

In der Sammlung ZWISCHENTEXTE bearbeitet der Autor in loser Reihenfolge Essays aus dem Bereich der Musik und Musikpädagogik.

Die Texte wollen allen ernsthaft Musikinteressierten und insbesondere Musikpädagogen einen etwas anderen Blick auf das eröffnen, womit sie umgehen. Ihr Ziel ist es, das Interesse an Musik zu einem Interesse am Menschen zu erweitern, Musik als eine spezifisch *menschliche Tätigkeit* anzusprechen und in ihrer prinzipiellen *Geschichtlichkeit* darzustellen sowie ihre für unsere Kultur notwendige *Aneignung* inform eigenen Handelns als *Singen, instrumentales Spielen* und *musikalisches Hören* zu projektieren und zu fördern.

Musik als eine Funktion des Menschen und eben nicht dessen Singen, Spielen oder Hören als eine Funktion vermeintlich „der Musik" begreifen, – solcher Blick auf Musik von einer ursprünglicheren Seite verbindet musikanthropologische, musikgeschichtliche und musikpädagogische Gedankengänge. Das Bemühen, nicht „nur" Musik, sondern durch sie hindurch *den Menschen als musikalischen* zu verstehen, um ihn (u. d. h. *sich*) zu bilden, konzentriert sich im Moment vor allem auf Texte zum Einführen, zum Musikverständnis und zur Geschichte der europäischen Musik. (Texte zur Musikpädagogik und ihrer Geschichte, zu einigen Bereichen der Musikdidaktik und zur Ästhetischen Praxis von Musikpädagogen sollen folgen.)

1   *Musikpädagogik als Ausbildung. Sieben persönliche Markierungen* (Norderstedt 2001)

2   *Menschensmusik. Vier Versuche, in eine pädagogisch brauchbare Vorstellung von Musik einzuführen* (Norderstedt 2008)

3   *Von Mozart vor und zurück. Modelle zur Musik zwischen 1500 und 2000* (Norderstedt 2011)

4   *Ausgerechnet Mittelalter?! Zu Kindheit und Jugend unserer Musikkultur* (Norderstedt 2010)

5   *Singen → Spielen → Hören. Zu einer »erwachsenen« Musik der Frühen Neuzeit (1500-1800)* [Arbeitstitel]

Sonderband: *Seinen Glauben selber singen. Zur Entwicklung des Singens als evangelisches Glaubenslied zwischen Reformation und Aufklärung* (Norderstedt 2017)

Sonderband: *Religiöse Musik...*